大连理工大学管理论丛

PPP 项目公私制度逻辑冲突对社会资本合作行为的影响研究

朱方伟　孙谋轩　著

科 学 出 版 社

北　京

内 容 简 介

本书基于制度逻辑理论、组织冲突理论、社会互依理论与关系嵌入理论，聚焦社会资本视角下的 PPP 项目公私制度逻辑冲突。通过文献研读、调研访谈、内容分析、多案例研究、结构方程模型与因子分析等定性与定量研究方法的综合运用，开展 PPP 项目公私制度逻辑冲突对社会资本合作行为影响的理论分析与实证检验，旨在揭示 PPP 项目公私制度逻辑冲突对社会资本合作行为的影响机理与作用路径，进而深化相关理论研究，为政府和社会资本对 PPP 项目进行治理提供有效的指导。

本书适合项目管理、企业管理、公共管理等专业的研究生参考阅读，也可以为政府相关职能部门、企事业单位投资部门、金融投资机构等的专业技术人员提供参考。

图书在版编目（CIP）数据

PPP 项目公私制度逻辑冲突对社会资本合作行为的影响研究 / 朱方伟，孙谋轩著. —北京：科学出版社，2022.7

（大连理工大学管理论丛）

ISBN 978-7-03-066011-4

Ⅰ. ①P… Ⅱ. ①朱… ②孙… Ⅲ. ①政府投资–合作–社会资本–研究–中国 Ⅳ.①F832.48 ②F124.7

中国版本图书馆 CIP 数据核字（2020）第 169361 号

责任编辑：王丹妮 / 责任校对：刘 芳

责任印制：张 伟 / 封面设计：无极书装

科学出版社 出版

北京东黄城根北街 16 号

邮政编码：100717

http://www.sciencep.com

北京建宏印刷有限公司 印刷

科学出版社发行 各地新华书店经销

*

2022 年 7 月第 一 版 开本：720 × 1000 B5

2023 年 1 月第二次印刷 印张：12

字数：252 000

定价：128.00 元

（如有印装质量问题，我社负责调换）

作 者 简 介

朱方伟，出生于 1975 年 8 月，管理学博士，大连理工大学经济管理学院教授，现任大连理工大学副校长、经济管理学院院长、知识产权学院院长，中国国有企业研究院执行院长，中国工业科技管理大连培训中心主任，中国管理案例共享中心主任，制造管理信息化国家地方联合工程研究中心主任，研究方向为项目治理和国有企业改革等，发表国内外学术期刊论文共 100 余篇，主持和参与各类科研项目 70 余项。作为项目负责人，先后主持完成国家自然科学基金项目 4 项、科技部重点领域重大项目课题 1 项，是中国工程院重大咨询项目课题执行负责人，完成省部级项目 10 余项以及政府和企业委托咨询项目 40 余项。

孙谋轩，出生于 1987 年 12 月，管理学博士，大连理工大学经济管理学院助理教授，研究方向为项目治理和公司治理等，目前出版专著 1 部，在《南开管理评论》、《公共管理学报》、《管理科学》、《管理评论》、*International Journal of Project Management*、*Engineering, Construction and Architectural Management* 与 *Project Management Journal* 等国内外期刊上发表中英文期刊论文近 20 余篇，并担任《公共管理与政策评论》、*International Journal of Project Management* 等期刊匿名审稿人。参与科技创新 2030—重大项目 1 项、国家自然科学基金面上项目 2 项，主持企业横向咨询项目 2 项；编写企业案例 2 篇，该企业案例为 2019 年与 2020 年全国百篇优秀管理案例。

丛书编委会

总　　序

编写一批能够反映大连理工大学经济管理学科科学研究成果的专著，是近些年一直在推动的事情。这是因为大连理工大学作为国内最早开展现代管理教育的高校，早在 1980 年就在国内率先开展了引进西方现代管理教育的工作，被学界誉为“中国现代管理教育的摇篮，中国 MBA 教育的发祥地，中国管理案例教学法的先锋”。

大连理工大学管理教育不仅在人才培养方面取得了丰硕的成果，在科学研究方面同样也取得了令同行瞩目的成绩。在教育部第二轮学科评估中，大连理工大学的管理科学与工程一级学科获得全国第三名的成绩；在教育部第三轮学科评估中，大连理工大学的工商管理一级学科获得全国第八名的成绩；在教育部第四轮学科评估中，大连理工大学工商管理学科和管理科学与工程学科分别获得 A-的成绩，是中国国内拥有两个 A 级管理学科的 6 所商学院之一。

2020 年经济管理学院获得的科研经费已达到 4345 万元，2015 年至 2020 年期间获得的国家级重点重大项目达到 27 项，同时发表在国家自然科学基金委员会管理科学部认定核心期刊的论文达到 1 000 篇以上，国际 SCI、SSCI 论文发表超 800 篇。近年来，虽然学院的科研成果产出量在国内高校中处于领先地位，但是在学科领域内具有广泛性影响力的学术专著仍然不多。

在许多的管理学家看来，论文才是科学研究成果最直接、最有显示度的体现，而且论文时效性更强、含金量也更高，因此出现了不重视专著也不重视获奖的现象。无疑，论文是科学研究成果的重要载体，甚至是最主要的载体，但是，管理作为自然科学与社会科学的交叉成果，其成果载体存在的方式一定会呈现出多元化的特点，其自然科学部分更多地会以论文等成果形态出现，而社会科学部分则既可以以论文的形态呈现，也可以以专著、获奖、咨政建议等形态出现，并且同样会呈现出生机和活力。

2010 年，大连理工大学决定组建管理与经济学部，将原管理学院、经济系合并，重组后的管理与经济学部以学科群的方式组建下属单位，设立了管理科学与工程学院、工商管理学院、经济学院以及MBA/EMBA教育中心。2019年，大连理工大学管理与经济学部更名为大连理工大学经济管理学院。目前，学院拥有10个研究所、5个教育教学实验中心和9个行政办公室，建设有两个国家级工程研究中心和实验室，六个省部级工程研究中心和实验室，以及国内最大的管理案例共享平台。

经济管理学院秉承“笃行厚学”的理念，以“扎根实践培养卓越管理人才、凝练商学新知、推动社会进步”为使命，努力建设成扎根中国的世界一流商学院，并为中国的经济管理教育做出新的、更大的贡献。因此，全面体现学院研究成果的重要载体形式——专著的出版就变得更加必要和紧迫。本套论丛就是在这个背景下产生的。

本套论丛的出版主要考虑了以下几个因素：第一是先进性。要将经济管理学院教师的最新科学研究成果反映在专著中，目的是更好地传播教师最新的科学研究成果，为推进经济管理学科的学术繁荣做贡献。第二是广泛性。经济管理学院下设的 10 个研究所分布在与国际主流接轨的各个领域，所以专著的选题具有广泛性。第三是选题的自由探索性。我们认为，经济管理学科在中国得到了迅速的发展，各种具有中国情境的理论与现实问题众多，可以研究和解决的现实问题也非常多，在这个方面，重要的是发扬科学家进行自由探索的精神，自己寻找选题，自己开展科学研究并进而形成科学研究的成果，这样一种机制会使得广大教师遵循科学探索精神，撰写出一批对于推动中国经济社会发展起到积极促进作用的专著。第四是将其纳入学术成果考评之中。我们认为，既然学术专著是科研成果的展示，本身就具有很强的学术性，属于科学研究成果，那么就有必要将其纳入科学研究成果的考评之中，而这本身也必然会调动广大教师的积极性。

本套论丛的出版得到了科学出版社的大力支持和帮助。马跃社长作为论丛的负责人，在选题的确定和出版发行等方面给予了极大的支持，帮助经济管理学院解决出版过程中遇到的困难和问题。同时特别感谢经济管理学院的同行在论丛出版过程中表现出的极大热情，没有大家的支持，这套论丛的出版不可能如此顺利。

大连理工大学经济管理学院

2021年12月

前　　言

随着我国开启新一轮全面系统、深层次、根本性的改革，政府和社会资本合作（public private partnership，PPP）作为贯彻全面深化改革的一项重要举措，在激发民间资本活力与促进有效投资稳定增长的同时，也为减轻地方政府债务、推进供给侧结构性改革、促进就业与带动“一带一路”建设提供有力支持。

随着PPP项目整体规模的持续扩大，PPP在实际应用中的问题也逐步凸显，其中包括缺乏成熟的法律体系与完善的法规、政府主导项目话语权、过度重视PPP的融资功能、项目实施不规范等。作为PPP项目最重要的利益相关者，政府和社会资本双方之间的制度逻辑差异以及由此引发的冲突是 PPP 项目中最为典型，也最为根本的问题。公与私两种制度逻辑在 PPP 项目中并存又相互竞争博弈，在项目中形成一种动态张力，进而对PPP项目中的公私双方产生影响。

如何使政府和社会资本双方对彼此的价值目标理解与尊重，如何调和政府遵循的公共利益逻辑与社会资本服从的资本利益逻辑之间的差异与矛盾，已经成为公私合作双方开展良性合作、推动项目有效实施的关键。然而，从实践角度来看，尽管当前在我国 PPP 早已不再是什么新鲜事物，但仍然处于探索与实践阶段，缺少系统全面的制度安排与必要的“顶层设计”。从理论角度来看，当前关于 PPP 项目公私制度逻辑冲突及其与社会资本合作行为的关系研究也相对有限。一方面，现有研究对于 PPP 项目公私制度逻辑冲突的内涵、构成及具体表现尚未形成清晰的认识；另一方面，对于PPP项目公私制度逻辑冲突与社会资本合作行为之间的内在关联、影响机理、作用路径等相关问题也缺乏系统与深入的探讨。

鉴于此，本书基于制度逻辑理论、组织冲突理论、社会互依理论（social interdependence theory）与关系嵌入理论，聚焦社会资本视角下的 PPP 项目公私制度逻辑冲突。通过文献研读、调研访谈、内容分析、多案例研究、结构方程模型与因子分析等定性与定量研究方法的综合运用，开展PPP项目公私制度逻辑冲突对社会资本合作行为影响的理论分析与实证检验，旨在揭示PPP项目公私制度逻辑冲突对社会资本合作行为的影响机理与作用路径，进而深化相关理论研究，为政府和社会资本对PPP项目进行治理提供有效的指导。本书的主要研究内容与成果如下。

（1）PPP 项目公私制度逻辑冲突构念内涵与测量研究。内容分析与因子分析结果表明，PPP 项目公私制度逻辑冲突可以被定义为政府和社会资本在合作过程中，围绕各自价值目标开展协商、交易时所遵循的公共利益逻辑与资本利益逻辑的不兼容状态与过程。该构念包含假设冲突与惯例冲突两个内在维度：前者是政府与社会资本基于各自制度逻辑对PPP项目所持有的不同预期和看法之间的不兼容；后者则是政府与社会资本基于各自制度逻辑在 PPP 项目中持有的不同规则、规范或惯例之间的不兼容。随后，基于定性研究结果，本书研究开发PPP项目公私制度逻辑冲突的测量量表，通过对大样本数据的因子分析对构念及其结构进行检验。最后，分别以 8 个题项测量假设冲突与 6 个题项测量惯例冲突，得到满足信效度要求、包含 14 个题项的 PPP 项目公私制度逻辑冲突量表。

（2）PPP 项目公私制度逻辑冲突对社会资本合作行为影响机理研究。多案例研究结果表明：首先，公私制度逻辑冲突会对社会资本的公私混合状态产生影响，公私混合状态进而会影响社会资本合作行为。其次，公私混合状态的表现可以归纳与划分为社会资本与政府的相互依赖和关系嵌入两个维度，即目标混合的状态与关系混合的状态。再次，基于社会资本与政府的相互依赖和关系嵌入两个维度不同状态的组合，可以得出社会资本在 PPP 项目中所处的三种不同公私混合状态，分别是低相互依赖–低关系嵌入、高相互依赖–高关系嵌入与高相互依赖–低关系嵌入。最后，社会资本的公私混合状态决定其最终采取的合作行为。处于低相互依赖–低关系嵌入的社会资本更倾向选择区分式合作；处于高相互依赖–高关系嵌入公私混合状态的社会资本在合作过程中更多的是采用结合式合作；而高相互依赖–低关系嵌入的社会资本在合作过程中更倾向采取服从式合作的策略。

（3）PPP 项目公私制度逻辑冲突对社会资本合作行为作用路径研究。在构建公私制度逻辑冲突、社会资本与政府之间的社会互依与关系嵌入以及社会资本合作行为的关系假设的基础之上，本书深入揭示四者之间的内在关联与影响关系。研究发现包括：首先，假设冲突与惯例冲突均对社会资本合作行为有着负向的直接影响和间接影响，但其中又存在一定的差异。具体看来，社会资本和政府的关系嵌入在假设冲突与社会资本合作行为之间起到部分中介作用；而社会资本和政府的相互依赖与关系嵌入在惯例冲突与社会资本合作行为中既起到单独的部分中介作用，又共同起到平行中介作用，而平行中介作用在其中又发挥主要作用。其次，假设冲突只会对社会资本和政府的相互依赖产生负向影响，而惯例冲突对社会资本和政府的相互依赖和关系嵌入均会产生负向影响。最后，社会资本和政府的相互依赖和关系嵌入均对社会资本的合作行为产生正向影响。

目　　录

第 1 章　绪论 ……1
1.1　选题的背景 ……1
1.2　选题的意义 ……4
1.3　国内外研究现状评述 ……6
1.4　研究思路与结构安排 ……23

第 2 章　理论基础与研究框架 ……28
2.1　理论基础 ……28
2.2　相关概念界定 ……43
2.3　研究框架的提出 ……49

第 3 章　PPP 项目公私制度逻辑冲突构念内涵与测量研究 ……52
3.1　PPP 项目公私制度逻辑冲突构念研究框架 ……52
3.2　PPP 项目公私制度逻辑冲突构念界定 ……53
3.3　PPP 项目公私制度逻辑冲突构念测量 ……62
3.4　本章小结 ……76

第 4 章　PPP 项目公私制度逻辑冲突对社会资本合作行为影响机理研究 ……78
4.1　研究设计 ……78
4.2　案例内描述与分析：A 市轻轨项目 ……84
4.3　案例内描述与分析：B 市特色小镇项目 ……91
4.4　案例内描述与分析：C 市高速公路项目 ……97
4.5　跨案例分析 ……102
4.6　本章小结 ……106

第 5 章 PPP 项目公私制度逻辑冲突对社会资本合作行为作用路径研究 …… 108
5.1 研究假设与模型构建 …… 108
5.2 研究设计 …… 115
5.3 假设检验 …… 120
5.4 结果分析与讨论 …… 132
5.5 本章小结 …… 136

第 6 章 结论与展望 …… 138
6.1 研究结论与研究建议 …… 139
6.2 研究主要创新点 …… 142
6.3 研究局限与展望 …… 143

参考文献 …… 145

附录 A PPP 项目公私制度逻辑冲突的访谈提纲 …… 162

附录 B PPP 项目公私制度逻辑冲突调查问卷 …… 164

附录 C PPP 项目公私制度逻辑冲突调查问卷 …… 168

附录 D 备选 PPP 项目案例库 …… 171

附录 E 案例研究开放式访谈提纲 …… 172

附录 F PPP 项目公私制度逻辑冲突对社会资本合作行为影响调查问卷 …… 174

第1章 绪　论

1.1 选题的背景

1.1.1 现实背景

PPP 是政府和社会资本之间，为了合作建设城市基础设施项目或是为了提供某种公共物品与公共服务，彼此之间形成的一种伙伴式的合作关系[1]。2013 年以来，我国开启新一轮系统全面、根本性、深层次的改革，PPP 作为贯彻全面深化改革的一项有效举措、刺激经济增长的一种重要手段与实现可持续发展的良好载体[2]，在加强地方基础设施建设与促进民间资本投资的同时[3]，也为减轻地方政府债务与推进“一带一路”建设提供有力支持。根据明树数据发布的《2019 年中国 PPP 市场年报》，截至 2019 年 12 月 31 日，财政部 PPP 在库项目总计 12 341 项，投资额总计 17.78 万亿元，规模之大，举世瞩目。伴随着新一轮经济体制、投融资体制与政府管理运作方式的改革，如何通过 PPP 推动经济高质量发展，满足人们对高质量基础设施和公共服务日益增长的迫切需求，已经成为摆在我国政府面前的一项重要现实课题。

然而，社会资本介入公共产品供给与公共资源分配，势必使得 PPP 项目相较传统项目有着更为多元的价值内涵与更为广泛的价值考量[4]。PPP 项目中有着一组天然矛盾，即公与私的冲突。政府所代表的公共利益与社会资本所代表的资本利益在 PPP 项目中交汇在一起，两种不同的利益目标形成两种在性质上迥然相异的价值诉求，即公共利益最优化与资本利益最大化。PPP 诞生以来，人们更倾向认为这两种价值之间的冲突是不可调和与无法化解的，仿佛追求公共利益最优化就注定要以牺牲资本利益最大化为前提，而追求资本利益最大化也必然会阻碍公共利益最优化的最终实现。这一固有认知的根源在于政府和社会资本所具有的制度逻辑之间的差异与不兼容。制度逻辑是构成一个领域中行为和规范的具体实践和符号结构[5]，决定与塑造人们如何看待事物的一系列“因果假设”以及组织环境中的“游戏规则”[6]，为组织及组织中的个体提供认知与行为的模板[7]。公与私两种制度逻辑在 PPP 项目中并存又相互竞争博弈，在组织场域中形成一种动态张力，并由此引发公私制度逻辑冲突，进而对 PPP 项目中的公私双方产生影响。

需要注意的是，PPP 项目的本质是一种混合所有制经济的结构性创新，在自然垄断产业中引入非国有经济成分，形成一种以公私联合、混合所有的新型所有制形态。这种安排有利于各种所有制资本取长补短、相互促进、共同发展，使合作双方达到比一方单独行动更为有利的结果。也就是说，如果没有政府与社会资本的合作，PPP 项目也仅仅是不切实际的空中楼阁。然而在实践中令人感到无比困惑的是，在相似或相同的制度环境下，当面对相似或相同的公私制度逻辑冲突时，不同的社会资本却展现出不同的合作行为，这种差异有时又极其显著。在一些 PPP 项目中，政府与社会资本双方因制度逻辑之间的差异而引发的冲突是不可调和的，然而在一些 PPP 项目中，公私双方却可以通力合作并最终实现互利共赢。

诚然，PPP 项目必须服从公共产品的使用非竞争性与受益非排他性的本质，不能变换公共产品供给的功能与影响，公共利益必须也必然是 PPP 项目中的核心价值，但一味地追求公共利益价值也并不现实，会导致 PPP 项目缺乏生命力。2018 年《政府工作报告》中明确要求落实鼓励民间投资政策措施，在铁路、民航、油气、电信等领域推出一批有吸引力的项目。然而，明树数据的最新统计，不论是以成交项目个数还是以成交规模作为分析指标，社会资本尤其是民营企业在 PPP 领域中的市场份额自 2015 年底以来均呈现持续下降的态势。一方面，退出渠道不丰富、资本投资周期与项目周期不匹配是 PPP 发展中影响社会资本参与意愿的主要外在原因；另一方面，在政府与社会资本组成的共同体中，公私双方思考方式与行事原则的不同，以及由此所引发的一系列矛盾与冲突也成为影响社会资本合作行为的内在原因。

矛盾总是对立统一的，PPP 项目在全世界范围的广泛流行与大量应用让我们清楚地认识到公共利益与资本利益之间相互促进和互相调和的一面。如果政府和社会资本双方可以在一定的制度框架与法律边界内积极合作，是完全可以将由公私制度逻辑差异所引发的冲突的影响降到最低的，在谋求公共利益最大化与获取合理资本回报之间实现协调统一，并最终达到政府与社会资本价值共创的结果。

1.1.2 理论背景

在现代社会中，不论是公共组织还是私人组织，都嵌入在多元化的制度环境之中。多元化不仅意味着同一组织场域中多种制度逻辑的同时存在，更为关键的是，这些制度逻辑之间通常又存在差异与不同。每种制度逻辑本身意味着理性，因此容易因制度逻辑之间的差异引发制度逻辑冲突。然而，学者们发现传统制度主义经典的同构机制无法对这一现象进行充分有力的解释，因为服从一种制度逻辑的要求往往会违背另一种制度逻辑的意志。组织如何应对制度逻辑冲突，已经成为新制度主义的研究前沿与核心议题之一[8]。在早期的制度逻辑研究中，学者们普遍认为制度逻辑冲突只是暂时的[9]，是一种主导性逻辑与另一种主导性逻辑在组织场域中相互竞争而引发的临时性“震荡”[10]，冲突最终会随着某种制度逻辑在组织场域占据主导地位而消失。这也使得传统制度主义无法对制度变迁现象进行合理全面的阐释，从而陷入非黑即白的决定论窠臼[11]。近年来，学者们意识到当双重甚至多重制度逻辑之间存在持续性竞争关系时，一种制度逻辑是难以完全主导整个组织场域的，因此在组织中制度逻辑冲突是可以长期存在与保持的[6]。这种双重或多重制度逻辑并存且又相互冲突的情况实际又极为普遍。例如，Pache 和 Santos[12]发现社会企业通常需要面对社会福利逻辑与商业逻辑之间的持续冲突；Greenwood 等[13]通过对西班牙公司的研究发现，组织不仅受市场逻辑的操纵，同时还受到家族逻辑和国家逻辑的持续性影响。其中，最具代表性的现象是PPP项目中政府的公共利益逻辑与社会资本的资本利益逻辑之间的冲突[14]。

持续的制度逻辑冲突对组织的成长与发展提出严峻的挑战，因为制度逻辑冲突可能导致组织合法性降低、内外部利益相关者的权力斗争、组织目标模糊及组织发展动荡等一系列问题[15]，因此组织必须寻求有效途径对制度逻辑冲突进行管理。令人不解的是，每一种制度逻辑均自成体系又彼此相互矛盾，在完全相同的制度环境下，一些组织场域中由制度逻辑间的差异所引发的内生的、外在的冲突是不可调和的，然而在一些组织场域中，双重甚至多重制度逻辑尚能并行不悖、相安无事。这一有趣的现象值得学者们做出更为深入的探索与解读。

此外，从研究方法角度考量，现有制度逻辑相关研究以理论思辨与案例研究为主，对制度逻辑的定义与内涵、制度逻辑的影响以及组织如何对多重制度逻辑进行回应等研究议题进行了探索。然而，从“全循环”的研究设计来看，现有研究中缺少对理论研究命题的大样本实证检验[16]，这也使得已有的概念框架与研究命题难以获得有效验证。此外，作为一种“自上而下”的理论视角，新制度主义理论难以深入刻画不同制度逻辑之间的矛盾程度及其具体的作用机理。因此，亟须学者们运用大样本数据对既有概念框架与研究命题进行检验，并以此为基础不断丰富与拓展制度逻辑研究理论成果的边界条件和适用范围。

最后需要强调的是，现有制度逻辑相关研究主要集中于西方国家，尤其是在美国与加拿大两国中展开，缺乏对发展中国家，尤其是对中国的相关实证研究。尽管很多学者认为，处于持续制度变迁的中国社会可以为深化与拓展制度逻辑理论提供“天然的、实时的实验场”[17]，并呼吁学界在制度逻辑研究中聚焦中国情境。然而真正以制度逻辑为研究视角，并以中国情境为基础进行实证研究，却是在近两三年才真正兴起的。因此，以我国的PPP项目作为研究对象是适合与恰当的，这也为制度逻辑理论研究提供了最佳的原始素材。

1.2 选题的意义

1.2.1 现实意义

首先，本书有助于增强政府和社会资本双方对公私制度逻辑冲突的重视、理解与把握，帮助公私双方在PPP项目的全生命周期中对可能发生的公私制度逻辑冲突进行提前预判，并在冲突真正发生时迅速对其进行有效化解，以确保项目的顺利实施。同时，对PPP项目公私制度逻辑冲突的深入认识，可以进一步转变政府和社会资本之间的对抗性思维。政府和社会资本需要格外关注双方对PPP项目持有的不同预期与看法以及规则、规范或惯例的差异，并尽可能地与己方的假设与惯例进行结合，从而减少双方之间的矛盾，将由制度逻辑差异所引发的冲突的负面影响降至最小。政府和社会资本需要明白，只有当公私双方以合作与共赢的态度开展项目活动、构建良性的合作氛围、积极应对公私制度逻辑冲突时，方能开启公私合作的良性循环，实现项目的可持续性发展，并最终达到政府和社会资本价值共创的结果。

其次，本书研究是在一个社会资本视角下的研究，可以有效地帮助政府从社会资本的思考角度出发，更为清晰与准确地把控公私制度逻辑冲突、社会资本与政府的相互依赖与关系嵌入和社会资本合作行为之间关系。政府需要重视公私双方在目标上的相互依赖，促使社会资本感知到己方目标的实现是需要建立在政府目标实现的基础之上的，双方的项目目标并不冲突矛盾。同时，政府还需要重视公私双方的信任、信息共享与问题的协同解决，积极借助各种信息传播途径与媒介促进社会资本与政府之间的双向信息交流，从而为企业构建良好的外部政治环境，促进企业的生存和持续发展。只有这样，政府和社会资本才能打开通向长期与有效冲突解决的大门，展现出为维护合作关系而愿意牺牲眼前利益的高姿态。

1.2.2 理论意义

首先，本书对PPP项目公私制度逻辑冲突进行构念内涵的解读与测量量表的开发，深化对这一构念内涵的认识。当前，尽管学者们对制度逻辑冲突及相关构念进行了一定程度的解读，但更多是将“制度逻辑”与“竞争”“冲突”等既有概念的简单加总，并未结合具体研究对象、情境或问题进行深入探讨与解读。因此，本书围绕制度逻辑理论、组织冲突理论、社会互依理论与关系嵌入理论，采用调研访谈、内容分析与相关统计方法对PPP项目公私制度逻辑冲突进行研究，进而界定构念内涵与建立维度模型，并开发相应的构念测量工具，为后续研究PPP项目公私制度逻辑冲突对社会资本合作行为的影响及作用机制奠定构念内涵与工具基础。

其次，结合PPP项目实践情境，本书对PPP项目公私制度逻辑冲突对社会资本合作行为影响的内在机理进行系统识别。现有针对竞争性制度逻辑与组织战略回应的研究大多停留于理论分析层面，缺乏实践情境的支持与印证，相关研究成果或结论有待于进一步检验。因此，本书采用案例研究方法，从社会资本的视角出发，结合具体PPP项目实践情境，探究公私制度逻辑冲突影响与社会资本合作行为表现两者之间的内在作用机制。同时，以社会互依与关系嵌入为理论基础进行归纳与解释，打开PPP项目公私制度逻辑冲突与社会资本合作行为之间的“理论黑箱”。

最后，本书构建公私制度冲突、社会资本与政府之间的相互依赖、关系嵌入与合作行为四个构念之间的关系假设，并进行验证，发现公私制度逻辑冲突与社会资本合作行为之间的多条作用路径。当前对于制度逻辑冲突与组织战略回应相关研究尚处于理论的探索阶段，基于大样本统计的定量研究仍然较为匮乏。尽管一些学者开始尝试采用统计实证研究方法，但领域内的主流研究仍然以理论思辨、案例研究等定性分析方法为主。因此，现有研究所取得的成果与结论在推广和适用范围上存在一定的制约与局限。因此，本书研究在提出并剖析“公私制度冲突—公私混合状态—社会资本合作行为”内在作用机制的基础上，构建公私制度冲突、社会资本与政府之间的相互依赖、关系嵌入与合作行为四个构念之间的整合关系模型，并通过大样本统计实证方法验证各变量之间的逻辑关系，进而论证PPP项目公私制度逻辑冲突对社会资本合作行为的多种作用路径。相关研究结果从制度逻辑冲突角度解读社会资本合作行为差异性的形成机制，丰富现有制度逻辑相关研究。

1.3　国内外研究现状评述

为了更好地对本书所提出的三个研究问题进行回答，本节将对国内外相关研究领域的现有成果进行系统性回顾与述评。本节借助基于关键词共现分析方法的科学知识图谱软件绘制国内外相关研究领域的科学知识图谱，针对管理学研究领域中关于 PPP、制度逻辑、组织间合作三大主题的研究成果进行可视化分析，以实现对相关领域的文献回顾。

关键词共现分析又称关键词共词分析，是共词分析方法的一种重要形式，也是目前情报学领域与信息管理领域的常用研究方法之一。其基本原理是通过对文献集中词汇对或名词短语共现的频次进行计算，并以此为基础对这些词汇对或名词短语做聚类分析，以展现这些词汇对或名词短语之间的关系，进而确定这些词汇对或名词短语所代表的学科或领域的研究热点、组成与范式，从横向与纵向两个角度分析学科领域的发展过程与结构演化[16]。相较传统的文献综述方法依赖于作者的主观判断，关键词共现分析可以有效地克服这一局限，增加综述结果的可信度。同时，关键词共现分析技术还可以同时处理大量的研究文献，从而使文献综述更为全面。此外，信息可视化工具还可以更为直观地展示研究结果。近年来，该方法已经获得广泛的认可与应用，众多学科基于该方法对本领域的研究文献进行综述，并在此基础上通过信息可视化软件直观地展示共词分析的研究结果。

本书选择由 Chen[18]开发的 CiteSpace 软件，该软件对中英文文献数据均有着良好的支持，可以对 Web of Science 与 CNKI（China National Knowledge Infrastructure，中国知网）平台的相关文献数据进行处理，并直接对数据进行关键词共现分析。此外，CiteSpace 还可以根据关键词共词之间的关系，给出以图论为基础的谱聚类分析，帮助研究人员更好地对相关文献进行分析。综上，本节采用关键词共现分析技术对相关研究进展进行回顾，并选用 CiteSpace 软件进行直观展示。

1.3.1　PPP 相关研究

由于中英文文献在数据库上的差异，对于英文文献，笔者借鉴以往相关研究[18]，以美国科学信息研究所（Institute for Scientific Information，ISI）出版的

Web of Science 数据库为文献检索数据库。该数据库作为全球最大的期刊引文索引数据库，收录自然科学、工程技术、生物医学等各个研究领域最具影响力的超过 8 700 种核心学术期刊，完全涵盖发表 PPP 研究文献的国际主流学术期刊，受到国际学术界的广泛认可。具体检索方法见表 1.1，笔者以“public private partnership*”为主题进行检索，文献类型为论文（article）。经过处理，最终得到 3 619 篇英文文献。

表 1.1 样本检索规则（一）

检索方法	说明
数据库	Web of Science 数据库
检索方式	主题=“public private partnership*”
时间跨度	所有年份（1945~2019 年）
文献类型	论文
Web of Science 类别	全部类别
检索结果	3 619 篇

针对中文文献，笔者以 CNKI 数据库为文献检索数据库。具体检索方法见表 1.2，是以“政府和社会资本合作”或“PPP”为主题词、关键词进行检索，资源类型为全部。经处理后，最终得到 15 356 篇文献。下面对“政府和社会资本合作”的中英文文献进行分析与述评。

表 1.2 样本检索规则（二）

检索方法	说明
数据库	CNKI 数据库
检索方式	主题=“政府和社会资本合作”或“PPP”（精确）
时间跨度	所有年份
资源类型	全部
文献分类目录	经济与管理科学
检索结果	15 356 篇

文献数量变化直接反映科学知识量的变化情况。文献发表数量是反映某一学科领域文献数量变化以及学科发展情况的主要测量指标。根据文献检索结果，笔者绘制 PPP 国外与国内文献数量分布图（图 1.1 和图 1.2），并对每年发表的文献数量进行分析。

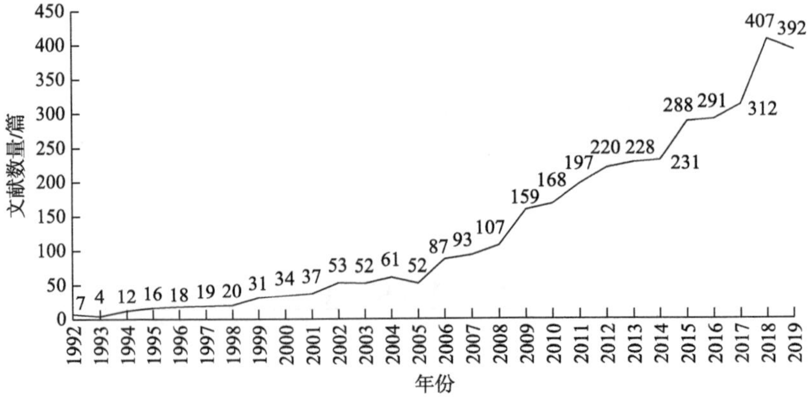

图 1.1　PPP 国外文献数量分布图

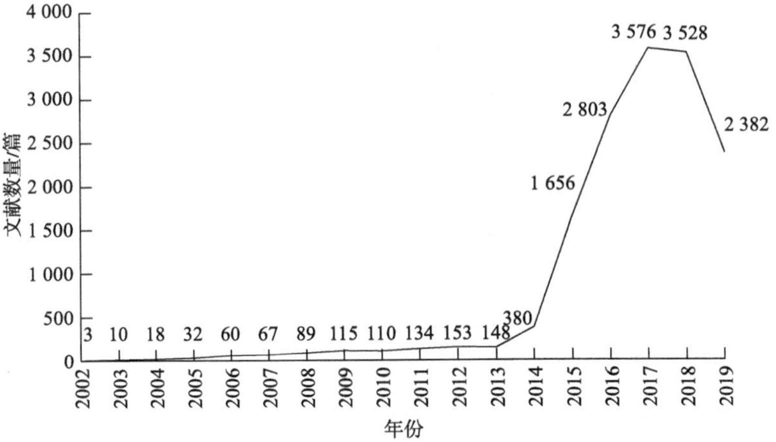

图 1.2　PPP 国内文献数量分布图

20 世纪后半叶的很长一段时间内，各国的公共服务项目的投资、建设与运营，都完全由政府独立承担。然而，由于资金、设备与人员的缺乏，对信息的收集和处理能力的限制，以及官僚制在资源配置中的低效率，政府开始重新审视其在公共服务领域中所扮演的角色。为解决上述问题，时任英国财政大臣的 Kenneth Clarke 于 1992 年率先提出“公私合作”这一概念，这也标志着 PPP 的诞生[19]。因此，针对国外文献，笔者将研究时间设定为 1992~2019 年，过滤掉 23 篇英文文献，剩余 3 596 文献，并以此为最终研究样本。

从时间分布来看，从 1992 年开始，围绕 PPP 的英文文献数量总体呈现递增趋势。2009 年之后文献数量增加的趋势更为明显，这与 2008 年世界金融危机的爆发一定程度相关，世界各国均尝试通过 PPP 缓解财政约束、提高服务质量，通过优化风险分担来降低建设成本、促进经济增长与市场化改革。同时也说明近十年来国际学术界对于PPP的关注度呈显著上升趋势。

国内对于PPP的研究起步相对较晚，中国第一个“建设-经营-转让”（build-operate-transfer，BOT）项目是深圳沙角B电厂项目，社会资本方是一家香港企业。该项目于1984年签署合资协议，于1988年建成投入使用，在15年特许经营期期满后，于2000年由社会资本方成功移交给当地政府。沙角B电厂项目由于条件限制，程序与文件相对简单粗糙，产生的影响较为有限[20]。在这一阶段中，由于PPP项目前期策划与对外招商有着高成本、长周期与高技术壁垒等特点，这也在一定程度上制约了PPP后续在我国更大范围的使用推广，故在这期间，国内也缺少对PPP的相关研究。

2002年中共十六大的胜利召开进一步强化市场机制的作用，随后原建设部接连颁布多个规范与促进PPP应用的政策文件，这也为PPP的具体实施提供了法律保障与依据。在这一政策背景下，全国各地兴起了一轮PPP项目建设的高潮。相应地，国内对PPP的研究同样发端于2002年，然而其后的11年间，PPP相关研究却始终处于一种不温不火的状态，年文献发表数量在一百篇左右。

2013年底，为落实十八届三中全会确立的“允许社会资本通过特许经营等方式参与城市基础设施投资和运营”改革措施，财政部对PPP的推广工作进行全面部署。此次推广范围之广、力度之大都是前所未有的，全国范围内兴起又一轮PPP项目建设的热潮。因此自2014年起，相关研究便呈现出快速增长的态势。2017年，全年文献发表数量更是达到3 576篇。2018年全年文献发表数量降至3 528篇，在2019年更是降至2 382篇，这也与财政部与国务院国有资产监督管理委员会于2017年出台的92号文、192号文严厉肃清PPP市场的乱象相关，但PPP相关研究已经成为国内管理学研究领域的热点话题之一。

随后，笔者对1992~2019年3 596篇英文文献进行关键词的共现与聚类分析，以1年为时间片段，共得到311个关键词与10个聚类，进而绘制PPP国外研究关键词共现知识图谱（图1.3），以反映这一领域在某一时间范围内的研究热点及前沿问题。从关键词频次来看，除检索用词“public-private partnership”（648次）与“public private partnership”（423次）以外，“governance”的频次最高，为208次。频次在50~200次的关键词包括“management”“policy”“infrastructure”“performance”“model”“partnership”“China”等30个。频次在20~49次的关键词有28个，频次在10~19次的关键词有29个，其余关键词的频次均在10次以下。

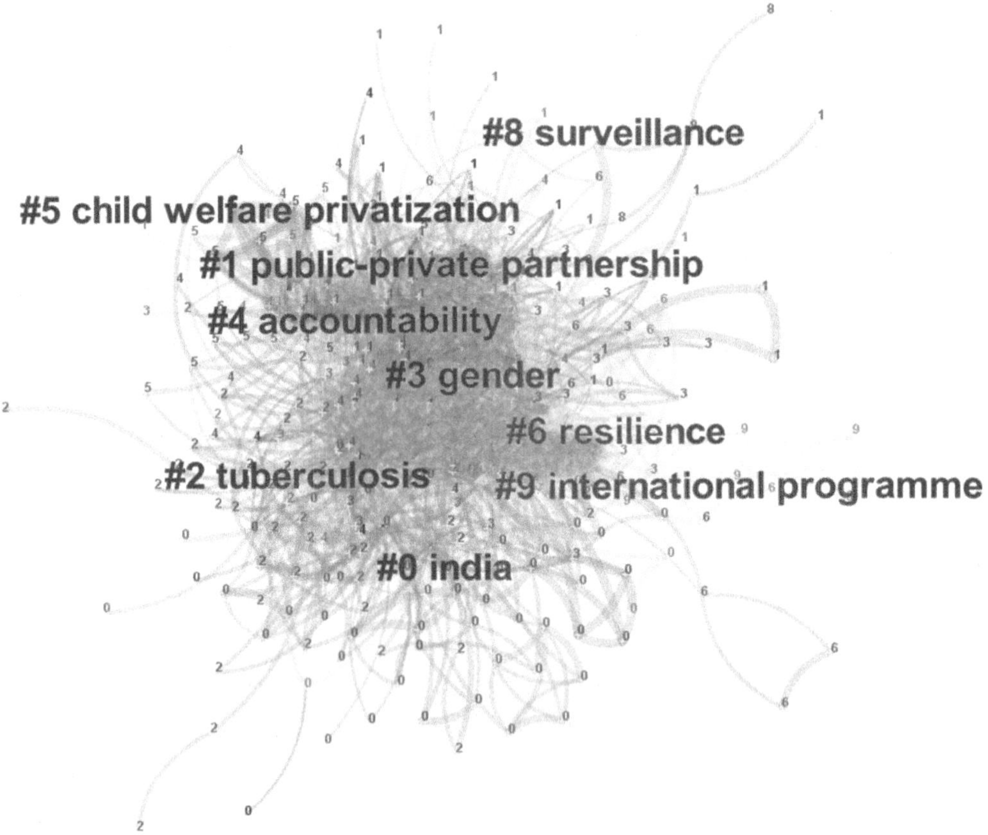

图 1.3　PPP 国外研究关键词共现知识图谱

结合关键词聚类、中性度、突变率、关联性等分析发现，PPP 国外研究热点可以归纳为五个关键词聚类群组。第一类群组围绕 PPP 模式及其具体应用，关键词包括 BOT、BT（build-transfer，建设-转让）、TOT（transfer-operate-transfer，移交-经营-移交）、application 等；第二类群组关心的是 PPP 项目风险，关键词包括 efficiency、risk allocation、risk factor 等；第三类群组围绕 PPP 项目融资模式与经济收益，关键词包括 cost、price、concession period、subsidy、transfer 等；第四类群组围绕 PPP 项目法律与采购，关键词包括 legal、management regulation、contract、re-negotiation 等；第五类群组围绕政府监管与保障，关键词包括 control rights、government 等。下面对这五类关键词群组做逐一介绍。

PPP 模式及其具体应用：这一关键词群组重点关注发展新型 PPP 模式与将某一类型 PPP 模式应用于具体的行业与领域[21]。例如，Ng 等[22]提出一种“public private people partnership”的 P4 模式，并将受项目影响的人群作为 PPP 项目实施过程中最重要的利益相关者，以有效捕捉 PPP 项目不同阶段中的社会问题。同时，现有研究还对 PPP 模式应用的不同领域进行探索，其中包括城市改造[23]、水处理[24]、轨道交通[25]、大型公共场所[26]等。学者们从中发现，PPP 项目成功的关键因素包括稳定的外部经济环境、政府和社会资本之间的共同责任、高效透明的采购流程、稳定的政治和社会环境以及政府的正确引导与控制[27]。

PPP 项目风险：PPP 项目的风险不仅来自项目资本结构与组织架构，还来自高投资、长运营投资、高技术复杂度、政治影响与政府介入等。因此这一群组重点关注 PPP 项目风险因素的识别与项目利益相关者之间的合理风险分配。研究表明，PPP 项目的三个主要风险因素为政府干预、政府腐败与糟糕的公共决策过程[28]。Xu 等[29]的研究认为，政府风险是中国水务相关 PPP 项目中最大的风险来源。由此引发的项目利益相关者之间的合理风险分配相关研究中，学者们大多注重风险与利益相关者之间的匹配，什么样的风险由什么样的利益相关者承担更为适合[21]。

PPP 项目融资模式与经济收益：PPP 项目通常需要大量的资本投资与长周期的运营，通过向公众出售服务或产品以实现预期的投资回报。因此，PPP 项目融资模式与经济收益也成为 PPP 相关研究的主要关键词聚类群组之一。这一群组主要关注三个问题：项目总造价、资金来源与投资回报率。

PPP 项目法律与采购：由于 PPP 项目涉及公共福祉，故有必要建立一个全面的法律框架来指导整个过程，并清晰界定所有的利益相关者的权利和责任，尤其是政府与社会资本[30]。因此，这一关键词群组重点关注的是 PPP 项目中的法律与采购过程。目前，许多国家（如美国、韩国、巴西与阿根廷等）已经颁布独立的 PPP 法律法规体系。然而，现有研究大多关注的是现有 PPP 法律法规体系中问题与漏洞的识别，而并非如何对 PPP 法律法规体系进行发展[21]。此外，鉴于 PPP 项目的采购流程远远比一般项目复杂，一部分学者同样对 PPP 项目中的采购、再谈判与契约进行研究。

政府监管与保障：由于 PPP 项目是一种政府行为，故 PPP 项目的采购和实施过程是自然垄断。因此，第五类群组重点关注政府监管与保障。世界银行将 PPP 项目监管定义为直接或间接地对社会资本、政府及其他参与者的决定或行为进行控制，并明确指出，适当的监管是保证 PPP 项目取得成功的必要条件之一[31]。

随后，笔者通过对 2002~2019 年 15 356 篇中文文献进行关键词的共现与聚类分析，共得到 88 个关键词与 5 个聚类，进而绘制 PPP 国内研究关键词共现知识图谱（图 1.4），以反映该领域在某一时间范围内的研究热点及前沿问题。从关键词频次来看，除检索用词“PPP”（2 347 次）、“PPP 模式”（1 365 次）与“PPP 项目”（886 次）以外，“社会资本”的频次最高（256 次），频次在 50~100 次的关键词包括“财政部”“资产证券化”“风险分担”“基础设施”“风险”“融资模式”等 27 个。频次在 20~49 次的关键词有 29 个，频次在

10~19 次的关键词有 7 个，其余关键词的频次均在 10 次以下。

图 1.4 PPP 国内研究关键词共现知识图谱

结合关键词聚类、中性度、突变率、关联性等分析发现，PPP 的研究热点与国外研究相似，同样集中于 PPP 模式及其具体应用、PPP 项目风险、PPP 项目融资模式与经济收益、PPP 项目法律与采购及政府监管与保障。这说明国内研究与国外研究的热点主题相仿。尽管我国的 PPP 相关研究开始时间较国外研究晚了近十年，但发展十分迅速，并有赶超国外研究的势头。在经历理论与经验的全盘引进与初步探索等过程后，近年来针对我国 PPP 项目的相关研究无论是在量与质上都有很大的提升[19]。许多研究已不再是停留在介绍概念、理念与经验的简单层次，而是将 PPP 应用到更为具体的分析框架与实践情境之中，PPP 相关研究也因此更加深入，获得了一些具有深度的研究成果。

1.3.2 制度逻辑相关研究

为探索制度逻辑相关国外研究的最新进展，笔者同样以美国科学信息研究所出版的 Web of Science 数据库为文献检索数据库。具体检索方法是以

“institutional logic*”为主题进行检索，文献类型为论文。经处理后，得到 877 篇文献（表 1.3）。

表 1.3 样本检索规则（三）

检索方法	说明
数据库	Web of Science 数据库
检索方式	主题=“institutional logic*”
时间跨度	所有年份（1945~2019 年）
文献类型	论文
Web of Science 类别	全部类别
检索结果	877 篇

针对中文文献，笔者同样以 CNKI 数据库为文献检索数据库，具体检索方法是以“制度逻辑”为主题进行检索，资源类型为全部。经过处理，最终得到 780 篇文献（表 1.4）。

表 1.4 样本检索规则（四）

检索方法	说明
数据库	CNKI 数据库
检索方式	主题=“制度逻辑”（精确）
时间跨度	所有年份
资源类型	全部
文献分类目录	经济与管理科学
检索结果	780 篇

之后笔者对上述中英文文献进行外部特征分析与关键词的贡献与聚类分析。

从时间分布来看（图 1.5），1991 年伊始，围绕制度逻辑的英文文献数量总体呈现波动性增长的趋势。以 2009 年为分界点，2009 年及之前，制度逻辑研究的年度发文量较为平稳，累计发表文献 69 篇；2009 年至今，制度逻辑研究呈现出爆发式的增长态势，累计发表文献 808 篇，为 2009 年及之前的 11 倍之多。其原因在于，2009 年 Thornton 等制度逻辑研究的领军学者在美国管理学年会上举办了专题研讨会，专门介绍与讨论制度逻辑的理论、研究问题与研究方法，以推动制度逻辑学术团体的成长壮大。随后在 2012 年，Thornton 等[17]又出版了第一部全面系统地介绍与综述制度逻辑观点的专著。2013 年，该书在当年的美国管理学年会上获得著名的乔治 R. 特里著作奖，这也标志着制度逻辑理论已经获得国际管理学界的广泛认可，制度逻辑理论的价值正日益受到学者们的关注，与之相关的理论研究也随之快速增长。

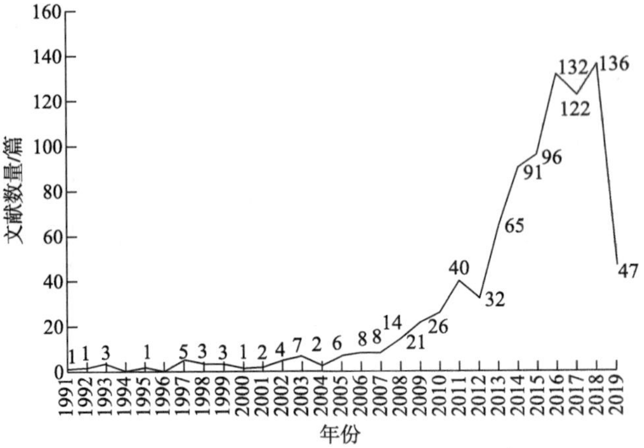

图 1.5 制度逻辑国外文献数量分布图

国内制度逻辑研究雏形同样出现于 20 世纪 90 年代初，2010 年起，相关研究才出现快速增长，CNKI 预测这一领域的文献发表数量在 2019 年达到 115 篇[①]（图 1.6），说明该领域开始受到国内学者们的关注。

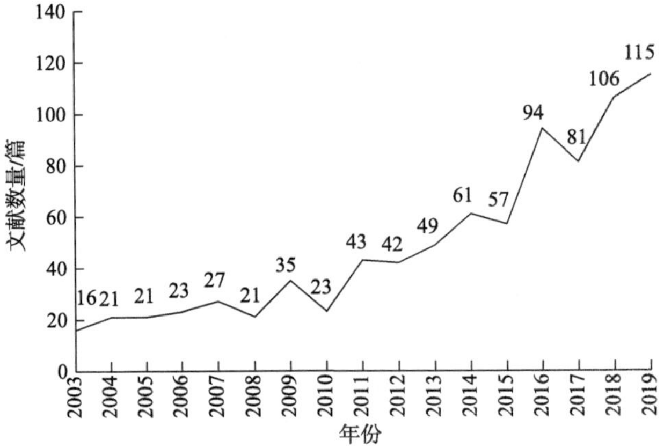

图 1.6 制度逻辑国内文献数量分布图

通过对 1991~2019 年 5 月 877 篇英文文献进行关键词的共现与聚类分析，共得到 185 个关键词与 6 个聚类，进而绘制制度逻辑国外研究关键词共现知识图谱（图 1.7）。从关键词频次来看，除检索用词“institutional logics”（380 次）与

① 此处所使用的研究数据时间截至 2018 年。

“institutional logic”（60次）以外，“organization”的频次最高（211次），频次在50~200次的关键词包括“management”“industry”“field”“performance”“perspective”“entrepreneurship”等20个。频次在20~49次的关键词有24个，频次在10~19次的关键词有21个，其余关键词的频次均在10次以下。

图 1.7 制度逻辑国外研究关键词共现知识图谱

结合关键词聚类、中性度、突变率、关联性等分析发现，制度逻辑国外研究热点可以归纳为四类关键词聚类群组。第一类群组围绕制度变迁这一基础问题展开分析，关键词包括 transition、isomorphism、institutional change 等；第二类群组关心的是制度与组织的关系，关键词包括 organizational identity、stakeholder management 等；第三类群组主要研究竞争性制度逻辑与多重制度逻辑，关键词包括 competing logics、institutional pluralism、institutional complexity 等；第四类群组围绕组织合法性、组织场域与组织战略回应，关键词包括 legitimacy、organizational field、strategic responses 等。下面对这四类关键词聚类群组进行逐一介绍。

制度变迁：制度变迁是制度逻辑领域的主要研究内容，该类别的研究内容包含制度逻辑与制度逻辑演化对组织的影响与作用。传统制度主义理论虽然通过同构机制对组织行为趋同这一现象进行合理解释[32]，然而却一直受到组织理论学者们的质疑与抨击。例如，传统制度主义理论没有考虑社会情境对行为主体的作用与影响，对为什么部分组织在外部同构压力下依然有着异质化行为等问题没有进行正面回答。这一类别的研究正是从传统的同构机制转向特定制度框架下的制度变迁过程与组织行为异质化相关问题的一种尝试和努力[33]。

制度与组织的关系：这一类别的研究属于制度逻辑研究领域的基础性研究 [16]，该类别的研究主要通过对组织与制度两者之间关系进行理论分析，探索组织场域内制度逻辑具体的变迁过程与作用机制。例如，认知结构与社会文化规则对组织结构的影响[34]、制度演变对组织绩效的影响[35]、制度逻辑对组织和个体的集体身份认同的塑造[36]等。

竞争性制度逻辑与多重制度逻辑：竞争性制度逻辑与多重制度逻辑是制度逻辑研究领域的核心内容之一。相较传统制度主义理论，制度逻辑理论格外强调制度的多元性，认为要想深入解读个体和组织的行为，就必须在分析中考虑个体和组织所处的制度情境[37]。然而，制度情境往往是发散式的，甚至是相互矛盾与冲突的，因而也是多元化的。因此，不同于传统制度主义学者强调单一主导性制度逻辑对组织行为的同构作用[38]，制度逻辑理论对于多元化制度环境下多重制度逻辑长期共存所导致的组织行为异质化现象更为关心[39]。从制度多元性视角来看，组织场域中往往同时存在多种制度逻辑并共同对组织行为产生作用与影响，组织对这些相互竞争的多重制度逻辑的选择性回应最终导致组织行为的差异化与多样化[40]。因此，制度逻辑理论以及由此衍生而来的制度多元性概念，为学者们解释组织合法化行为的差异性与多样性提供了一种崭新的理论视角。

组织合法性、组织场域与组织战略回应：这一类别是制度逻辑领域的基础性研究[16]。组织合法性在早期被研究制度主义的学者们定义为组织对于社会规范或法律所表现出的一致性和相似性[41，42]。随后，Meyer 和 Scott[43]认为组织合法性反映的是一个组织受文化支持的程度，具体体现为组织建立起一系列的文化元素对组织的存在、运行、权力等进行的解释。Suchman[44]则基于前人对组织合法性的研究提出一个更为广泛的定义，认为合法性是对组织行为的一种概括性的感知或假设，这种行为在社会建构的规范、价值观念、信念与定义等一系列的体系中应被视为是可取的、正当的与适当的。当面对外界制度压力时，为了获得合法性，组织会进行战略回应，如一些横跨多组织场域的组织有可能会引入新的组织实践[45]，或是进行场域重组[46]等。

针对中文文献，笔者通过对 1992~2019 年 5 月 780 篇中文文献进行关键词的共现与聚类分析，共得到 112 个关键词与 9 个聚类，进而绘制制度逻辑国内研究关键词共现知识图谱（图 1.8）。从关键词频次来看，除检索用词“制度逻辑”（141 次）、“逻辑”（22 次）与“制度”（13 次）以外，“制度变迁”的频次最高（68 次），频次为 10~30 次的关键词包括“制度创新”、“国有企业”与“土地制度”共计 3 个。其余关键词的频次均在 10 次以下，比较具有代表性的关键词有“国家治理”“改革”“高质量发展”“制度环境”“混合组织”等。尽管形成9个聚类，但大多以制度的变迁与创新为主题。这也说明在国内管理研究领域，制度逻辑相关研究仍然处于早期起步阶段，研究内容相较国外研究更为分散，没有像国外制度逻辑研究一样已形成了完整的学科知识结构[16]。

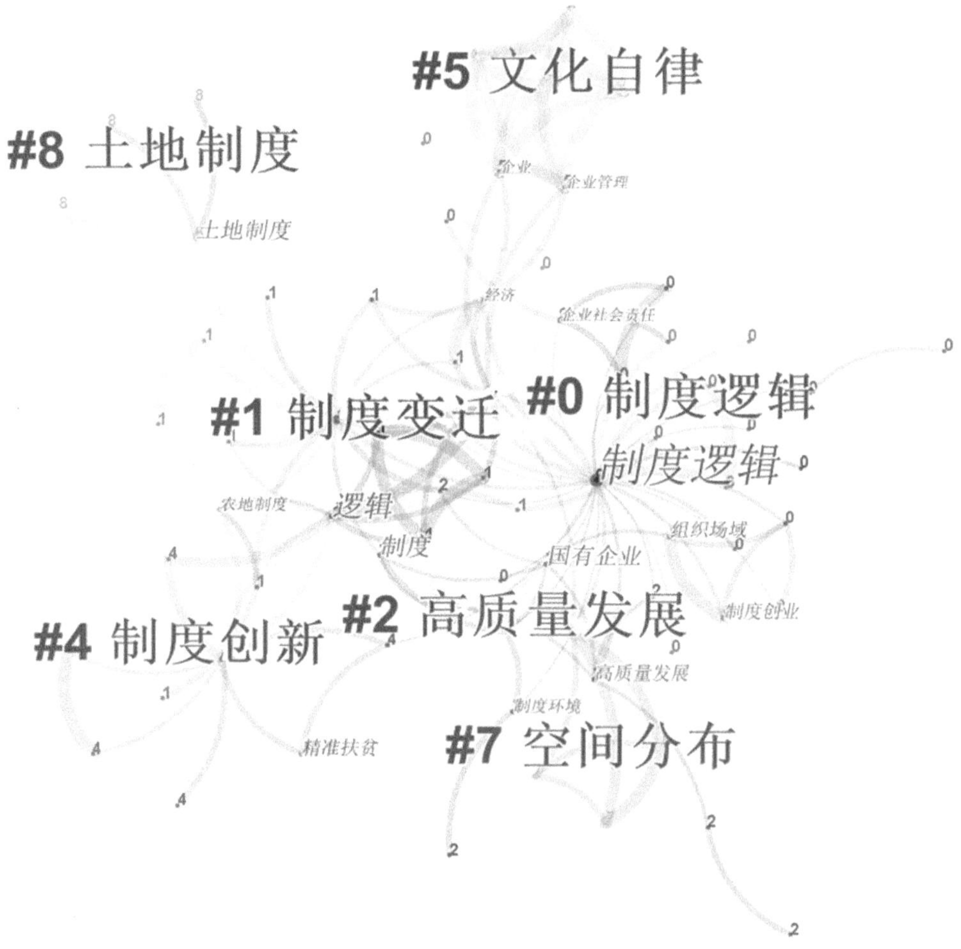

图 1.8 制度逻辑国内研究关键词共现知识图谱

然而，对于正处于变革转型时期的中国而言，因其具有的制度环境高复杂性、高不确定性与高动态性等特征，因而有希望成为制度逻辑相关研究的理想试验场[17]。例如，中国特有的渐进式的改革路径、地方市场分割、政府干预与政治关联等现象都为中国的管理实践与理论带来不同于欧美国家稳定成熟的制度环境，这也为制度逻辑研究提供了更为广阔的探索空间，有利于形成具有中国特色的制度逻辑理论。

1.3.3 组织间合作相关研究

为探索组织间合作相关国外研究的最新进展，笔者同样以美国科学信息研究所出版的 Web of Science 数据库为文献检索数据库。具体检索方法是以“inter-organizational” AND “collaboration” OR “cooperation” 为主题在 Web of Science 数据库的“Management”领域进行英文文献检索，文献类型为论文，文献检索具体规则如表 1.5 所示。经过处理，最终得到 4 416 篇文献，样本的时间分布如图 1.9 所示。

表 1.5 样本检索规则（五）

检索方法	说明
数据库	Web of Science 数据库
检索方式	主题= “inter-organizational” AND “collaboration” OR “cooperation”
时间跨度	所有年份（1945~2019 年）
文献类型	论文
Web of Science 类别	Management
检索结果	4 416 篇

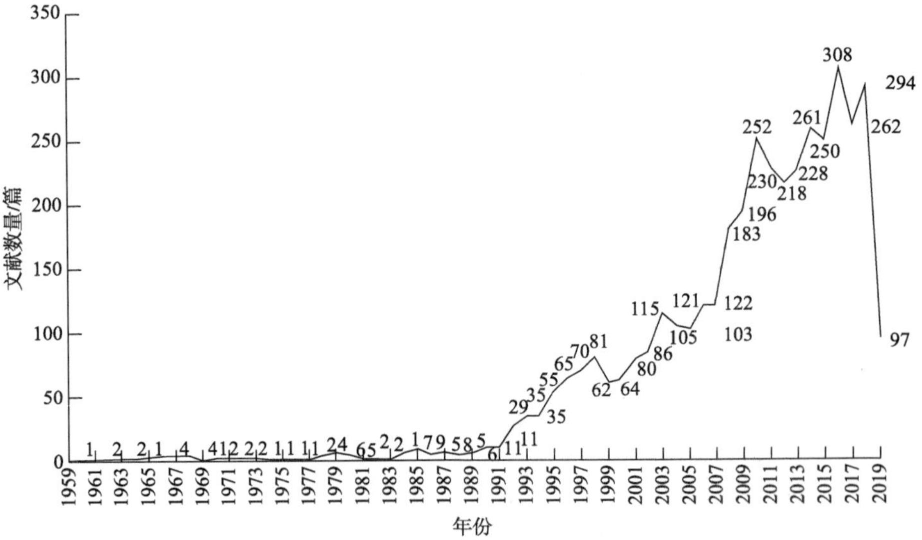

图 1.9 组织间合作国外文献数量分布图

随后，为探索组织间合作相关国内研究的最新进展，笔者同样以 CNKI 数据库为文献检索数据库。具体检索方法是以“组织合作”、“组织间合作”、“企业合作”或“企业间合作”为主题词、关键词进行检索，资源类型为全部。经过处理，最终得到 1185 篇文献，笔者对这些文献进行外部特征分析与关键词的贡献与聚类分析。文献检索具体规则如表 1.6 所示，样本的时间分布如图 1.10 所示。

表 1.6 样本检索规则（六）

检索方法	说明
数据库	CNKI 数据库
检索方式	主题=“组织合作”、“组织间合作”、“企业合作”或“企业间合作”（精确）
时间跨度	所有年份
资源类型	全部
文献分类目录	经济与管理科学
检索结果	1 185 篇

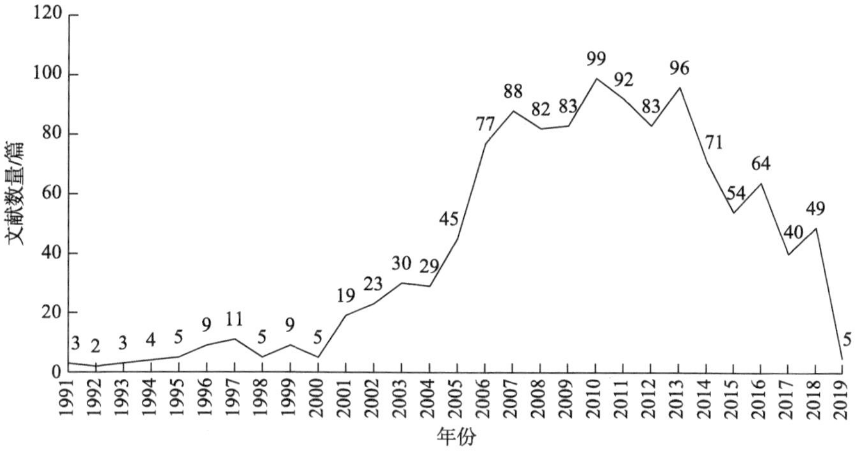

图 1.10 组织间合作国内文献数量分布图

如图 1.9 所示，国外学者对组织间合作的研究可以追溯至 1959 年，自 1990 年起，相关文献开始呈增多趋势。2000 年后，相关研究更是呈现出激增趋势，年发表量突破百篇，2010~2018 年文献发表量始终保持在 200 篇以上。可见，国外学者对于组织间合作的关注起步较早，在过去十年间更是取得丰硕的研究成果，组织间合作已经成为当前国外管理学研究的热点主题之一。

国内的组织间合作研究发端于 20 世纪 90 年代初，相较国外研究，高质量研究成果出现的时间较晚，数量也较少，年发表量始终在 100 篇以下（图 1.10）。这也表明国内针对这一领域的研究尚处于起步阶段，有着较大的发展空间，有待国内学者做进一步研究。

通过对 1959~2019 年 5 月 4 416 篇英文文献进行关键词的共现与聚类分析，

共得到251个关键词与7个聚类，进而绘制组织间合作国外研究关键词共现知识图谱（图1.11），以反映该领域在某一时间范围内的研究热点及前沿问题。从关键词频次来看，除检索用词“cooperation”（1 627次）与“collaboration”（320次）以外，“performance”的频次最高（940次），频次在300次以上的关键词包括“innovation”“strategic alliance”“trust”“firm”“network”“management”等12个。频次在100~299次的关键词有25个，频次在50~99次的关键词有22个，其余关键词的频次均在49次以下。

图1.11 组织间合作国外研究关键词共现知识图谱

结合关键词聚类、中性度、突变率、关联性等分析发现，组织间合作国外研究热点可以归纳为四类关键词聚类群组：第一类关键词聚类群组围绕组织间信任与关系管理这一基础问题展开分析，关键词包括trust、reciprocity、relationships等；第二类关键词聚类群组关心的是研发与创新，关键词包括innovation、

innovation performance 等；第三类关键词聚类群组主要研究知识管理，关键词包括 knowledge、knowledge spillover、knowledge boundary、knowledge management 等；第四类关键词聚类群组则格外关注产业链中的组织合作，关键词包括 supply chain management 等。下面对这四类关键词聚类群组做逐一介绍。

组织间信任与关系管理：这一关键词聚类群组涉及组织间信任、承诺与合作模式等研究主题。例如，Holm 等[47]通过构建商业网络中的关系来构建模型，发现互相承诺与相互依赖促进关系中的价值创造。Fink 和 Kessler[48]发现合作经验与信任是促使企业间合作能够获得成功的关键资源。这一关键词聚类群组主要围绕组织间信任、承诺、契约等正式与非正式的关系对组织间合作的影响进行展开。

研发与创新：这一关键词聚类群组主要从三个层次探讨企业间的研发与创新合作[49]。第一个层次是以参与合作的企业个体作为基本研究单元，对企业研发合作的动机、企业的个体特征与企业间合作创新绩效之间的关系进行研究[50]。第二个层次集中于研发合作企业的双边关系，讨论合作双方之间的信任、合作过程与社会互动如何对合作的创新绩效产生作用与影响[51]。第三个层次是将某个企业的所有研发合作伙伴看作一个整体网络，探讨合作伙伴的整体网络特征对企业创新绩效的影响[52]。这三个层次也与社会网络理论中的节点、边与网络一一对应。

知识管理：这一关键词聚类群组与上一关键词聚类群组紧密相关，知识管理视角为组织间合作创新、网络协同等主题的进一步深化与完善提供一种全新的理论视角。例如，Staropoli[53]发现，组织创新需要企业间的网络协同，其中涉及多方之间的博弈过程。Jiang 等[54]重点分析信任与合同机制对战略联盟中知识泄露的影响。Park 等[55]则对合作对企业创新绩效的影响进行探索，得到竞争与合作的有效平衡对创新的促进更为显著这一结论。

产业链中的组织合作：这一关键词聚类群组从供应链视角探究产业链条中各企业的合作模式及其相关问题。例如，Wu[56]发现，与竞争者的合作有利于产品创新与共赢。Lavikka 等[57]则发现在工程项目供应链网络中，合同类型、补充程序的时间和范围等使企业间的协作变得更为多样化。

笔者通过对 1992~2019 年 5 月 1 185 篇中文文献进行关键词的共现与聚类分析，共得到492个关键词与12个聚类，进而绘制组织间合作国内研究关键词共现知识图谱（图 1.12），以反映该领域在某一时间范围内的研究热点及前沿问题。从关键词频次来看，除检索用词“合作”（167 次）以外，“企业”的频次最高（419次），频次在100~399次的关键词包括“企业管理”（338次）、“合作创新”（205 次）、“供应链”（138 次）、“虚拟企业”（119 次）共计 4 个。频次在 50~99 次的关键词有 12 个，频次在 20~49 次的关键词有 20 个，其余关键词的频次均在 10 次以下。

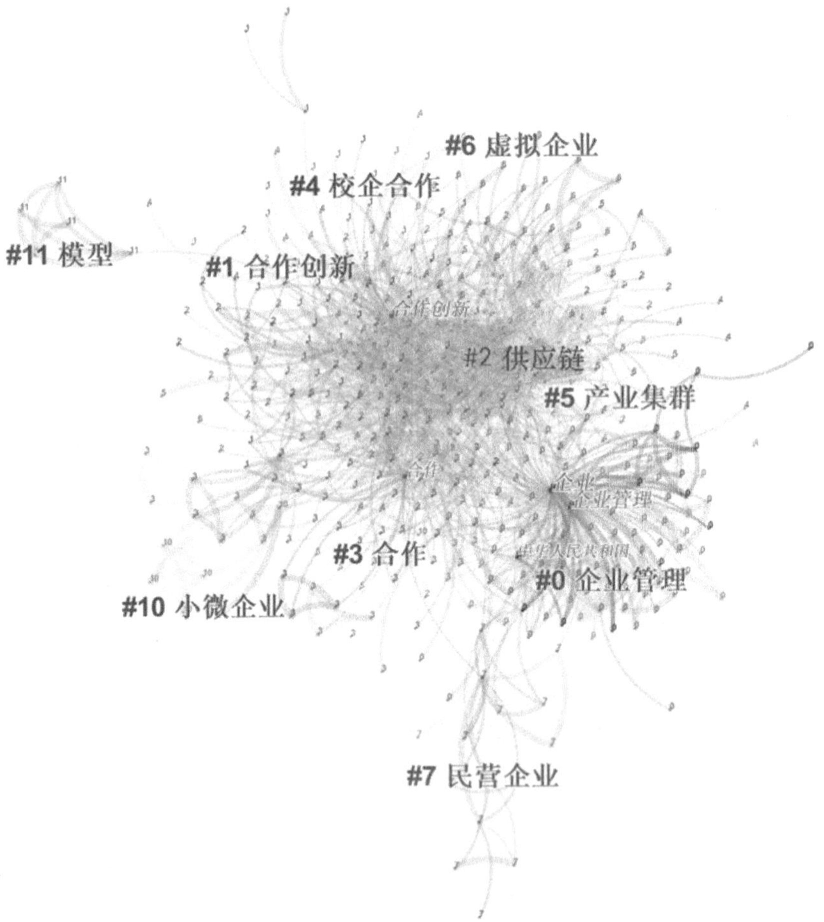

图 1.12　组织间合作国内研究关键词共现知识图谱

结合关键词聚类、中性度、突变率、关联性等分析发现，组织间合作国内研究热点同样可以归纳为四类关键词聚类群组。第一类关键词聚类群组围绕组织间关系这一基础问题，关键词包括关系、关系承诺、嵌入性等；第二类关键词聚类群组关心的是合作创新，关键词包括创新扩散、开放式创新、创新模式等；第三类关键词聚类群组主要研究知识管理，关键词包括知识链、知识流、知识网络、知识吸收能力等；第四类关键词聚类群组则关注产业链中的组织合作，关键词包括供应链、敏捷供应链、产业链等。下面对这四类关键词聚类群组做逐一介绍。

组织间关系：组织间关系研究聚焦组织间的正式治理与关系质量。例如，有学者研究结构嵌入与关系嵌入两种嵌入性对组织间合作的影响，发现两者对组织间合作有着不同的作用机制，但两种嵌入性又可以相互影响与协同[58]。

合作创新：合作创新是组织间合作国内研究的热点主题之一。国内的相关研究主要通过创新扩散、开放式创新、创新模式、产学研关系、知识转移等多个角度对组织间合作创新进行探索。例如，庄越和潘鹏[59] 通过对上百个不同行业合作创新项目的问卷调查与多元统计分析，发现团队冲突处理艺术对情感关系治理具有显著的正向调节作用，管理者通过对激发创新团队创造力的项目扩展绩效的有效调控，更好地实现创新项目的项目目标。

知识管理：这一关键词聚类群组与合作创新群组紧密相关，知识管理视角为组织间合作创新、网络协同等主题的进一步深化与完善提供一种全新的理论视角。例如，胡园园等[60]构建了知识链关系治理机制体系，其中包括关系行为治理机制、关系控制治理机制和关系激励治理机制。胡爱军和王石磊[61]的研究扩展了合作创新治理机制内涵，为防范机会主义行为和促进跨组织协调提供了一个崭新的视角，对组织间合作创新活动有一定的借鉴意义。

产业链中的组织合作：产业链中组织间合作则从产业链上下级的角度，探讨价值链的合作共赢、资源的有效分配、供应网络结构等。例如，谭涛等[62]选取南京市蔬菜产业链作为实证研究对象，构建该情境下变量间的结构方程模型，为加强蔬菜产业链的组织合作提供量化的证据。石纯来和聂佳佳[63]发现制造商与零售商或回收商均存在合作动机，但是其合作动机的大小则与制造商规模不经济系数及政府奖惩力度相关。

综上分析，组织合作的国内外相关研究的主要议题类型基本一致，这一方面表明组织间合作的相关议题已普遍得到国内外学者们的关注与重视，同时也表明国内相关研究紧跟世界理论发展的前沿，且与国内管理实践需求紧密结合，为进一步的深化研究奠定较为坚实的理论基础。

1.4 研究思路与结构安排

1.4.1 研究对象与拟解决的研究问题

本书以PPP项目为研究情境，以参与PPP项目的社会资本为研究对象，探讨PPP项目公私制度逻辑冲突对社会资本合作行为的影响。通过对这一核心议题的逐步分解与探究，拟解决以下三个研究问题。

研究问题 1：PPP 项目公私制度逻辑冲突构念的内涵及测量。对研究问题 1的解决旨在揭示PPP项目公私制度逻辑冲突的内涵与结构，并开发相应的测量量表。在明晰与深化该构念的同时，为后续研究提供理论工具基础。

研究问题 2：PPP 项目公私制度逻辑冲突对社会资本合作行为影响机理。本书结合具体PPP项目情境，探究PPP项目公私制度逻辑冲突影响与社会资本合作行为表现之间的内在影响机理，通过社会互依与关系嵌入视角，打开联结两者之间关系的“理论黑箱”，并揭示具体的影响机制。

研究问题 3：PPP 项目公私制度逻辑冲突对社会资本合作行为作用路径。本书构建并检验PPP项目公私制度逻辑冲突、社会资本与政府的相互依赖和关系嵌入与社会资本合作行为之间的关系模型假设，进而阐明四者之间的内在关联与作用路径。

1.4.2　主要研究内容

本书主要设计了六个章节的研究内容（图 1.13），以有效回答上述三个研究问题，进而深化 PPP 项目公私制度逻辑冲突对社会资本合作行为的影响研究。

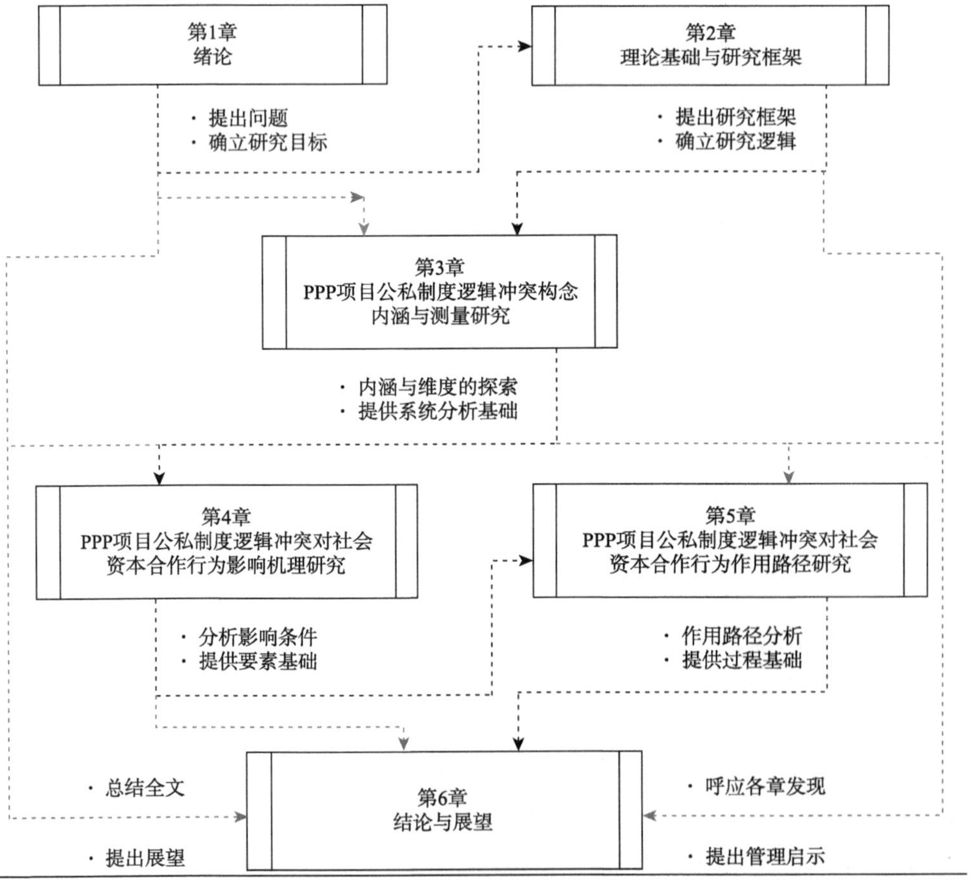

图 1.13　研究内容之间的关联

第 1 章为绪论。该章通过现实与理论两个层面对本书选题的研究背景与研究意义依次进行介绍和分析。随后，通过对 PPP、制度逻辑与组织间合作三个研究领域的相关文献进行梳理与分析，明确本书的研究对象与拟解决的研究问题、研究内容、研究方法与采用的关键技术路线。

第 2 章为理论基础与研究框架。该章聚焦于三个研究问题相关的具体理论。首先，对指导后续研究分析的基础理论（即制度逻辑理论、组织冲突理论、社会互依理论与关系嵌入理论）进行阐述。其次，对 PPP、公私制度逻辑冲突与社会资本合作行为，即本书的三个核心构念进行界定。最后，以上述理论与概念为基础，构建本书的研究框架，为后续研究奠定了坚实的理论基础。

第 3 章为 PPP 项目公私制度逻辑冲突构念内涵与测量研究。该章采用关键事件法与内容分析法对 PPP 项目公私制度逻辑冲突的内涵与维度进行探索和构建，系统地解析这一构念的本质特征。随后，以内容分析结果为基础生成构念的初始测量题项，进而通过大样本统计分析方法对题项进行净化，检验各题项及测量量表的信效度，实现 PPP 项目公私制度逻辑冲突测量工具的开发与检验。

第 4 章为 PPP 项目公私制度逻辑冲突对社会资本合作行为影响机理研究。该章通过对三个典型 PPP 项目案例之间的比较与分析，进一步揭示公私制度逻辑冲突影响与社会资本合作行为表现两者之间的内在关联与影响机制，识别出社会资本的三种不同公私混合状态与对应的三种合作行为。

第 5 章为 PPP 项目公私制度逻辑冲突对社会资本合作行为作用路径研究。该章基于相关理论与第 4 章多案例研究的结果，构建 PPP 项目公私制度逻辑冲突与社会资本合作行为之间的关系假设模型。随后，采用结构模型实证统计研究方法，以大样本数据为基础，对提出的关系假设进行验证，进一步解释 PPP 项目公私制度逻辑冲突如何通过社会资本与政府的相互依赖和关系嵌入，最终影响其合作行为。检验 PPP 项目公私制度逻辑冲突对社会资本合作行为的影响路径，为实现政府对 PPP 项目的有效治理提供了理论指导。

第 6 章为结论与展望。该章对研究发现与研究结论进行系统的归纳和描述，详细阐释本书的理论贡献与主要研究创新点，同时对研究可能存在的局限进行了说明，并提出对未来相关研究的展望。

1.4.3 研究方法与技术路线

为了对拟解决的三个研究问题进行系统与有针对性的回答，笔者综合采用多种定性与定量研究方法，研究方法及技术路线具体说明如下（图 1.14）。

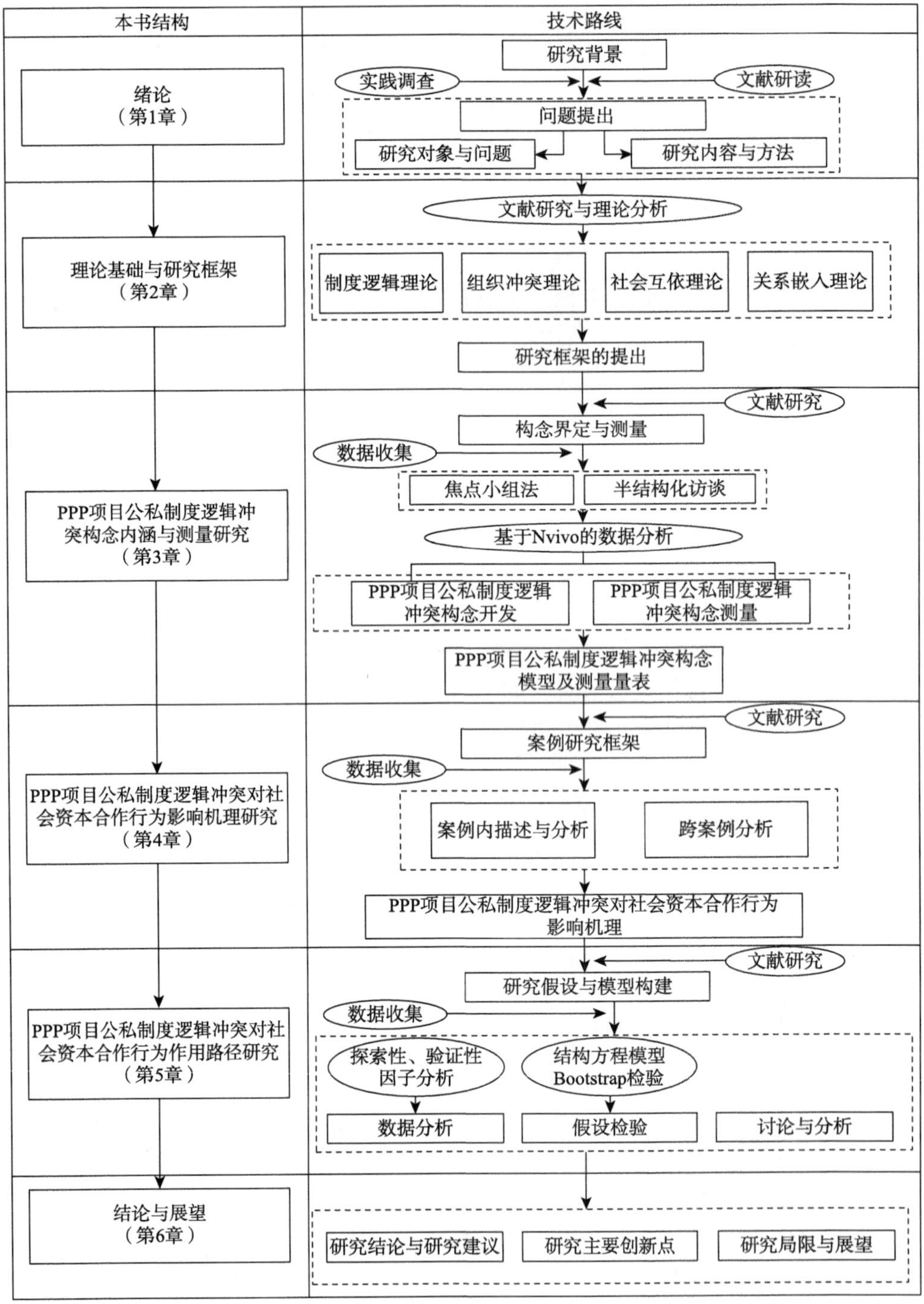

图 1.14　本书的技术路线

文献共现分析与文献研读法：首先，笔者通过对 PPP、制度逻辑与组织间合作三个研究领域的文献进行文献共现分析，在系统把握相关研究整体、研究脉络与当前热点研究主题的基础上，对国内外相关研究进行回顾，进而明确本书所关注的核心议题与主要研究内容。其次，通过对相关基础理论的研读，形成本书研究的理论基础，提出指导后续研究的整体理论框架。

关键事件法与内容分析法：以关键事件法为核心，通过半结构化访谈获取相关研究数据，进而采用内容分析法对研究数据进行探索性研究，解读PPP项目公私制度逻辑冲突的内涵、维度结构及指标范畴，形成PPP项目公私制度逻辑冲突的测量题项及最终的测量量表。

多案例研究方法：基于相关理论及PPP项目公私制度逻辑冲突的概念，选取三个典型PPP项目以开展案例调研与数据收集，并针对各案例中的关键事件进行了系统分析。在揭示案例内公私制度逻辑冲突影响与社会资本合作行为表现的影响关系与作用机制的基础上，进一步开展跨案例分析，以构建两者之间的关系与影响机理。

实证统计分析方法：本书主要采用探索性因子分析（exploratory factor analysis，EFA）、验证性因子分析、相关分析、结构方程模型等定量方法，依次用于PPP项目公私制度逻辑冲突测量量表的开发与检验，公私制度逻辑冲突、社会资本与政府之间的社会互依与关系嵌入以及社会资本合作行为关系假设模型的大样本验证分析。最终形成对相关测量工具、内在关系假设的一般性与普适性验证，对三个研究问题进行有效回答，以提出科学性、系统性与全面性的研究结论。

第 2 章　理论基础与研究框架

2.1　理 论 基 础

2.1.1　制度逻辑理论

1. 制度逻辑的本质及内涵

制度逻辑这一概念最早是由社会学家 Alford 和 Friedland[64]提出的，用以描述现代西方社会中固有的实践与信念间的矛盾。他们认为西方社会是由资本主义市场、官僚主义国家与政治民主三种制度秩序（institutional order）共同构成的。随后，Friedland 和 Alford[65]在探索个体、组织与社会相互关系的过程中将制度逻辑这一概念进一步深化。他们将制度定义为个体与组织用以产生与再现物质生活，以及为过去经历赋予含义的一种根植于物质惯例与符号系统的超组织模式，并进一步提出现代西方社会是由资本主义市场、官僚主义国家、政治民主、基本家庭和基督教五种核心制度共同建构的一种“制度间系统”。他们认为每种制度都存在一种核心逻辑，这种逻辑是社会共享的、根深蒂固的假设与价值观，构成推理的框架、提供合法性的标准，并将时间与空间进行组织与安排[65]。他们摒弃传统的个体理性选择视角与宏观的结构视角，认为制度背后的逻辑可以为社会行动者提供解释动机的词汇与自我意识，并对个体行为的方式与结果进行规范。制度逻辑既是符号性的，也是结构性的，因此既有不可观察、概念化与超理性的意指，同时又具体体现各种可观察的社会关系[66]。

在同时期另一个具有代表性的研究中，Jackall[67]将制度逻辑定义为一种个体在特定环境中进行创造与再创造的、复杂的、基于经验建构的，因此也是视情况而变化的一系列规则、价值观与判断，其作用是使个体的行为与相对应的观念在一定程度上是规范化与可预测的。Jackall 与 Alford 和 Friedland 的研究有着相似的一面，他们都认为制度逻辑是嵌入实践之中的，并由假设维持与再现。相较而言，Jackall 提出的制度逻辑定义更偏向规范性这一制度要素。

承接上述研究，Thornton 和 Ocasio[68]将制度逻辑定义为个体用以产生与再现物质存在、组织时间与空间以及为他们的社会现实提供意义的，由社会建构的物质实践、假设、价值观、信仰与规则的历史模式。基于这一定义，制度逻辑可以帮助个体对组织现实进行解读，定义什么是合适的目标以及如何实现目标，在个体的主观能动性和认知以及制度惯例和规则结构之间建立联系。这一定义也对结构、规范与符号这三种必要且又互补的制度要素进行有效整合，因此在后续研究中也被大部分学者所认同与沿用。

随后，Thornton 和 Ocasio[37]又对这一定义作出进一步凝练，他们认为制度逻辑是关于如何解释组织的现实，什么构成适当的行为以及组织如何获取成功的一组通常为隐性的假设、价值观与规范[5]。其中，制度是一切制度逻辑相关研究的核心[69]，是一种由特定控制机制所支持的、有组织、完整的安排，具体反映标准化的事件相互作用的顺序[70]，其结果是有目的的行动[71]，因此是一种规则、规范或惯例。逻辑则是一种对事物产生与发展的因果规律的假设[72]，假设是由价值观所塑造的，价值观又由假设进行具体再现，因此假设与价值观两者互为一体。如果将制度逻辑分解为制度与逻辑两部分进行解读，那么制度逻辑就是一组通常为隐性的惯例与假设。

因此，制度逻辑决定与塑造人们如何看待事物的一系列“因果假设”及组织环境中的“游戏规则”[6]，为组织及组织中的个体提供认知与行为的模板[7]。

2. 制度逻辑理论的基本原理与假设

制度逻辑理论虽然起源于新制度主义理论，然而也是对新制度主义理论的一种拓展与补充。传统制度主义理论的核心是解释组织为了在制度环境中获得合法性而变得同质化[41]。该理论认为，既有制度事先对什么是有效与适当的行为类型进行界定，对什么样的组织会被社会所认同接纳、组织应展现出什么样的结构特征、什么样的过程能够获得社会的理解等问题进行明确[32]。组织只有战略性地服从既有制度，才可能得到社会的支持与认可，从而提升其自身的合法性，进而实现组织的生存、成长与长期发展。具体而言，通常在一段特定时期内，某一组织场域中存在较为稳定与明确的主导性制度逻辑，组织会服从该制度逻辑的基本假设与惯例，即制度逻辑会引导行动者将“内在的认知与外在的惯例”进行整合[38]。由于主导性制度逻辑塑造行动者思考问题的基本假设与价值取向，并在此基础上提供一系列被行动者理解为理所应当和恰合时宜的组织结构、分类与话语，故组织在开展其日常活动时，往往会遵循某些基本的认知与行为模板[73]，并最终变得与其他组织同质化。

然而，传统制度主义理论仅仅关注单一主导性制度逻辑如何影响并塑造社会或组织场域内部的组织行为，且过于强调组织行为的同构化与制度架构的稳定性[74]，无法对组织同质化与组织多样化两种截然相反的现象同时进行有效解释[17]。因此一部分学者也将研究注意力从制度同构转向特定制度情境下的组织行为多样化与制度变迁过程，并开始致力于关注制度逻辑以及由制度逻辑派生而来的制度多元性等相关问题。

制度逻辑理论的核心是解释制度如何通过其背后的根本逻辑塑造个体与组织的异质性、稳定性与变化[37]，以及个体与组织如何对制度环境进行回应[75]。制度的多元性是制度逻辑理论强调的重点，该理论认为要想深入理解个体与组织的行为，就必须将个体与组织所处的制度环境纳入分析框架之中。然而制度环境往往是碎片化的，不同群体之间的价值冲突以及多种制度逻辑的并存导致组织场域中的利益相关者难以甚至无法达成共识。此时，多种制度逻辑被默认是竞争的、冲突的与不兼容的[76]。当双重乃至多重制度逻辑同时并存时，单独一种制度逻辑通常难以完全支配主导整个组织场域，这也为解释多元制度环境下多种制度逻辑长期共存所导致的组织间行为差异提出了一种崭新的解释路径。

现有制度逻辑理论中有着五个重要的基础假设[37]。

第一，嵌入能动性：制度逻辑理论中的一个核心假设为个体与组织的兴趣、认同、价值观与假设都是嵌入在主导性制度逻辑之中的[77]，决策与行为结果都是能动性与制度结构相互作用后的产物[67]。嵌入能动性假设个体、组织与制度的部分自主，社会由个体的竞争与谈判、组织的协调与冲突、制度的矛盾与依赖三个层次共同构成。三个层次相互嵌套，个体与组织的行动嵌入在制度之中，但制度又是由社会建构而来的，因而又由个体与组织的行动所构成，并受其影响[78]。

第二，制度间系统：Friedland 和 Alford[65]将现代西方社会看作一种“制度间系统”，不同制度逻辑对个体与组织的行为、社会关系有着不同的要求。个体与组织在这种要求下会选择服从不同形式的制度逻辑，最终导致社会内部组织行为的异质性[37]。因此，不同于传统制度主义理论强调组织场域的同构化过程与机制[34]，制度逻辑理论认为，任何组织在任何情境下都会受到社会中不同制度逻辑的多重影响，不同制度逻辑之间的冲突与矛盾形成并决定组织行为的异质性。因此，制度多元性既是形成组织行为差异与驱动组织制度变革的关键因素，也是解释组织行为差异与驱动组织制度变革的重要概念[6]。

第三，制度的物质与文化双重基础：制度逻辑理论的又一个重要假设是每种制度逻辑都有其物质与文化的双重基础[79]。制度的发展与变迁是其物质和文化要素相互影响与共同作用的结果。Friedland 和 Alford[65]尽管强调制度与制度逻辑中符号性与认知性的一面，但规范性要素的缺失使其对制度逻辑的解释并不完善[80]。制度逻辑理论在注重认知的同时，同样强调制度如何为社会行动者提供一系列高度权变的社会规范[67]。因此行为不再是由行为结果的逻辑所驱动的，而是由行为的恰当程度与适宜程度所决定的[81]。

第四，制度的多层次性：制度逻辑理论认为制度是存在于多个层次之中的，而行为主体同样嵌入在组织、场域与社会等多个层次中[37]。制度化的过程与结果可以发生在组织与个体层次、社会与个体层次、组织与制度域层次抑或是跨越制度域与社会两个层次[17]，甚至展现出更为繁复的多层次关系。

第五，历史权变性：制度逻辑理论的再一个假设是制度具有历史权变性，即当处于不同的时间时，相同的制度逻辑对组织与个体行为也有着不同的影响，不同的制度逻辑对组织和个体行为影响更是存在显著差别。制度逻辑的历史权变性用于解释个体行为与组织行为在不同时期发生变化的深层次原因。

3. 制度多元性、竞争性制度逻辑与组织回应的关系

如本书第1章文献综述部分所述，在进入2000年后，制度主义的学者们开始将研究重点从制度同构与制度扩散转向制度逻辑的演化过程，重点关注多重制度逻辑、竞争性制度逻辑与组织战略回应的关系。组织对制度多元性回应的研究受到塞尔兹尼克的制度主义思想[82]影响较深，将组织刻画为一种制度要求的滤器与将内部动力反过来影响制度过程的实体[83]。制度压力通过两条路径对组织进行渗透：一种是由组织外部的行动者通过资源依赖关系对组织施加制度压力，由外向内进行渗透；另一种则是组织内部新加入的个体可能有着不同于组织现有的制度逻辑，因而直接在组织内部进行渗透[84]。面对制度压力的渗透，组织不得不对其做出回应。

这一领域的早期研究试图识别影响组织处理制度多元性的战略与结构的因素[75]。Greenwood 等[83]基于制度场域特征与组织过滤特征之间的关系，提出制度需求如何对组织进行渗透的理论框架。其中，影响组织回应的因素包括制度复杂性、场域的碎片化程度、场域中的集权程度等。Pache 和 Santos[84]提出冲突性制度需求（conflicting institutional demands）这一构念，用以形容由制度所引发的、对立的组织安排。他们认为，高度碎片化与中度集权的组织场域有着最高程度的制度复杂性，为组织带来最大的挑战。影响组织对冲突性制度需求具体“感受”的因素可以划分为需求的性质与需求的内部表征两个维度，伴随着两个维度不同强度的组合，组织可以做出默从、妥协、逃避、反抗与操纵五种不同的回应。Besharov 和 Smith[85]则将上述两个研究进行整合与重构，提出兼容性与中心性两个概念，用以对制度多元性在组织中引起的冲突进行分类。他们的研究表明，制度多元性并不一定导致冲突，只有当双重或多重制度逻辑之间有着高中心性与低兼容性时，才会引发冲突，并需要组织对冲突做出回应。在上述研究中，组织回应被概念化为一种战略与结构[83]。此外，也有学者将组织认同看作一种

特殊的组织回应[75]，如 Battilana 和 Lee[86]将混合体的概念进行了拓展，并指出组织认同的混合也是组织对制度多元性的一种战略回应。

以上研究大多假设组织会对制度多元性与竞争性制度逻辑有意识地进行回应，然而也有学者对这一观点提出疑问[83]。在 Kraatz 和 Block[87]、Yu[88]的研究中，他们均认为，在面对竞争性制度逻辑时，组织的回应是复杂的协商与相互作用后的结果，因此组织回应并非都是主动并具有目的性的。行动者会基于对情境需求的解读做出回应，并对制度逻辑与组织模板进行变革或改变[89]。例如，Thornton[7]认为多重制度逻辑的复杂互动会最终引发组织变革。制度多元性促使组织将注意力转向必须要做出的战略性选择以及相对应的解决办法，进而导致组织结构与组织战略的变革。组织结构与组织战略的合法性及其竞争力则取决于它们与高阶制度逻辑之间的匹配程度，因此，一旦外部制度逻辑发生改变，组织的结构与战略便会与主导性制度逻辑迸发矛盾和冲突。同时，伴随着组织合法性的降低，组织就更倾向，甚至不得不进行革新以适应新的制度环境。然而，Marquis 和 Lounsbury[33]持相反观点，他们认为相互矛盾与冲突的多重制度逻辑有可能驱使行为主体选择抵制行为。在 Marquis 和 Lounsbury 看来，在场域变革情境下，行为主体有可能采取反向行动以保护现有势力范围与既有惯例[33]。他们在对美国银行业的一项研究中发现，在面对大型国家银行采取的“全国性治理逻辑”与旨于在多个地区实施标准化与效率提升举措之时，部分社区银行中的从业人员为了自己的生存与工作自主，对全国性银行的扩张逻辑进行抵制与对抗，以争取保留原有的“社区逻辑”。与之相类似的，MacLean 和 Behnam[90]在一项关于企业不正当行为制度化机制的案例研究中发现，企业的内部合法性逻辑与外部合法性逻辑之间存在矛盾与冲突。从长远角度来看，有可能由此引发组织成员所感知的组织内部合法性与组织外部公众所感知的组织外部合法性相互冲突的问题。当服从外部合法性无法使组织获得内部合法性时，组织成员与公众相互冲突的内外部合法性感知便会导致组织成员感到惴惴不安，甚至促使组织成员采取不正当行为以进一步服从外部合法性。久而久之，可能导致企业不正当行为的制度化，以及不正当行为发生频次与被曝光概率的增加，最终使公众对组织合法性的感知以及组织的可持续发展产生负向影响。

4. 对本书研究的借鉴意义

制度逻辑理论突破传统制度主义理论只关注合法化与同质性的局限，明确地指出制度环境中普遍存在的矛盾与冲突，并认为组织与行动者具有解释与创造能力，可以对竞争性制度逻辑进行回应并创造新的惯例。现有研究大多对组织内部的制度逻辑演变过程与组织回应进行探究，同时也揭示组织内部动态对理解场域层面组织异质性的重要性。

现有研究存在三个盲区[75]：首先，现有研究大多关注组织内部的制度逻辑演进与组织回应，这种回应仅发生于组织内部，缺乏关于组织间制度逻辑冲突与组织间战略回应的相关研究。这种视角上的缺失，导致学者们往往采用竞争性制度需求、制度压力等具有明确指向性的构念描述因制度逻辑差异与不兼容所引发的冲突，而并非直接采用制度逻辑冲突或内涵相近似的“双向”构念对其进行描述。其次，尽管现有研究关注组织如何对竞争性制度逻辑进行回应，然而这种回应更多地局限于组织如何在多重制度逻辑之间进行选择或融合，且这种回应大多较为抽象，并未延伸至更为具体的结果，如具体的组织行为等[86]。最后，竞争性制度逻辑与组织回应之间缺乏具体的影响机理研究，制度逻辑冲突与组织回应之间并不一定是简单的“非黑（拒绝）即白（依附）”关系[40]，而可能存在更为复杂的影响机理。

此外，有关组织场域层面的制度逻辑演进过程与规律的研究仍然处于理论发展的初级阶段，因其自身的问题复杂性高与数据可获得性低等原因发展较为缓慢[79]。一方面，从研究方法考量，现有制度逻辑相关研究以案例研究与理论思辨为主。然而，从“全循环”的研究设计角度来看，现有研究缺少对已有研究命题的进一步实证检验。这也使得已有的概念框架与研究命题无法获得有效验证。另一方面，作为一种天然的“自上而下”的理论视角，制度逻辑理论难以刻画不同制度逻辑之间的矛盾冲突程度及其具体的影响作用机制，因此需要借助其他理论对其进行补充。

针对上述问题，笔者首先提出 PPP 项目公私制度逻辑冲突这一构念用以描述政府与社会资本之间因制度逻辑差异与不兼容而引发的冲突，将研究视角从组织内部拓展至组织间。其次，本书研究在关注社会资本在 PPP 项目中如何对公私制度逻辑冲突进行回应的同时，将这种回应再现为更为实际且更为具体的社会资本合作行为。再次，笔者在基于多案例研究与理论推导提出概念框架和研究假设后，通过大样本实证检验对概念框架与研究假设进行验证，希望通过混合研究方法弥补现有制度逻辑相关研究中研究方法方面的缺失。最后，本书研究通过引入社会互依理论与关系嵌入理论，对公私制度逻辑冲突对社会资本合作行为的影响机理进行具体刻画，弥补制度逻辑理论视角方面的缺陷。

2.1.2 组织冲突理论

1. 冲突的本质及内涵

人类诞生以来，有关冲突的讨论便从未停止过[91]。随着人类步入现代社会，冲突的主体也从民族与城邦逐渐演变为组织与组织中的个体[92]。冲突是一种普遍存在于社会之中的常见现象，但国内外学者们对冲突内涵的看法并不一致。冲突是一个广泛而抽象的概念，对于冲突的多种不同定义源自不同的认识论、方法论与理论立场。

总的来看，现有研究对于冲突的定义主要从心理感知与相互作用两种视角进行展开[93]。基于心理感知视角，有学者将冲突定义为当事方单方面对相关各方观点的差异分歧、需求的难以协调或期望的不相容的一种感知[94]。当一方感到自己的利益受到另一方的异议或威胁时，冲突便会产生[95]；也有学者将冲突定义为对立群体间心理层面的互动，如 Fink[96]认为冲突是在某一情境中，两个或两个以上行为主体受到某种敌对关系或敌对互动的影响而产生的心理现象。另外，也有学者通过过程视角对冲突进行剖析，如 Thomas 和 Schmidt[97]将冲突定义为，以当事方中的一方感知到对方已经损害或预感到对方即将损害己方利益为起点，包含挫折期、认知期、行为期与结果期的一个全过程，而当冲突处理不当时又会继续循环产生新的冲突。Kangari[98]认为，当冲突发生时，人们会基于利益偏好、价值或信仰，围绕特定资源、权力与地位等展开争夺，冲突各方的目的在于企图消灭、伤害或中和冲突另一方。

然而，一个明确与广为接受的定义有助于推动对冲突及其相关现象进行更为深刻的剖析与诠释，因此许多管理与组织行为领域的学者（如 Tjosvold[99]、Spector 和 Bruk-Lee[100]）呼吁学界对冲突的定义达成共识。通过对现有文献的梳理，有关冲突的概念与内涵的讨论可以概括为以下三个方面：功能性本质、描述性本质与表现性本质。

首先，关于冲突的功能性本质的讨论主要集中于冲突是否只具有破坏性、冲突能否具有建设性这一议题。冲突的早期研究主要集中于如何控制、避免与消灭社会冲突[101]，这一研究范式也同样常见于组织行为领域。将冲突定义为一种相互对立是基于冲突、是以输赢为最终目的的假设，认为冲突总会导致一方获益而另一方受损。学者们认为，只有尽最大可能将冲突消灭后合作行为才会出现，这也导致人们通常认为冲突的结果总是消极负面的这一误解。20 世纪 80 年代以来，组织冲突领域中的一条重要研究脉络是对组织中积极与消极的冲突进行区分，以及积极与消极的冲突分别如何对组织绩效与产出进行作用与影响[102]。学者们从中发现，一部分冲突对团队中的决策制定[103]、企业高层绩效[104]与在团队中构建心理安全氛围[105]产生积极的影响。因此从功能性角度考量，冲突应兼具破坏性与建设性的功能。此外，将冲突定义为一种对立状态容易使人们将冲突与竞争混淆，当个体认为冲突等同于竞争时，便会将冲突当作一种竞争进行对待，因此可能会采取更为激进与充满敌意的策略从而将冲突激化，难以采用更具建设性的方法对冲突进行管理与解决[106]。

其次，关于冲突的描述性本质的讨论则集中于冲突的管理与解决。学者们的关注点从当冲突发生时，冲突双方如何做出合理行为以有效解决冲突的具体行为规范，转而关注冲突双方在实践中的具体行为。一部分学者认为冲突是一种特殊的行为现象，当冲突双方遵循特定的行为规范时，冲突可以变为一种工具性手段并被用于实现具有积极意义的目标[107]。然而，更多的学者是将个体或组织具体的冲突管理行为风格与策略作为研究对象，如有学者[108, 109]基于 Rahim[110]提出的经典的双重关心模型，识别出冲突管理的五种核心行为风格，分别是强迫、回避、服从、解决问题与妥协。

最后，关于冲突的表现性本质的讨论则是将冲突从简单的二元关系真正上升到一种组织层面的现象。这一变化主要源自学者们认为传统研究忽视冲突所发生的组织情境对冲突的影响[111]，而组织系统中存在着可以引起冲突的要素，如分工、权力和资源的分配、规则、规范与价值等，这些都是在对组织冲突进行研究时所必须考虑的，因而需要从建构主义视角对其做出剖析与解释[112]。

在借鉴了上述研究后，笔者将冲突定义为发生于组织或个体之间的一系列由利益、价值、信仰、想法、目标与需求等所引发的互不相容的活动，这些活动兼具破坏性与建设性的功能。介于冲突可以分为破坏性冲突与建设性冲突，而学者们又格外关心冲突的“好”与“坏”[92]，因此冲突管理也被认为是对整体系统进行控制以减少“坏”的冲突，刺激具有建设性、可以提高生产效率与绩效的“好”的冲突的过程与工具。

需要注意的是，冲突解决与冲突管理虽然在名称上相似，但实际上是两种不同的概念[113]。冲突解决强调通过谈判、交易、调节、仲裁等手段减少、消灭或终止冲突[114]。然而现代组织需要的是冲突管理，而不是冲突解决[108]。冲突管理并不一定意味着减少、消灭或终止冲突，而是关于如何设计有效的宏观层面战略将冲突所带来的障碍与破坏性功能降到最低，同时增强冲突的建设性功能[108]。

2. *冲突的层次与分类*

冲突具有普遍性与多样性，包含个体、群体与组织三个层次。如图 2.1 所示，个体层次的冲突分为个人内在冲突与人际冲突；群体层次的冲突也被称为团队冲突，分为群体内部冲突与群体间冲突；组织冲突分为组织内部冲突与组织外部冲突，组织外部冲突又可以进一步细分为组织与环境冲突和组织间冲突[115]。个体层次的冲突主要与个体特征和工作特征相关，冲突过程包含个体的动机、感知与情感状态，冲突的结果包含个体的身体健康、旷工甚至离职。群体层次的冲突多由权力差异、领导风格与团队异质性引发，冲突过程包含冲突管理中的互动模式、谈判与小组沟通，冲突的结果有侵略与冲突激化、团队创新、团队绩效以及团队成员的满意度与工作投入。现有文献中关于组织层面冲突的研究相对较少，大多关注企业合并与收购过程、公会管理等情境[116]。

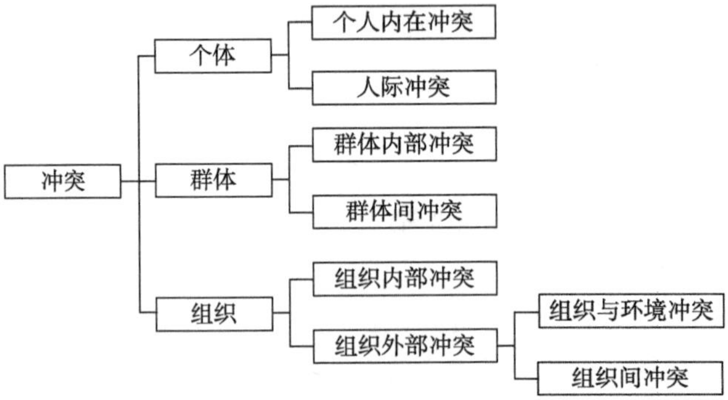

图 2.1 冲突的层次

关于冲突分类的讨论发端于 Guetzkow 和 Gyr 的研究[117]，他们提出实质性冲突与情感性冲突两种冲突类型。当团队中的成员对于目标有着不同的理解与想法时，便会产生实质性冲突，团队成员需要直抒胸臆并对他人不同的见解与想法进行评估，才可以有效化解实质性冲突。当团队成员过分关注自己的需求时，便可能与他人发生情感性冲突，为了化解情感性冲突，团队中的个体需要关注团队目标而并非个人目标。在后续研究中，学者们也陆续提出科层冲突、交易冲突与系统冲突[118]、认知冲突与目标冲突[119]等多种不同的冲突分类体系。尽管这些分类体系有着不同的侧重点，但也有着相似或相同的要素，如任务要素与关系要素，但学者们并未做进一步明确、系统的定义与划分。

Thomas[120]识别出任务冲突与关系冲突两种冲突类型，后续 Jehn[102]又加入流程冲突这一新的分类作为补充。这一冲突类型的三分法也受到学者们的认可与广泛引用。任务冲突是双方对正在执行工作的工作内容上的分歧。研究表明，任务冲突与个体的创造力与创新[121]、工作热情与工作满意程度[122]正相关，可以有效激发工作团队中的讨论与避免不成熟的论断，最终增强工作团队的工作有效性与绩效[123]，所以任务冲突也被视为健康与必要的，因此也成为冲突研究的重点对象。Jehn 和 Mannix[124]指出，在组织中保持适当数量与程度的任务冲突对组织绩效有着积极的影响与作用。关系冲突则是由双方所具有的特征或所追求的价值的不兼容而触发的[123]。关系冲突会对冲突双方的信任与认同产生负面影响[125]，并会通过降低个体的工作效率、创造力与创新能力影响个体绩效[126]。最新研究表明，关系冲突也会导致不对称的信息处理与僵化的立场，从而影响决策的制定[104]。流程冲突与任务冲突有着紧密的联系，任务冲突关注的是任务的具体工作内容，流程冲突则关心资源与责任的分配对工作流程的具体影响[102]。

3. 冲突与合作的关系

冲突研究领域的学者们对冲突的内涵与外延一直存在争议，其中最为显著的一点体现为学者们在冲突、合作与竞争三者之间的关系上缺乏统一共识，这也间接导致学术界对冲突的定义与管理对策研究呈现出言人人殊与冲突分类体系混乱的现象[127]。其中，关注团队成员间冲突关系的微观层次研究倾向认为冲突与合作相互独立，并将其视为相互对立、分别位于当事双方关系两极的两种状态[128]。部分文献甚至将冲突、合作与竞争视为三种割裂的状态，认为合作是属于相关主体在活动上相互支持程度较高，但在利益上对立程度较低的一种状态，而竞争与冲突则是同属相关主体在活动上相互支持程度较低，但竞争时各方在利益上的对立程度相对较低，而冲突时各方在利益上的对立程度则相对较高。这种对冲突、竞争与合作三者在概念上的简单划分，虽然有助于在协调当事各方关系过程中强化突出合作的作用，降低竞争与冲突发生的可能，避免竞争被激化而进一步升级为冲突[129]。然而这种相对简单的概念界定也同样存在缺陷：一是忽略合作与竞争、合作与冲突相互包蕴的事实；二是过分聚焦冲突过程中的利益关系而并非关注完成目标过程中的行为或活动，使组织行为视角下的冲突研究难以与更为宏观的组织理论研究进行理论成果对接[127]，影响冲突理论的发展。

相较而言，在与企业经营更为密切相关也更为宏观，而并非仅仅关注人际关系的组织冲突研究中，合作与冲突是共存而并非相互独立于关系的两极，合作与竞争相容且相互包蕴的观点已被这一领域的学者们广泛接受[129]。行为主体之间的竞争与合作关系，经常性地被置于冲突，尤其是过程冲突的分析研究框架之中。这种反差说明，组织冲突分析层次的不同不仅带来了分析视角上的差异，更是体现出合作与冲突相互嵌入的客观存在[127]。

此外，这一特征也同样反映在冲突管理研究之中。如前所述，早期冲突管理相关研究大多强调如何减少、终止甚至消灭冲突。随着对冲突的理解与对冲突管理研究的不断深化，学者们更多的是基于冲突双向作用的思考，倡导管理者权变地选择相应的管理措施[130]。现有的经典冲突管理理论主要建立在 Blake 和 Mouton[131]共同提出的管理方格理论之上，该理论以双重关心为维度将冲突管理划分为合作、竞争、折中、调和与回避五种类型。每种冲突管理风格都有其适用的情境，其中合作性冲突管理最适合用于解决复杂的非常规任务[108]。Tjosvold 等 [132]以此为基础将冲突管理简化为三种类型：合作性冲突管理、竞争性冲突管理与回避性冲突管理。合作性冲突管理是指冲突中的一方希望同时满足双方利益，因而选择合作以获得双方共赢的结果。竞争性冲突管理是指冲突中的一方在冲突过程中仅仅考虑自身利益的满足，而不考虑冲突对另一方的影响。回避性冲突管理则是指冲突中的一方意识到冲突的客观存在，但希望逃避或抑制冲突的做法。他们指出相较其他两种冲突管理类型，合作性冲突管理是一种更为理想的冲突管理行为。

4. 对本书研究的借鉴意义

在组织行为视角下的冲突研究中，尽管人际冲突的分析思路与研究框架在一定程度上可以沿用于组织冲突前因的研究之中[127]，但正如 Hall[133]所指出的，“之所以个体原因无法对组织冲突进行充分解释，是因为组织层面的因素与组织本身的特征都可以成为产生冲突的原因”。现有研究对冲突成因的探究与把握过于细致，这也导致在团队及团队以上层次的冲突研究中，学者们对关系冲突的关注要远远高于对任务冲突与流程冲突的关注。

首先，尽管 Jehn[102]的任务冲突、关系冲突与流程冲突的分类方法获得了学界的认可和广泛引用，但也有学者提出需要关注情境对冲突的影响并寻找新的冲突类型，而并非沉湎于传统冲突研究中的冲突三分法[104]。例如，Conlon 和 Jehn[134]通过对朋克与新浪潮摇滚乐队的一项混合研究，发现财务冲突、毒品冲突与政治冲突三种新的冲突类型。寻找与拓展新的冲突类型已经成为冲突研究领域中的一个热点话题[135]。

其次，现有冲突研究中存在着一个重要假设，即冲突双方甚至多方对冲突的感知与受到的影响是相同的[135]。然而，Jehn 等[136]提出冲突不对称性这一概念，认为组织或个体对于冲突的强度与类型的感知是不同的，而冲突对冲突各方的影响也不尽相同。因此在冲突相关研究中，有必要对冲突一方对冲突的感知与受到的影响做更为深入、更具针对性的研究，而非泛泛地同时对冲突双方进行研究。

再次，中国社会讲究和谐，往往希望通过回避认知上的分歧来维持人际上暂时的和谐[130]。然而，现有冲突相关研究多以西方社会为研究情境，缺少以中国为情境的冲突研究，因此也需要学者们对中国情境下的冲突做更为深入的探索。

最后，现有冲突相关研究大多集中于冲突的事后处理环节，而并非冲突的事前形成环节乃至冲突的全过程[137]。尽管有很多学者呼吁将冲突研究与冲突管理的侧重点前移，但由于现有冲突研究对人际冲突更为偏重，对于个体乃至个体间要素的探讨要远远超过冲突活动本身，却忽视冲突活动过程所蕴含的合作与竞争属性，未能更加深入地探索冲突的过程本质[138]。上述问题也为冲突研究留下了广阔的探索空间，有待于学者们做更为深入的研究。

2.1.3 社会互依理论

1. 社会互依的本质及内涵

社会互依是组织、群体和个体想要实现的结果与其他组织、群体和个体想要实现的结果之间的一种相互状态[139]。社会互依分为正向互依与负向互依。正向互依是组织、群体和个体感知到己方目标的实现是需要建立在对方目标实现的基础之上的，即正向相互依赖；负向互依则是组织、群体和个体感知到己方目标的实现是需要建立在对方目标无法实现的基础之上的，即负向相互依赖。当冲突发生时，决定组织、群体和个体是否会进行合作的因素正是其与其他组织、群体和个体之间的相互依赖。当组织、群体和个体认为与其他组织、群体和个体之间存在正向互依时，便会采取合作行为；反之，当存在负向互依时则不会选择合作，甚至会采取竞争行为对对方进行干扰与阻挠。此外，社会互依还存在一种特殊状态，即完全独立。当组织、群体和个体认为自己完全独立于其他组织、群体和个体时，会认为己方目标的实现与对方目标是否获得实现没有任何关系，则既不会选择合作也不会选择竞争，因而处于完全独立[140]。

2. 社会互依理论的基本原理与前提

为了有效地对冲突与合作及两者之间的关系进行解释，社会心理学家Deutsch[141]基于格式塔心理学[140]与场域理论[142]提出社会互依理论。该理论承袭冲突与合作既相互区别又相互蕴含的观点，认为组织、群体和个体与其他组织、群体和个体之间存在相互依赖关系，即一方目标的实现受另一方行动的影响，这种影响可以是积极的，也可以是消极的[106]，这一观点也与冲突的功能性本质讨论不谋而合。社会互依理论的核心假设为，冲突当事各方各自目标建构的方式决定了他们之间的互动模式，而这种互动模式又会最终影响当事方如何对冲突进行管理[141]。其中，目标是一种理想的未来状态，目标建构的方式是当事各方目标之间相互依赖的类型与程度。互动模式则是组织、群体和个体会影响冲突其他方当前和将来结果的同时或顺序的动作，这种互动模式可以是直接的也可以是间接的[143]。值得注意的是，研究发现亚洲人群在面对冲突时更倾向选择回避等更为被动与温和的方式进行互动，相较之下，西方人群则更倾向主动地直面冲突[144]。Ho[145]通过对跨文化管理与心理学研究的回溯与综述，认为其中的差异同样源自社会互依。亚洲人群大多为集体主义者，他们的身份是嵌入关系之中并与他人有着强烈的关联，因此会尽量避免对他人的失礼与人际关系上的疏远，所以在冲突面前，亚洲人群的行为更容易受到相互依赖的影响。

社会互依理论中存在三个重要的前提[143]。首先，只有当组织、群体和个体为了实现某个具体目标而采取行动时，合作或冲突才会产生。单单只是感知到双方之间的正向互依或负向互依并不足以产生合作或冲突。其次，组织、群体和个体做出怎样的适当行为取决于对当前情境下合作其他方相互依赖的感知。组织、群体和个体的行为是基于感知与假设对当前状况的一种回应[106]。最后，就冲突管理而言，社会互依理论与其他组织冲突理论有相似之处，都是将冲突发生时当事一方如何选择相应的行为策略作为研究的重点。Deutsch[146]认为，一种确定的社会关系（如合作性或竞争性关系），其演进过程与最终结果将会进一步诱导产生同一类型的社会关系。因此，如果冲突中的当事各方持有合作性的态度而并非竞争性的态度，如冲突双方相互信任并有着共同解决问题的想法时，冲突的最终结果将可能是建设性的。与之相反，当冲突双方有着竞争性的倾向时，如彼此互不信任、沟通封闭、态度冷漠、只追求各自利益，冲突将会带来更多消极的，甚至破坏性的结果，最终使冲突双方陷入恶性循环的泥沼。这一“多伊奇社会关系简律”指导冲突当事方参照其所追求的目标，以合作性或竞争性的态度、社会心理与行动去影响冲突的过程与最终结果[143]。

3. 对本书研究的借鉴意义

社会互依理论认为不兼容的目标会引发不兼容的行动，进而产生冲突，因此该理论以目标与行动的不兼容性来对冲突进行定义。然而，对冲突当事各方而言，各方的目标也可能是统一的。当冲突各方目标一致时，如果一方的行动阻挠、妨碍或以其他方式降低另一方行动的有效性，这种行为也是不兼容的，同样具有冲突的特征。这种看待与定义冲突的视角刚好与本书研究相契合。

另外，社会互依理论将利益相关者之间的关系划分为自主、依附、互依与无助四种状态，即关系完全取决于己方行动、完全取决于他方行动、同时取决于己方行动与他方行动以及与双方行动均无关的四种不同状态。根据当事一方实现目标的付出与行动对另一方目标的实现所起到的促进或阻碍作用，将互依关系定义为“合作性互依关系”或“竞争性互依关系”。于是，旨在促进双方共同利益目标达成的行动过程中的合作性冲突，便具备旨在单纯促进己方利益目标达成的行动过程中的竞争性冲突相对应的意旨[138]。冲突过程的性质，则由冲突中的合作性元素与竞争性元素共同决定。这种认识有别于认为冲突过程只具有竞争性特征的传统观点，是对传统冲突研究的一个重要补充，同时也符合本书的研究情境。

2.1.4 关系嵌入理论

1. 嵌入性与关系嵌入的本质及内涵

嵌入性这一概念最早是由 Polanyi[147]提出的，他对当时新古典经济理论沉湎于以“竞争均衡”为核心的精巧理论模型且过分推崇市场自律的研究现状进行批评与抨击。Polanyi 结合自己对经济史的思考与研究，提出“人类经济是嵌入并缠结于经济与非经济的制度之中的”观点。然而，这一思想在当时并未引起学术界的认可与重视，甚至还受到部分学者的抨击与批判[148]。

时隔 30 年后，Granovetter[149]对嵌入性这一概念做出更为规范性的界定，并提出从感情强度、互动频率、关系密切程度与互惠交换内容四个维度测量这种关系的强弱。随后 Granovetter[150]发表“经济行动和社会结构：嵌入性问题”一文，并对 Polanyi 的嵌入性概念重新进行阐释。他将嵌入性具体定义为，具有一定联结关系的主体之间，由于长期联系而形成稳定且惯例的关系，这种关系结构的存在，将影响群体中主体的策略选择与行动倾向。Granovetter 的嵌入性概念指出经济交换大多发生于相互关联的社会网络成员之间，而较少发生于完全陌生的个体之间。其原因在于，经济领域中最基本的行为就是交换，而在每一次交换过程中，双方都必须在获得了必要的保证与监督之后才能进行交换活动，因此交易成本也会随之大大增加，然而嵌入性却可以有效地降低这种交易成本[151]。这一文章的发表标志着新经济社会学的发端，而随后也涌现出大量针对经济行为嵌入性的有关研究，如以 Uzzi[152]为代表，开展网络嵌入性对经济绩效影响的研究，并将嵌入性这一概念具象化，探究嵌入性与网络结构对经济行动的作用机理，发现行动者可以通过信任、信息共享与问题的共同解决等嵌入性机制获得交易成本降低、环境不确定性降低、稀缺资源获取与组织学习提升等收益，进而提高经济绩效。

Granovetter[150]将嵌入性分为关系嵌入与结构嵌入，尽管也有学者（如 Zukin 和 Dimaggio[153]）将嵌入性分为结构嵌入、认知嵌入、文化嵌入与政治嵌入，但 Granovetter 提出的两维框架是社会嵌入理论最为经典与学者们广泛接受的分析框架。关系嵌入这一维度聚焦的是联结网络行动者的二元关系，强调互动双方的行为策略受双方关系强弱的影响。另一维度结构嵌入则更注重联系网络行动者的多层次结构问题，一方面结构嵌入强调的是网络的整体结构与功能；另一方面关注行动者在网络中所处的结构位置[154]。相较结构嵌入，关系嵌入的作用偏“软”且更为直接，反映的是关系的性质与质量[155]。

2. 关系嵌入对企业行为的影响

17 世纪英国玄学派诗人 John Donne 曾经写道，没有人是一座孤岛。同理，在当今社会也没有任何一个组织会是一座孤岛。社会心理学研究表明，当组织与个体对某一种合作关系发生关系嵌入时，组织与个体更倾向对合作伙伴容易产生歧义的行为进行积极的解读，而并非消极的解读[156]。更为重要的是，组织与个体对合作伙伴的高度嵌入会进一步产生对关系的投入与承诺，反过来会提高合作双方的信任、问题共同解决与信息共享[157]，进而打开通向长期与有效冲突解决的大门，以及合作双方为了维护合作关系而愿意牺牲眼前短期利益的姿态[158]。

关系嵌入又可以分为强关系嵌入与弱关系嵌入[159]。Hansen[160]认为弱关系嵌入有助于搜索全新知识，而强关系嵌入则有利于传播现有知识。强关系嵌入的优势在于成员之间紧密的合作与联系以及深层次、高质量的信息与知识交流[161]。强关系嵌入不仅可以维持成员之间稳定的合作关系、提高知识的传递效率，还可以抑制机会主义行为的产生，协调组织之间的冲突与矛盾，进而促进互惠规范的形成与合作共识的达成[162]。然而，紧密程度相对较低的弱关系网络也同样存在一定的优势，弱关系嵌入有时反而会带来新颖的、非冗余的与异质化的信息与知识，为组织进行突破性创新提供基础[163]。

需要注意的是，Granovetter[149]指出弱关系在美国社会中起到获取信息与资源的桥梁作用，即“弱关系充当信息桥”这一观点。Bian[164]通过一项实证研究发现，在中国强关系更容易获取资源。还有诸多学者验证了强关系在中国情境下的作用，如强关系在资源共享与资源获取方面的重要作用[165]，以及在促使组织更快地适应环境变化方面的积极作用与影响[166]。与西方社会不同，在中国，关系嵌入对企业的行为起到更为重要的影响与作用。首先，不断积累的嵌入性关系网络是企业获取重要信息与可靠合作伙伴的基础[167]。其次，企业通过强化关系网络嵌入性提升企业的动态能力，提高企业的经营绩效与企业的合作创新绩效，从而使企业在动荡的环境中生存与不断成长[168]。最后，嵌入企业家社会关系网络也会对公司多元化经营战略起到积极的影响，可以对企业多元化经营战略与企业绩效的关系进行协同[169]。对华人家族企业而言，企业的生存与发展更是高度嵌入在华人的社会关系网络之中，而社会关系网络在华人的社会经济活动中甚至可以起到替代正式制度的作用，这种作用会变成大家所共同熟悉的、获得统一共识的一种体制化的关系网络。

3. 嵌入性的层次结构

Hagedoorn[170]在其关于组织间合作与伙伴关系构建的研究中，发现嵌入性特征会对组织间合作关系的形成产生直接影响，同时也指出组织的嵌入性特征与其所处的环境、网络与双边关系情境有着紧密的关联。由此，他提出嵌入性可以分为三个层次，即环境嵌入性、组织间嵌入性与双边嵌入性。这三个层次的嵌入性可以被理解为组织行为选择受国家特征与产业环境、组织间网络的历史背景，以及合作组织间的双边关系影响的程度[171]。下面对这三个层次分别进行介绍。

环境嵌入性是指组织行为受其所处国家特征与产业特性的影响。Hagedoorn[170]指出，环境嵌入性可以进一步细分为两个层次，即宏观层次与中观层次。其中，宏观层次的嵌入性是指组织所处的国家社会环境会影响组织合作关系的形成，具体体现为不同国家的组织在建立合作关系的过程中有着不同的倾向性。中观层次的嵌入性则指的是组织所处产业的特点会对组织间合作的倾向产生作用与影响。

组织间嵌入性则是指组织行为受其所处的网络环境、关系积累与合作经历的影响。Hagedoorn[170]认为，组织间嵌入性反映的是组织与其他组织建立合作关系的经验，也是组织所参与过的社会网络的历史再现。成功的、配合默契的合作经验有助于组织更好地把握未来合作机会。组织间合作经验的积累不仅可以有效降低合作双方之间信息不对称的程度，还可以促进合作双方之间信任关系的建立，因此可以有效降低交易成本[172]。

双边嵌入性是指组织行为受与其他合作组织不断重复的关系的影响[170]。在现实世界中，任何组织和个人都无法获取所有的关键信息。当信息不对称发生时，组织更倾向与既有的合作伙伴进行合作，这样可以大大降低合作伙伴的搜索成本与选择成本[173]。这种组织间不断重复的合作关系直接产生组织间的相互信任，也被学者们认为是建立新的合作关系与培育长期合作关系的基本要求之一。

4. 对本书研究的借鉴意义

关系嵌入理论关注关系的动态演变，对二元关系的分析更为全面透彻，为本书研究提供了一个更为丰富的研究维度，也是对制度逻辑理论的良好补充。然而，从嵌入性理论的最新发展来看，目前仍然存在两点问题需要做更进一步完善。

首先，嵌入性这一概念在现有研究中的理论化程度与抽象化程度较高，当前嵌入性相关研究仍处于组织行为的外围。实际看来，嵌入性对组织的影响在很大程度上与组织的战略选择与具体实施紧密相关。其次，嵌入性理论认为无论是在组织的合作行为、经济绩效，还是在市场竞争优势中，嵌入性都发挥着重要的作用。然而，现有嵌入性研究大多采用定性研究方法，而从中获得的分析结论缺乏足够的实证检验，尤其是来自大样本统计的定量分析的实证支持，因此也有待于学者做更为深入的研究。

2.2 相关概念界定

2.2.1 PPP

PPP 是一种实践的产物，因此其内涵也伴随实践的发展而不断演进与深化。不同国际组织与国家组织基于不同国别、行业、项目中形形色色的 PPP 实践，以及各自认识角度的差异，对 PPP 有着不同的定义。Norbert Portz 甚至提出试图去总结 PPP 是什么或者应该是什么没有任何实际意义，PPP 没有固定的定义，同时也很难去考究这个含义模糊的英文名词组合的出处，PPP 的确切含义需要根据不同的情境案例来确定[174]。尽管如此，对在不同视角下 PPP 的内涵及其分类进行考察仍有助于对这一概念的认知与理解。

部分国际组织将PPP看作包含合同安排、合作协议与协作活动等在内的一种合作关系或合作形式。例如，联合国开发计划署将PPP定义为政府、营利性企业与非营利性企业组织基于某个项目而形成的合作形式，由参与合作的各方共同承担责任与融资风险[174]；经济合作与发展组织将 PPP 定义为政府与私营合作伙伴之间的长期合同协议，由私营合作伙伴进行投资并交付项目[175]。这一类型的定义只是强调合作关系或合作形式，并未提供合作关系以外的信息，因此很难反映PPP 的深层次内涵与本质。

英国财政部则将PPP定义为由公共部门与私营部门联合协作安排，可以覆盖所有领域、跨越公共部门与私营部门的合作，其中包括通过协同工作与共担风险来执行政策、提供服务与建设基础设施[176]，这一定义突出 PPP 通常具有严格规范的长期契约的特征。美国PPP国家委员会将PPP定义为一种公共部门与以营利为目的的私人部门之间的合约安排，并将PPP视为一种资产组合，双方在资源共享、风险共担的基础之上，共同提供公共基础设施或公共服务产品，以推动地方经济发展与城市建设[177]。这一定义体现了 PPP 与地方经济社会发展的有机结合，进而反映出PPP的形式与内容具有地域性特征。相较仅仅强调合作关系，这种分类标准更强调PPP的长期效应、契约形式与项目目标，有利于丰富从业者对PPP 内涵的认知与把握。

尽管各国定义有所差别，但均是以PPP为基础的，以提供公共产品与服务为目标，强调公私双方之间的利益共享与风险共担，其核心要义是引入市场激励、提升执行效率、分散项目风险。PPP 的本质是一种混合所有制经济的结构性创新，通过在自然垄断产业中引入非国有经济成分，形成一种以公私联合、混合所有的新型所有制形态[1]。以此为基础，我国财政部将 PPP 定义为，政府与社会资本为提供公共产品或服务而建立的全过程合作关系，以授予特许经营权为基础，以利益共享和风险分担为特征，通过引入市场竞争和激励约束机制，发挥双方优势，提高公共产品或服务的质量和供给效率。这一定义在强调合作与长期契约特点的同时，提出政府与社会资本应通过共同决策实现共同的目标，对于不同目标类型项目实践的开展具有很强的指导意义。

在学术界，不同学者对于PPP同样有着不同的理解，对这一概念的内涵也同样尚未形成统一的认识。相关具有代表性的内涵界定在表 2.1 中开列，这些研究从不同的研究视角出发，从不同角度为PPP的内涵界定提供丰富的素材。首先，PPP 中存在两个核心合作主体，分别为政府与社会资本；其次，政府通过契约细化与固化公共利益目标，将其转化为社会资本合作方的基本义务并对其进行约束与管理；再次，PPP 的目标是寻找与吸引社会资本参与公共事业的投资和运营；最后，PPP 的使命是利用市场机制优化政府决策机制，厘清政府与企业之间的边界，对我国的社会资源进行充分利用以提升公共资源的配置效率。

表 2.1　PPP 的内涵

学者	时间	PPP 的内涵
Hodge 和 Greve[178]	2007 年	一种组织和财务的安排，一种囊括其他战略与目的的语言
D. W. Brinkerhoff 和 J. M. Brinkerhoff[179]	2011 年	共同确定的目标、协作和一致同意的决策、非科层的结构与流程、基于信任的非正式或正式的关系，合作伙伴之间的协作交互、对于结果的共同责任
Jay[14]	2013 年	一种既非科层，也非市场，将公私两种不同制度逻辑结合在一起，由目标驱动的跨领域合作
周正祥等[180]	2015 年	狭义的 PPP 可以理解为一系列项目融资模式的总称，可分为外包、特许经营和私有化三大类；广义的 PPP 泛指公共部门与私人部门为提供公共产品或服务而建立的各种合作关系
Villani 等[181]	2017 年	PPP 是一种涉及公共部门与私人部门合作的项目驱动型组织
朱方伟等[4]	2019 年	PPP 是政府与社会资本间的一种合作模式，其目的是吸引社会资本参与城市基础设施等公益性事业的投资和运营

在参考上述业界与学术界对 PPP 的不同概念界定后，本书将 PPP 这一概念界定为政府和社会资本之间的一种合作模式，其目的是通过“契约约束机制”明确公私双方的具体权利和义务，以市场方式寻找与吸引社会资本参与城市基础设施等公益性事业的投资和运营，将非国有经济成分引入公共服务领域，借此提升公共资源配置效率[178, 182]。

2.2.2　公私制度逻辑冲突

在 PPP 项目中，可以观察到两种主要的制度逻辑共存与相互作用，一种是社会资本所遵循的制度逻辑，另一种是政府所服从的制度逻辑。学者们也对政府和社会资本各自制度逻辑的具体表现形式及之间的差异进行了讨论，笔者将结果进行总结并在表 2.2 中开列。

表 2.2　政府和社会资本的制度逻辑表现形式的差异

具体表现	制度逻辑		文献来源
	政府/科层	企业/市场	
理想状态的组织形式	官僚政府	企业	Ewick 和 Silbey[183]
规范/战略使命	公共服务，政策执行，责任	客户服务，收入，利润，价值创造	
能动性来源/行动能力	公共资源的协调，规则制定，执行权力	商业推销，创新服务交付	
时间	公共预算周期，选举周期	销售周期，季度财报	
空间	公开会议，听证会	企业内部与外部	

续表

具体表现	制度逻辑		文献来源
	政府/科层	企业/市场	
符号系统	法律，采购制度，透明政府	商业“游戏规则”，客户关注度与资源，经纪位置，对金融机构的信托责任	Scott[184]
行动载体	财政预算	商业计划，销售手册	
目标	创造产品和/或服务以满足当地的社会需求	在市场上销售商品和/或服务以产生经济盈余，这些盈余可由企业所有者自行支配	Pache 和 Santos[12]
治理机制	民主控制	科层控制	
专业合法性	由对社会使命的贡献所驱动	由技术与管理经验所驱动	
权力来源	官僚决策	股东积极主义/企业高层	Matinheikki 等[185]
策略基础	增加社区物品	提高效率、利润与市场份额	

基于上述研究成果，本书将PPP项目情境下社会资本所具有的制度逻辑定义为资本利益逻辑，即社会资本基于资本利益最大化这一价值目标承担项目设计、建设运营、基础设施维护等活动过程中所遵循的假设、价值观与规范[186]。在PPP 项目中，资本利益逻辑具体体现为社会资本希望通过提高生产效率，以尽可能少的成本获取尽可能多的投资回报。同时，将政府所具有的制度逻辑定义为公共利益逻辑，其是指政府以公共利益最优化这一价值目标管理公共事务、分配公共资源、维护公共利益等活动过程中所遵循的假设、价值观与规范[186]。在 PPP 项目中，公共利益逻辑具体体现为政府在职权范围内依据立法程序制定地方政府规章，或制定规范性文件，对 PPP 项目进行全过程的监督管理，以维护广大群众的公共利益。这两种制度逻辑无法为 PPP 项目的两个核心主体，即政府和社会资本，提供一致的动机与假设，因此两者之间并不兼容[85]。同时，组织的惯例有着制度逻辑的烙印，因此政府和企业之间的惯例也存在着区别与差异[187]。

基于前面对冲突的定义，这种资本利益逻辑和公共利益逻辑的不兼容的状态与过程同样可以被认为是一种冲突。因此，本书研究提出公私制度逻辑冲突这一概念，特指政府和社会资本在合作过程中，围绕各自价值目标开展协商、交易时所遵循公共利益逻辑与资本利益逻辑的不兼容状态与过程。需要注意的是，公私制度逻辑冲突是一种双向的、感知层面的隐性冲突，且没有明确的指向性[118]。

进一步来看，Pache 和 Santos[84]认为不同组织对什么是适当与具有合法性的目标有着不同的理解与假设[34]，公私制度逻辑冲突发生于政府和社会资本的意识形态层面，展现出一种以假设为核心的冲突特征。因此，笔者将公私双方围绕假设差异与不兼容的公私制度逻辑冲突进一步定义为假设冲突，指的是政府和社会资本基于各自制度逻辑对PPP项目所持有的不同预期与看法之间的不兼容。假设由政府和社会资本各自所持有的价值观决定，而这种价值观又会通过假设在现实中具体再现。假设冲突反映的是公私制度逻辑冲突的观念性维度[188]，是一种无法直接观察的观念与意义方面的冲突[68]。

同时，不同组织在其实现目标的过程中对于什么是合适与恰当的手段有着不同的看法[189]，因而公私制度逻辑冲突也可以发生于政府和社会资本的功能层面。本书将公私双方围绕惯例差异与不兼容的公私制度逻辑冲突进一步定义为惯例冲突，指的是政府和社会资本基于各自制度逻辑在 PPP 项目中持有的不同规则、规范或惯例之间的不兼容。惯例是一种囿于规则和习惯的、很少变化的、重复的组织行为模式[190]，是一种自动化与重复化的过程。惯例深深嵌入于组织的各种现象之中，覆盖组织结构、规则、过程、传统、战略、技术与文化等诸多方面，是一种组织层次的隐性知识，也是组织得以建构与运作的根本[191]。惯例冲突体现的是公私制度逻辑冲突的实质性一面[188]，是一种可以直接观察的组织结构与惯例方面的冲突[17]。需要注意的是，功能与流程方面的冲突是物质性与辅助的，因此在一定程度上惯例是相对柔性与可协商的；反之，假设则是代表着组织的价值与内在，因此是相对刚性与不可协商的。

此外，参照现有制度逻辑理论，当公私制度逻辑冲突发生时，制度压力是由外向内进行渗透。当政府或社会资本拥有社会资本或政府所不具备的资源时，政府或社会资本可以通过资源依赖关系对社会资本或政府施加制度压力，从而与社会资本或政府内部现行制度逻辑发生冲突。假设冲突源于政府和社会资本对什么是具有合法性的目标的定义[189]，因此当冲突发生时，双方会怀疑己方目标的实现究竟是需要以对方目标实现为基础还是需要以对方目标无法实现为代价。双方为了实现目标所采取的惯例的不同，更是可以将冲突进一步激化，从而加剧这种对相互依赖关系的猜疑。

从关系视角来看，Granovetter[150]将人看作嵌入于具体的社会关系网络中的行动者，而经济行动也是同样嵌入于社会关系网络之中的。网络中的各种规则性期望与行事方式都会对活动主体的行为产生重要的影响，这种理论解释也同样适用于组织[168]。假设冲突指的是政府和社会资本基于各自制度逻辑对 PPP 项目所持有的不同预期与看法之间的不兼容，反映的是公私制度逻辑冲突的观念性维度 [188]，也可以理解为社会关系网络中的规律性期望。这种期望上的不兼容，会直接影响政府与社会资本之间的关系嵌入。惯例冲突则是政府和社会资本基于各自制度逻辑在 PPP 项目中持有的不同规则、规范或惯例之间的不兼容，体现的是公私制度逻辑冲突的实质性维度[188]，是一种可以直接观察的组织结构与惯例方面的冲突[17]，可以被抽象化为社会关系网络中的规律性行事方式。这种行事方式上的不兼容，同样会对政府与社会资本之间的关系嵌入产生影响。

综上所述，公私制度逻辑冲突发生后，公私双方内部许多被认为是理所应当的现行制度安排会受到质疑与挑战，并会对政府和社会资本之间的相互依赖与关系嵌入产生影响。因此政府与社会资本会受到新的认知与行为模板的影响，并需要对多重制度逻辑进行优先级排序，进而选择服从、改变或无视[84]。因此，在这种情况下，政府与社会资本在面对公私制度逻辑冲突时，不得不做出战略选择[192]。究竟是合作、竞争还是冲突，这都有待于学者们做更为深入的探索。

2.2.3 社会资本合作行为

合作是管理学研究中的热点话题，然而不同文献所使用的“合作”概念存着在一定的差异[193]。英文文献中表示合作的概念有 cooperation、collaboration 与 partnership 等。在中文文献中，学者们也用协作、协同、伙伴关系与互动等概念表示与指代合作的含义[194]。本书研究中，笔者在什么是合作的问题上不对中英文文献中的各种概念、专有名词或术语的定义做更细致的讨论与分析，而是认为上述概念都是本书所要讨论的“合作”。

早期合作研究主要关注个体间合作，然而随着经济一体化与市场竞争化的日益加剧，越来越多的组织选择踏上合作的道路，组织间的合作趋势不断增长。相应地，组织间合作也获得学者们的关注与重视。组织间合作不仅包含成员组织的单方面行为，同时也包含合作双方或多方的共同努力，这也使得合作过程变得更加复杂多变[195]。合作双方不仅需要对合作事项进行投入，同时也需要对合作过程进行管理，以确保合作目标的最终实现。同时，受不同目的、价值取向与合作动机的驱动，合作双方或多方在追求各自组织目标的同时，也要追求共同的目标。因此合作的本质是一种合作主体之间共生互惠关系不断深入的创造性行为。

合作行为是合作的具体表现，学者们已从不同角度对其内涵进行阐释与解读。Tyler 和 Bladder[196]将合作行为定义为实施后可以促使某一方目标实现的行为，这一定义反映合作主体之间存在着依赖关系，这种依赖可以来自资源，也可以来自目标[197]。Nowak[198]认为合作行为意味着单方甚至多方需要做出一定程度的牺牲以实现互相帮助。柴国荣等[199]将合作行为定义为，为了实现共同目标，两个及两个以上的组织通过一系列互动行为促进一种有利于合作各方期望结果出现的行为过程，是通过协调活动产生一种既利己又利他的结果的行为。

通过对现有文献中合作行为定义的梳理，笔者认为合作行为的内涵应具备以下几点特征：首先，合作双方或多方应有着共同的目标。这种共同目标不一定是不同组织、群体和个体对同一目标的追求，而是在目标差异性基础上的一种目标或利益互补的状态[200]。因此，共同目标是组织、群体和个体采取合作行为的根本前提[201]。其次，合作通常需要以一方甚至多方的牺牲为前提，以保证合作的最终实现[202]。再次，合作是一种合作各方之间不断相互协调与不断相互作用的过程[203]。最后，合作行为可以分为两种，即正式合作行为与非正式合作行为[202]。正式合作行为强调的是契约中所规定的义务与正式的治理结构；非正式合作行为则强调灵活可调整的安排，认为决定各方在合作中做出贡献大小的是行为规范而并非合同义务。综上，合作行为可以被定义为两个或两个以上的组织、群体和个体为了共同目标，在愿意做出一定牺牲的前提下，相互协调、相互作用的正式或非正式过程。

PPP 项目中政府和社会资本之间的合作是一种特殊的组织间合作，是政府和社会资本为了实现某个目标或完成某项任务而彼此相互配合的行动[204]。政府和社会资本之间的合作是 PPP 项目实施的基本驱动力[205]。然而，政府不仅是合作的参与者，也是合作政策的制定者、执行者及合作过程的监管者，政府的特殊角色决定其与社会资本的合作充满着复杂性与不确定性。同时，政府和社会资本对于 PPP 项目有着不同的诉求，双方均缺乏相互合作的绝对意愿[206]。政府和社会资本之间合作行为的缺失也成为目前阻碍项目实施与有效交付的主要问题之一[207]。

基于上述对合作与合作行为的解释与描述，并结合 PPP 项目情境，本书将 PPP 项目社会资本合作行为定义为，社会资本通过与政府的相互协调而采取的一系列适应性、互惠性的努力，以实现与政府共有的目标或利益。

2.3　研究框架的提出

公私制度逻辑冲突是PPP项目中的一组天然的主要矛盾，然而在实践中令人感到无比困惑的是，在相似或相同的制度环境下，当面对相似或相同的公私制度逻辑冲突时，不同的社会资本却展现出不同的合作行为，这种差异有时又极其显著。在一些PPP项目中，政府与社会资本双方因制度逻辑之间的差异而引发的冲突是不可调和的，然而在一些PPP项目中，公私双方却可以通力合作并最终实现互利共赢。

现有制度逻辑相关研究以理论思辨与案例研究为主，对制度逻辑的内涵、制度逻辑对组织的影响以及组织如何对多重制度逻辑进行回应等议题进行一定的讨论。然而这种讨论更多是将“制度逻辑”与“竞争”“冲突”等既有概念的简单罗列加总，仍然停留在理论分析层面，并未结合具体的研究对象、情境或现实问题进行深入探讨与解读。此外，作为一种天然的“自上而下”的理论视角，新制度主义理论难以刻画不同制度逻辑之间的矛盾程度及其具体的作用机制。因此，亟须学界在此基础上探索、界定与深化公私制度逻辑冲突的内涵，并通过更为微观层面的理论和结合具体情境进一步打开制度逻辑冲突对组织回应的影响机制。这也是驱使笔者选择社会互依理论与关系嵌入理论对公私制度逻辑冲突对PPP项目社会资本合作行为影响进行研究的主要原因。

基于此，并结合前面对PPP项目实践问题的分析与相关理论和概念的梳理，本书进一步确定研究问题、研究框架及主要研究内容。为了对三个研究问题进行回答，笔者基于对现有理论与文献的回顾，确定了本书的研究框架（图 2.2），将通过三个相互关联的研究系统地对本书的三个研究问题进行回答。

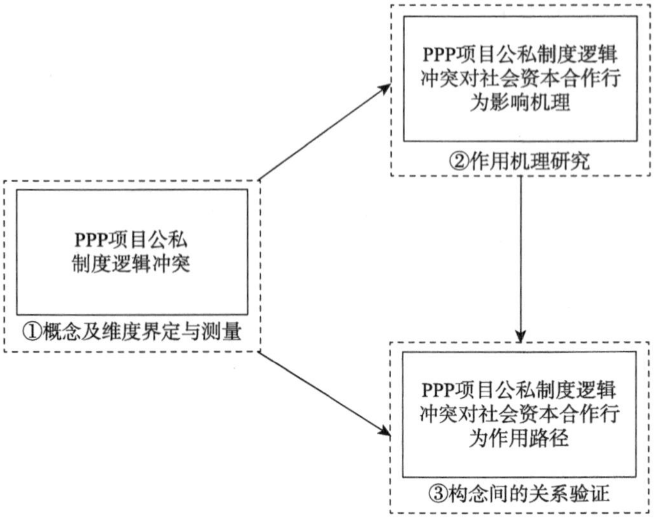

图 2.2 本书的研究框架

首先，现有研究对 PPP 项目公私制度逻辑冲突的内涵、结构与测量尚不完善，这限制了对 PPP 项目公私制度逻辑冲突对社会资本合作行为影响的深入研究。因此，本书研究在第一阶段以PPP项目为对象，结合定性与定量研究方法对 PPP 项目公私制度逻辑冲突的构念内涵与维度进行解析，并形成相应的测量量表，为后续的PPP项目公私制度逻辑冲突对社会资本合作行为的影响机理研究与作用路径研究奠定概念基础与工具基础。

其次，考虑到PPP项目公私制度逻辑冲突对社会资本合作行为的影响机理仍然不够明晰，因而需要对其进行更为深入的探索。为此，在第 4 章中通过对三个典型案例之间的比较与分析，进一步揭示公私制度逻辑冲突影响与社会资本合作行为表现两者之间的内在关联与影响机制，构建PPP项目公私制度逻辑冲突、社会资本对政府的社会互依和关系嵌入与社会资本合作行为之间的关系模型，进而形成 PPP 项目公私制度逻辑冲突对社会资本合作行为的影响路径模型。

最后，基于前两个阶段的研究成果，构建 PPP 项目公私制度逻辑冲突、社会资本对政府的相互依赖和关系嵌入与社会资本合作行为的整合关系模型。同时，为了弥补质性研究的不足与确保研究结论的普适性，本书采用大样本统计数据的实证研究方法对变量间的关系假设进行检验，对比分析不同路径与作用机制的相同与不同之处。实证研究结果将验证并修正质性研究的成果。

通过上述研究框架，可以深入揭示公私制度逻辑冲突对 PPP 项目社会资本合作行为的内在影响，进一步打开两者之间的“理论黑箱”，为政府和社会资本对 PPP 项目进行有效治理提供理论指导与借鉴。

第3章　PPP项目公私制度逻辑冲突构念内涵与测量研究

鉴于制度逻辑理论现有研究成果对制度逻辑冲突这一构念尚未形成清晰统一的内涵界定，也未形成兼具可操作性与科学性的测量工具，本章将以我国PPP项目为情境，通过定性研究与定量研究相结合的方式，从PPP项目社会资本方的视角，对政府和社会资本之间制度逻辑的冲突，即PPP项目公私制度逻辑冲突这一构念的内涵、结构与测量进行探索性与验证性研究，进而实现对PPP项目情境下政府和社会资本之间制度逻辑冲突的内涵与结构的完整清晰认识，构建相应的测量量表，并对其进行验证，为后续研究提供概念与工具基础。

3.1　PPP项目公私制度逻辑冲突构念研究框架

通过对现有制度逻辑相关文献的梳理与回顾，笔者认为现有的对制度逻辑冲突的界定在构念内涵、本质、特征等方面较为松散模糊，只是提出冲突性制度需求与竞争性制度逻辑[84]等相对较为模糊宽泛的构念，或仅仅是将“冲突”的概念直接套用到“制度逻辑”之上，并未形成两者之间的有效结合与相互嵌入。另外，现有研究对制度逻辑冲突缺乏系统性认识，且现有研究以案例研究为主，主观性较强，可能存在失之偏颇的问题。同时，现有研究缺少对制度逻辑冲突进行有效测量的工具。由于制度逻辑冲突的实证测量文献较为匮乏，难以从文献中直接提炼得出PPP项目公私制度逻辑冲突的测量量表。然而，定量研究的分析框架在很大程度上又由现有理论的完备程度所决定[208]，因此需要先形成对PPP项目公私制度逻辑冲突的理论理解才能进行测量量表的有效开发。

笔者认为，发展一个准确有效的测量工具需要经历构念的开发、构念的规格确认、指标的建立与指标数值的建立四个步骤，这与Lazarsfeld[209]提出的构念开发的四个步骤相契合。因此，本章旨在以定性方法，结合具体的 PPP 项目情境，对 PPP 项目公私制度逻辑冲突的外在形式、内容及维度等进行系统性探索，以提升对 PPP 项目公私制度逻辑冲突内涵的深层次理解与把握。随后在此基础之上，以定量方法通过探索性与验证性因子分析，对 PPP 项目公私制度逻辑冲突的内涵与结构维度进行再次确认，形成定性研究与定量研究的相互验证。本章的整体研究框架如图 3.1 所示。

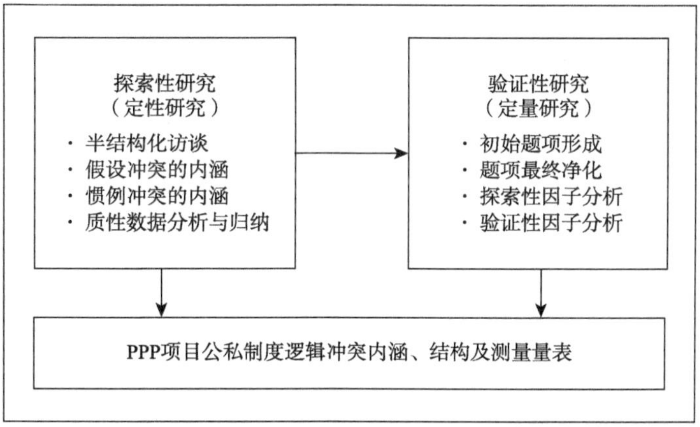

图 3.1　本章的整体研究框架

3.2　PPP 项目公私制度逻辑冲突构念界定

3.2.1　研究方法

介于目前针对 PPP 项目公私制度逻辑冲突这一构念的研究成果有限，且现有研究对于公私制度逻辑冲突的情境化关注程度较低，本书选择了管理学中应用较为广泛的关键事件法与内容分析法，以便更好地对 PPP 项目公私制度逻辑冲突的内涵与结构进行探索。

关键事件法是通过搜集关键事件，并根据内容分析进行分类的一种定性研究方法。关键事件法提供的信息不是具体客观的数字，而是受访者基于关键事件给出的主观意见与印象[210]。该方法要求受访者对重要事件，如事情、过程与议题等进行回忆与描述，包括受访者是如何对事件进行处理的、事件具体经过如何、事件具体结果如何等。关键事件法的目的在于研究者从个体的视角出发，通过认知、情感与行为等不同层面对收集到的关键事件进行分析与解读[211]。相较其他定性研究方法，关键事件法具有以下优点[212]：首先，该方法是从受访者的视角，借助受访者自己的语言对关键事件进行详细描述与具体再现。由于关键事件法允许受访者自主选择与研究主题最相关的事件，这可为研究者提供非常丰富的原始数据。其次，该方法属于归纳研究，允许研究者通过归纳逻辑发展得出相关概念与理论，却又不需要以建立研究假设为前提。因此，对于现有研究较少、认识较为有限的研究问题，或是需要进行大体描述的研究问题，关键事件法可发挥极其重要的作用。最后，该方法为验证性的实证研究提供理论基础。

然而，关键事件法也存在一定的局限性。通常情况下，定性研究适合用于发展新的理论，然而定性研究所获得的理论成果通常不能很好地与定量研究进行对接，因此需要引入其他研究方法以对其进行补充。为了避免定性研究与定量研究之间衔接上的“不兼容”问题，在完成对PPP项目公私制度逻辑冲突关键事件的搜集后，笔者采用内容分析法对搜集到的关键事件进行量化分析。

内容分析法是一种对信息特征进行客观、系统与定量描述的研究方法，是一种编码访谈信息的程序，也是介于定性与定量研究方法之间的一种方法论[213]。内容分析的过程是层层推理的过程，该方法通过将文字、录音等定性资料转化为定量数据，促使研究者进一步挖掘与推理数据背后所隐藏的深层次本质与内涵。以材料内容的“量变”推动研究结果的“质变”，并最终实现定量研究与定性研究之间的优势互补，并可以有效降低分析过程中可能存在的倾向性与主观性[214]。笔者选择了QSR NVivo 11作为内容分析的软件，通过对PPP项目公私制度逻辑冲突事件内容的分析，实现PPP项目公私制度逻辑冲突的构念节点识别、节点分类及节点主题的提炼，并生成初始测量题项，为本书后续的定量数据分析奠定工具基础。

3.2.2 研究设计与实施

在参考了Gremler[212]提出的关键事件法的方法步骤与Krippendorff[215]建议的内容分析法的研究流程后，笔者设计了包含四个步骤的研究过程，并严格遵循这一研究过程完成研究任务，具体流程如下。

1. 问题界定与问卷设计

本章研究中的关键事件是指政府和社会资本在PPP项目的合作过程中，围绕各自价值目标开展协商、交易时所遵循公共利益逻辑与资本利益逻辑的不兼容状态与过程。为了完整覆盖行为事件的各个方面以使研究者了解到PPP项目公私制度逻辑冲突各个方面的信息，并有效避免受访者的社会称许性回答，笔者严格遵循关键事件法的方法步骤[212]。最终经过由 1 名教授与 3 名博士研究生组成的焦点小组的多轮讨论，设计出包含 6 个半结构化题项的调查问卷（见附录 A）。在问卷中，受访者被要求尽可能详细地回忆与描述参与过印象最为深刻的一个 PPP 项目中所发生的公私制度逻辑冲突相关事件。具体问题如下：

（1）请简单介绍一下您个人的相关背景，包括教育背景、工作背景、项目背景等。

（2）请简单介绍一下您所在的企业以及企业开展 PPP 项目的总体情况。

（3）请您对您参与过印象最为深刻的一个 PPP 项目进行回忆，在项目中您所在的企业与政府是否因双方各自所具有的制度逻辑（如假设、价值观与规范）的不同发生过冲突?

（4）冲突发生的时间、地点、人物、情境与原因是怎样的?

（5）冲突是否获得有效解决? 冲突最终是如何解决的?

（6）您如何理解与评价企业与政府之间这种因双方各自所具有的制度逻辑的不同而引发的冲突?

其中，前两个问题的设置是为了使受访者可以迅速进入事件的情境，形成一种良好的问卷回答状态，并以此了解受访者个体及其所在企业的基本情况。第三个问题引入具体的 PPP 项目公私制度逻辑冲突情境。第四个与第五个问题用来收集关键事件的详细信息，以便从中挖掘公私制度逻辑冲突的具体表现，从实践角度探讨 PPP 项目公私制度逻辑冲突的内涵与特点。第六个问题用于收集受访者对 PPP 项目公私制度逻辑冲突的评价，以便进一步了解受访者对 PPP 项目中公私制度逻辑冲突的态度与评价，用以从侧面补充 PPP 项目公私制度逻辑冲突的内涵与特点。

需要注意的是，在本章研究中，一个合格的关键事件必须符合以下 4 项标准。

（1）该事件是涉及政府和社会资本之间的互动；

（2）该事件中出现了公私制度逻辑冲突；

（3）该事件构成了一个独立而完整的情节；

（4）对该事件的描述具体详细，具有高可信度。

此外，关键事件法要求研究者必须明确研究中的分析单元，即用来考察与总结同类事物特征、解释差异的基本单位[216]。本章研究的分析单元是访谈所收集到的单个关键事件，观察单元则是访谈中的受访者。

2. 数据收集与样本描述

研究样本来自国内参与 PPP 项目的社会资本中的员工，这一群体有着与本章研究直接相关的知识背景与丰富的PPP项目实践经验，可以较好地从项目层面理解并阐述PPP项目公私制度逻辑冲突的特点与表征。在调研对象的选取方面，本章研究采用两阶段的样本筛选过程。

（1）典型 PPP 项目社会资本的筛选：一方面，所选取的企业应具有良好的项目绩效水平，尤其是在PPP项目管理方面应有着良好的管理体系；另一方面，为获取充分翔实的调研数据，本章研究以与笔者及笔者所在研究团队有过良好学术交流与合作的企业作为首选对象，同时逐步接触新的企业对象，努力开发与培养可以进行充分交流沟通的合作关系。遵循上述原则，本章研究最终选取 10 家典型企业，企业类型包括中央企业、地方国企与民营企业，这三类企业也是目前我国PPP项目市场的主要参与者。同时，企业类型的多样性也在一定程度上有助于保证访谈数据间的多重验证。

（2）典型项目参与者的筛选：本章研究的目的之一是探究 PPP 项目公私制度逻辑冲突的内涵及维度结构，因而需要受访对象能够较为深入地理解与认识 PPP 项目全生命周期中政府和社会资本之间因双方制度逻辑差异所引发的冲突。因此在选定10家企业的基础上，本章研究从每家企业选取3~5名深度参与过PPP项目的人员作为访谈对象，如企业的高级管理人员、项目经理、项目管理办公室负责人、项目执行主要负责人等多种不同类型人员。遵循上述原则，本章研究最终选取 40 名访谈对象。

正式调研从2018年1月18日开始至2018年11月10日结束，历时近十个月。我们采用半结构化问卷对不同地区的10家企业中的40名员工进行深度访谈。在深度访谈开展之前，两名熟悉PPP项目的博士研究生接受相应的访谈培训，并在后续访谈中扮演访谈者角色。访谈采用面谈方式进行，平均访谈时间为 0.5~1 小时。同时，结合访谈效果与受访者作答情况，访谈者对访谈的具体问题进行适当的扩展与细化，以及访谈时间的适当延长或调整。在经受访者允许的情况下，我们对访谈全过程录音，并对所有受访者及访谈数据进行匿名化处理，以保护受访者的信息及隐私。在每次访谈结束后，两名访谈者在 3 名硕士研究生的协助下将访谈录音进行逐字逐句的转录，结合访谈笔记进行整理，将文字稿转化为文本数据，进而初步分析访谈内容，总结访谈成果。对于未能清晰、准确记录的内容，我们及时与受访者进行回访确认，并对初始访谈提纲进行修订与完善。

研究共发放问卷40份，去除未诚信填写以及未回收问卷7份，共收到有效问卷33份，获取大小为4.2G的录音文件与转录后共计18万字的访谈文本数据。全部文本数据共涉及关键事件87个，其中2人回馈关键事件5个，4人回馈关键事件 4 个，9 人回馈关键事件 3 个，16 人回馈关键事件 2 个，2 人回馈关键事件 1个。全部 33 名受访者的 PPP 项目经验均在 4 年以上，并在项目中有着较好的绩效表现。受访者职位大多为项目经理、项目部部长等从事PPP项目管理工作的企业中层员工，同时也有总经理、副总经理这样的企业高级管理人员。33 名受访者的具体信息如表 3.1 所示。

表 3.1　访谈对象的基本情况表

受访对象	企业	企业类型	职位	日期	时长/小时	回馈事件个数/个
受访者 1	DLJT	地方国企	项目经理	2018/1/18	1	2
				2018/4/15	1.5	3
受访者 2	DLJT	地方国企	项目经理	2018/4/15	1	2
受访者 3	DLJT	地方国企	项目经理	2018/4/15	1	2
受访者 4	DLDT	地方国企	副总经理	2018/4/25	1	3
受访者 5	DLDT	地方国企	项目经理	2018/4/25	1	4
受访者 6	DLDT	地方国企	项目经理	2018/4/25	1	2
受访者 7	GSY	民营企业	项目经理	2018/6/4	2	5
受访者 8	GSY	民营企业	项目经理	2018/6/5	1.5	4
受访者 9	GSY	民营企业	项目部部长	2018/6/5	1	3
受访者 10	ZTWJ	地方国企	总经理	2018/11/4	0.5	1
受访者 11	ZTWJ	地方国企	财务总监	2018/11/4	1	3
受访者 12	ZTWJ	地方国企	项目经理	2018/11/4	1	4
受访者 13	ZTJG	中央企业	投资处处长	2018/11/5	1	2
受访者 14	ZTJG	中央企业	项目部部长	2018/11/5	1	2
受访者 15	ZTJG	中央企业	项目经理	2018/11/5	1	3
受访者 16	ZTJG	中央企业	项目经理	2018/11/5	1	2
受访者 17	ZGJZWJ	中央企业	总经理助理	2018/11/6	1	3
受访者 18	ZGJZWJ	中央企业	项目部部长	2018/11/6	1	2
受访者 19	ZGJZWJ	中央企业	项目经理	2018/11/6	1	2
受访者 20	ZGJZWJ	中央企业	项目经理	2018/11/6	1	2
受访者 21	ZGZTSJ	中央企业	副总经理	2018/11/7	1	2
受访者 22	ZGZTSJ	中央企业	项目部部长	2018/11/7	1	2
受访者 23	ZGZTSJ	中央企业	项目经理	2018/11/7	1	3
受访者 24	ZGZTSJ	中央企业	项目经理	2018/11/7	1	2
受访者 25	ZGJZBJ	中央企业	总经理助理	2018/11/8	1	2
受访者 26	ZGJZBJ	中央企业	项目经理	2018/11/8	1	3
受访者 27	ZGJZBJ	中央企业	项目经理	2018/11/8	1	4
受访者 28	ZGJZBJ	中央企业	项目经理	2018/11/8	1	3
受访者 29	ZTSHTZ	地方国企	项目部部长	2018/11/9	1	1
受访者 30	ZTSHTZ	地方国企	财务总监	2018/11/9	1	2
受访者 31	ZTSHTZ	地方国企	项目经理	2018/11/9	1	2
受访者 32	HXXF	民营企业	副总经理	2018/11/10	1	2
受访者 33	HXXF	民营企业	项目经理	2018/11/10	1	3

3. 编码设计与流程

编码的合理性是正确运用内容分析法的关键环节，笔者在编码流程中包含以下三个关键步骤，以确保编码的准确性与合理性。

（1）节点的确定与分类：节点编码是内容分析中最重要，也是最小的要素，编码单元可以是独立的字、词或段落等，是研究者实际计算的对象。节点的确定包括两种方式：一种是在文本材料收集之前，基于研究问题与相关理论建立内容类别，具体而言，是一种从理论到文本的演绎逻辑；另一种则是从文本到类别的归纳逻辑，是在对数据材料初步分析的基础上建立内容类别。笔者将上述两种逻辑进行结合，即先采用演绎逻辑，依据理论推演与研究假设建立 PPP 项目公私制度逻辑冲突初步的内容类别，即假设冲突与惯例冲突；随后基于归纳逻辑，通过对访谈材料进行编码以对内容类别进行检验与调整，从而形成最终的内容类别。

（2）量化体系的建立：笔者将编码单元按不同特征或属性进行区分，计算得出各个类别的出现频次。在此之前，笔者对编码员进行培训，向编码员详细地解释编码的实施规则与具体流程。同时笔者还向编码员提供实例进行“热身”，从而确保不同编码员间编码的一致性。笔者要求编码员在编码过程中遵循单重归类方法，即将各个编码单元归入最适合与恰当的内容类别中。本章研究邀请 3 名编码员进行独立编码，包括 1 名企业管理研究方向的博士生，1 名项目管理研究方向的博士生与 1 名人力资源管理研究方向的讲师。

（3）数据的可靠性与有效性验证：Andersson 和 Nilsson[217]的研究表明，只要受访者所提供的关键事件是准确、全面、真实的，研究结果就是真实有效的。本章研究收集到的关键事件都是参照清晰明确的访谈提纲，由两名博士研究生历时近 10 个月访谈获得的，关键事件覆盖的信息是准确、全面、真实的，因此研究结果是真实有效的。

内容分析法主要强调两种相互关联的可靠性——类目可靠性与判断者之间的可靠性[218]。类目可靠性是指研究者所建立的类目应详尽互斥，同时编码者应具有相应的胜任力。本章研究的核心构念 PPP 项目公私制度逻辑冲突有着明确的可操作性定义，数据编码有着详细的分类规则与可靠的流程，3 名编码员对 PPP 与制度逻辑相关理论与文献较为熟悉，因此具有很高的类目可靠性。判断者之间的可靠性则采用关键事件法常用的一致性系数进行测量，即 m（编码者之间一致的事件数目）/n（事件的总数目）。在研究中，通常认为 m/n 大于 0.8 就可以接受，大于 0.9 则表示研究结果相当不错[216]。同时，该系数会随着分类类目的增加而下降。本章研究判断者之间的可靠性系数如下：假设冲突的一致性系数为 0.884；惯例冲突的一致性系数为 0.825，均大于 0.8，因此研究结果具有很高的判断者间可靠性。

3.2.3　基于内容分析法的数据编码分析

1. 节点编码

在本章的探索性研究中，我们将通过访谈获得的完整独立的语句作为基本分析单元，所有节点的开发、编码与命名均采用受访者的实际作答，即“生动编码”[219]。笔者随机选取四份访谈材料中的段落进行举例说明，段落中的画线部分就是我们进行内容分析的最小编码单元。在归类过程中，我们遵循单重归类法，即将每一个编码单元归入最适合的内容类别中。如果某个编码单元的含义模糊，且3名编码员中有两名认为该单元难以归入确切的内容类别，我们会将其删除，以保证编码的准确性。

示例1：PPP项目和一般项目比起来没什么不同，不管是习惯还是什么，政府还是拿我们当作项目的乙方。企业和政府之间不存在伙伴关系，政府认为我们还是给他们（政府）打工的。（样本2）

示例2：政府肯定是喜欢过程监督，每天来问问你这问问你那，看看你项目做得怎么样了。相反，企业不喜欢过程监督，我们肯定是喜欢结果监督。你别管我每天在干什么，我最后给你干出来就行了，这是我们企业喜欢的打法。（样本12）

示例3：你看政府的那个招标文件说的，几乎可以说所有的责任都想让企业承担。本来该我（企业）承担的，你都让我承担，然后你还给我加一些乱七八糟的（责任），最后所有的责任都让我们企业承担。（样本20）

示例4：政府总是觉得我们企业来了就是为了赚钱，把我们当作“坏人”，怕我们通过项目获得超额利润。实际你看，目前咱们国家大部分PPP项目都是薄利，甚至有的时候我们企业是不赚钱的。但是我们ZGJZ作为一家央企，很多时候不光是看利润，有的时候也得看看市场占有率和影响力。如果这片市场被别的企业拿下了，我们以后就很难进去了，所以有的时候，我们就算是赔本也得去做。（样本25）

在编码完成后，通过访谈小组的讨论分析，我们对一些在表达意义上具有相似性的内容进行去重归类，如将“双方的动机相背离”与“政府与社会资本的诉求不一样”归类为“双方诉求不一样”。如表3.2所示，我们最终从87个关键事件中共提取62个自由节点，这些节点围绕PPP项目公私制度逻辑冲突展开，反映PPP项目公私制度逻辑冲突各个方面的特征，是探索分析PPP项目公私制度逻辑冲突概念内涵与结构维度的重要素材。其中，材料来源是指包含此编码节点的材料数量。所有的节点也按照其编码来源的文本数量进行从高到低的排序。此外，我们对所有62个自由节点进行检查，甄别节点是否来自单一的访谈文本即单一受访者，以确保节点的有效性。

表 3.2　PPP 项目公私制度逻辑冲突的自由节点

名称	材料来源	名称	材料来源
在政府眼中，我们还是项目的“乙方”	31	政府让我们自己解决配套问题	13
政府不会让企业获得超额利润	31	SPV 公司承担不了这个责任	12
双方地位不平等	31	政府喜欢过程监督	12
政府认为双方诉求不一样	28	有的政府部门不配合	10
大部分项目责任还是在企业身上	28	项目前期缺乏沟通	10
一票否决权	27	项目合同很重要	9
双方不存在伙伴关系	27	企业希望合同具有刚性	9
政府总是想让企业承担更多的项目责任	26	政府不会站在企业的角度为企业考虑	9
变更特别多	26	突发事件上很少考虑我们的意见和建议	9
来自项目前期的限制太多	25	政府特别着急	9
双方权责利不对等	25	政府只会为自己考虑	8
政府很多时候不按项目合同走	24	政府希望 PPP 项目越多越好	8
政府不关心后期运营成本	24	双方在成本配置上有不同认识	7
政府认为企业参与 PPP 项目就是为了盈利	23	很难按企业的打法来做项目	7
政府认为企业要负连带责任	23	手续不全一样让我们开工	7
双方在项目监督上存在分歧	22	很多时候政府都是“先干了再说”	7
工期安排特别紧	22	大部分情况下政府都是独自决策	6
政府认为自己是项目的管理者	22	政府有最高话语权	6
单方面监督	21	让我们自己去找人	5
有的时候需要求着政府	21	“带着施工图招标”现象很普遍	5
政府希望合同越灵活越好	20	政府经常来项目上审查	4
政府的思考是由政绩驱动的	19	政府要求直接中断项目	3
政府不想承担任何项目风险	19	政府缺乏契约精神	3
很多前期工作都没做	17	政府不会跟你讲理的	3
责任分配与合同不匹配	16	突发事件上没有商量的余地	3
政府希望建设成本越低越好	16	我们是给政府打工的	2
企业在项目前期话语权不高	15	政府各个部门之间不说话	2
风险分配与合同不匹配	15	“大是大非”上我们说的不算	1
企业喜欢结果监督	14	政府把我们当作“坏人”	1
政府不考虑变更的后果	13	要求我们无条件配合	1
很多事情早就是定下来的	13	政府对我们是有着提防的	1

2. 节点分类

在完成节点编码后，为进一步明确 PPP 项目公私制度逻辑冲突的内涵，并开发具有可操作性的测量量表，需要对上述 62 个自由节点进行归类。由于访谈资料涉及 PPP 项目公私制度逻辑冲突的整个事件，故自由节点也覆盖 PPP 项目公私制度逻辑冲突的各个方面。通过对访谈资料的概览，为进一步明确 PPP 项目公私制度逻辑冲突的内涵，笔者基于本书第 2 章对 PPP 项目公私制度逻辑冲突的概念界定，通过假设冲突与惯例冲突两个角度对 62 个初始节点进行整理归类，以帮助对 PPP 项目公私制度逻辑冲突的内涵进行剖析，节点的初步分类如表 3.3 所示。

表 3.3　节点的初步分类

假设冲突	惯例冲突
在政府眼中，我们还是项目的“乙方”	变更特别多
政府不会让企业获得超额利润	来自项目前期的限制太多
双方地位不平等	政府很多时候不按项目合同走
政府认为双方诉求不一样	双方在项目监督上存在分歧
大部分项目责任还是在企业身上	工期安排特别紧
一票否决权	单方面监督
双方不存在伙伴关系	有的时候需要求着政府
政府总是想让企业承担更多的项目责任	政府希望合同越灵活越好
双方权责利不对等	很多前期工作都没做
政府不关心后期运营成本	企业在项目前期话语权不高
政府认为企业参与 PPP 项目就是为了盈利	企业喜欢结果监督
政府认为企业要负连带责任	政府不考虑变更的后果
政府认为自己是项目的管理者	很多事情早就是定下来的
政府的思考是由政绩驱动的	政府让我们自己解决配套问题
政府不想承担任何项目风险	政府喜欢过程监督
责任分配与合同不匹配	有的政府部门不配合
政府希望建设成本越低越好	项目前期缺乏沟通
风险分配与合同不匹配	项目合同很重要
SPV 公司承担不了这个责任	企业希望合同具有刚性
政府不会站在企业的角度为企业考虑	突发事件上很少考虑我们的意见和建议
政府只会为自己考虑	政府特别着急
政府希望 PPP 项目越多越好	很难按企业的打法来做项目
双方在成本配置上有不同认识	手续不全一样让我们开工
我们是给政府打工的	很多时候政府都是“先干了再说”

续表

假设冲突	惯例冲突
政府把我们当作“坏人”	大部分情况下政府都是独自决策
政府对我们是有着提防的	政府有最高话语权
	让我们自己去找人
	“带着施工图招标”现象很普遍
	政府经常来项目上审查
	政府要求直接中断项目
	政府缺乏契约精神
	政府不会跟你讲理的
	突发事件上没有商量的余地
	政府各个部门之间不说话
	“大是大非”上我们说的不算
	要求我们无条件配合

其中，假设冲突是政府和社会资本基于各自制度逻辑对PPP项目所持有的不同预期与看法之间的不兼容。假设是由政府和社会资本各自所持有的价值观决定的，而这种价值观又会通过假设在现实中具体再现[188]，因此是一种无法直接观察的观念与意义方面的冲突[68]。惯例冲突则是政府和社会资本基于各自制度逻辑在PPP项目中持有的不同规则、规范或惯例之间的不兼容。惯例是一种囿于规则和习惯的、很少变化的、重复的组织行为模式[190]，是一种自动化与重复化的过程。惯例深深嵌入多种组织现象之中，覆盖组织结构、规则、流程、战略、传统、技术与文化等各个方面，是一种组织层次的隐性知识，也是组织得以建构与运作的基本[191]。相较假设冲突，惯例冲突是一种可以直接观察的组织结构与惯例方面的冲突[17]。尽管 PPP 早已不再是什么新鲜事物，然而目前我国尚未对其进行立法，相关部门只是给出相应指导意见、试行办法与实施细则。政府和社会资本只能参照各自曾经施行、可以仿照办理的做法执行项目。

3.3 PPP项目公私制度逻辑冲突构念测量

3.3.1 研究方法

本章研究采用专家访谈与统计性分析方法，分别用于PPP项目公私制度逻辑冲突构念测量量表的开发与验证。在验证性研究部分，先后运用数据分析软件

SPSS Statistics 22.0 和 SPSS AMOS 24.0 分别进行探索性因子分析与验证性因子分析，以实现对 PPP 项目公私制度逻辑冲突内涵与结构的确定。

3.3.2　研究设计与实施

为实现 PPP 项目公私制度逻辑冲突构念的测量量表的开发及验证，本章研究依据较为成熟且通用的量表开发、验证方法与流程，设计相应的研究及实施过程，具体过程如下。

（1）在前文内容分析研究的基础上，结合相关文献及定性研究资料，对 PPP 项目公私制度逻辑冲突的构念及其维度进行操作化的界定。

（2）在概念及维度操作化界定的基础上，结合现有文献及访谈数据，进行构念测量题项的生成。并通过小组讨论对题项进行审查、筛选与修改，在提升量表题项表面效度与内容效度的同时，形成测量量表的初始测量题项。

（3）开展预调研研究，通过调查问卷获取定量数据，进而通过内部一致性及探索性因子分析，对初始测量题项的信度进行检验，实现初始题项的净化、问卷的初步设计与修正等，为正式调研奠定基础。

（4）采用随机抽样法开展正式调研，在获取调研数据的基础上，对测量量表的信度与效度进行检验，并依据结果对量表进行修订与完善。

（5）生成经检验合格的、具有良好信效度水平的 PPP 项目公私制度逻辑冲突构念测量量表。

3.3.3　测量题项初步生成与净化

鉴于通过内容分析法识别出的自由节点有 62 个，数量较多，且不同节点之间对于反映测量 PPP 项目公私制度逻辑冲突这一概念的能力也存在很大差别，有必要对节点做更进一步的净化，以确保基于内容分析法识别出的 PPP 项目公私制度逻辑冲突的表征的有效性与准确性。

基于频率的一次净化：在对材料进行内容分析后，笔者将全部 62 个初始自由节点存入 Excel 工作簿中，并依据初始自由节点出现的频率从高到低进行排序。这种基于频次的初次节点净化在有效地减少数据数量的同时，还可以保留数据的基本特征。为使题项数量处于一个适于管理的数量级，笔者在节点频次排序后又对节点进行删减。笔者以三个访谈材料作为出处提取节点，这种三个不同材料指向同一个或者相近概念的方式与质性研究中的三角验证思想相仿[220]。在删减 10 个自由节点后，共有 52 个自由节点得到保留。随后，笔者基于每个节点的信息形成相对应的测量题项。这些题项大多直接引用受访者的亲身表述与体验或以此为基础改写而来，以保证题项能够准确反映受访者的真实表达。

基于节点打分的二次净化：为检验剩余 52 个题项是否可以准确表达受访者的真实想法，从而更清晰地理解 PPP 项目公私制度逻辑冲突的概念，笔者通过邮件将 52 个题项发送给 33 位受访者，邀请他们评估每一个题项是否能够具体体现 PPP 项目公私制度逻辑冲突的内涵。每个题项的分数设置为 1~5 分，有 31 位受访者反馈他们对题项的打分情况。笔者对每个题项的打分进行加总平均处理，其中有 10 个题项因得分低于平均数 2.5 而被笔者剔除，最终剩余 42 个题项。

基于焦点小组讨论的三次净化：为进一步保证题项的准确性与代表性，并对题项的表述进行提升，笔者再次组织焦点小组讨论以对剩余的 42 个题项进行三次净化。在整个过程中，笔者遵循 Churchill[221]建议的方法流程。焦点小组的参与者包括 PPP 研究领域的专家学者及博士生，共有 8 名人员参与，其中包括 1 名教授、1 名讲师及 6 名博士研究生。8 名参与者对本章研究设计的测量题项进行阅读，要求他们标记不能理解或表述不清的题项。笔者依据他们的反馈对测量题项进行修改或剔除，并重复此过程直至再无问题反馈。焦点小组讨论结束后，有 36 个测量题项得到保留。随后，为确保题项内容能够准确地反映 PPP 实践，笔者将调整后的 36 个测量题项发送给 8 名从事 PPP 项目管理的实践者，请他们再次对题项进行阅读与评判，进而根据反馈意见做最后一轮的题项修正。

最后，经过上述三个过程的测量题项净化、修正与完善，本项研究共设计 36 个题项的构念初始测量量表（表 3.4），用以测量 PPP 项目公私制度逻辑冲突。

表 3.4 PPP 项目公私制度逻辑冲突初始测量量表

题项
AC1：政府认为我们（企业）参与 PPP 项目的目的是获取资本收益
AC2：政府担心我们（企业）通过该项目获取超额利润
AC3：在该项目中，政府认为我们（企业）的价值诉求与政府的价值诉求是相背离的
AC4：政府认为我们（企业）在项目中应承担更多的责任，即使某些责任理应由政府承担
AC5：政府认为我们（企业）应在项目的特定事项上承担连带责任，即使某些责任理应由 SPV 公司承担
AC6：政府认为政府与我们（企业）应遵照项目合同约定承担相应责任（R）
AC7：政府将我们（企业）看作项目的“乙方”，而非项目的合作者
AC8：政府将自己视为该项目的管理者
AC9：在该项目中，政府将我们（企业）视为地位平等的伙伴（R）
AC10：政府希望在项目的大部分事项上具有一票否决权
AC11：政府认为项目的权力配置不应由项目的股权结构决定
AC12：政府认为政府与我们（企业）的权利应是对等的（R）

续表

题项
AC13：相较项目的全生命周期成本，政府更关心项目的建设成本
AC14：政府希望以尽可能少的建设成本“撬动”尽可能多的PPP项目
AC15：我们（企业）与政府在项目的总体成本配置上意见一致（R）
AC16：政府认为我们（企业）在项目中应承担更多的风险，即使某些风险理应由政府承担
AC17：对于应由双方共同承担的项目风险（如不可抗力等），政府与我们（企业）的责任分配并不合理
AC18：政府认为政府与我们（企业）应遵照项目合同约定承担相应风险（R）
PC1：在项目的准备阶段，我们（企业）的意见与建议对政府而言不重要
PC2：政府会限制我们（企业）在项目前期可研、立项等阶段的参与
PC3：政府相关部门会积极与我们（企业）沟通，共同策划项目实施方案（R）
PC4：相较结果监督，政府更喜欢对项目进行过程监督
PC5：政府与我们（企业）在如何对该项目进行监督方面存在分歧
PC6：在项目的执行过程中，只有政府对我们（企业）的单方面监督，我们很难对政府进行有效监督
PC7：即使相关手续并未获得有关部门批复，政府仍会要求我们（企业）开工或推进项目
PC8：政府对项目进度的安排过紧，导致很多准备工作无法有效开展
PC9：在项目的执行过程中，政府严格遵守项目流程（R）
PC10：政府希望项目契约条款的内容具有高柔性
PC11：政府希望在项目中实现灵活变更
PC12：政府会积极承担变更所带来的责任与成本（R）
PC13：政府认为项目的配套安排（如土地、水、电、气、道路等）应由我们（企业）处理
PC14：在项目的执行过程中，政府积极协调有关部门完善项目税收优惠、价格调整、信贷扶持等机制（R）
PC15：在项目的执行过程中，政府的项目实施机构能够对政府内部有关部门进行有效协调（R）
PC16：面对突发事件，政府会独自进行决策，而不是与我们（企业）商讨后共同决策
PC17：面对突发事件，政府会要求我们中断项目
PC18：面对突发事件，政府不重视我们（企业）的意见与建议

3.3.4　预调研与测量题项净化

1. 问卷编制与数据收集

依据所形成的初始测量题项，本章研究设计并编制用于预调研样本获取的调研问卷（附录B）。问卷主要分为两部分：第一部分包括样本的基本信息，即对样本的性别、受教育程度、年龄、职位、所在企业的性质等信息进行收集，作为对回收数据进行二次筛选的标准，以确保样本数据的有效性与质量。第二部分对PPP项目公私制度逻辑冲突进行测量，采用5级Likert计分方法，一个Likert选项是一个陈述，其中1级表示受访者认为题项所描述的情况完全不符合受访者所参与过的项目的实际情况，5 级表示受访者认为题项所描述的情况完全符合受访者所参与过的项目的实际情况，3 级表示既不同意也不反对。

预调研阶段数据的收集时间为 2018 年 12 月至 2019 年 1 月，样本的获取渠道主要包括校友会成员、EMBA/MBA 学员以及与笔者所在研究团队有过合作关系的企业。同时，以部分调研对象为核心，在其帮助下寻找符合条件的新的调研对象，以进一步拓展样本的收集渠道。同时，以纸质版问卷与电子问卷为主要问卷发放形式，通过访谈、现场、问卷星等多种方式开展问卷发放，发放范围包括北京、辽宁、湖南、广东等地。共计发放问卷 200 份，回收问卷 152 份，其中有效问卷 139 份，有效回收率为 69.5%。问卷具体数据与调研对象基本情况如表 3.5 所示，各地区收集问卷数量基本相当，且调研对象均具有较长的 PPP 项目经历，这也在一定程度上确保了调研数据的可靠性与代表性。

表 3.5 预调研样本基本情况

类别		样本数（N=139）	比例
性别	男	105	75.5%
	女	34	24.5/%
受教育程度	大专及以下	4	2.9%
	本科	72	51.8%
	硕士	61	43.9%
	博士	2	1.4%
年龄	30 岁（不含）以下	71	51.1%
	30 岁（含）以上，不满 35 岁	25	18.0%
	35 岁（含）以上，不满 40 岁	16	11.5%
	40 岁（含）以上，不满 50 岁	24	17.3%
	50 岁（含）以上	3	2.2%
职位	企业高管	16	11.5%
	企业职能部门经理/副经理	22	15.8%
	企业职能部门员工	56	40.3%
	项目公司高管	4	2.9%
	项目经理	25	18.0%
	项目团队成员	16	11.5%
参与过 PPP 项目的数量	1~2 个	41	29.5%
	3~5 个	34	24.5%
	6~10 个	20	14.4%
	11 个及以上	44	31.7%

续表

类别		样本数（N=139）	比例
企业性质	中央企业	61	43.9%
	地方国有企业	38	27.3%
	外资企业	7	5.0%
	私营企业/民营企业	33	23.7%

2. 探索性因子分析

探索性因子分析可以有效识别能够解释测量构念显著变异的题项，是评价新量表开发质量的有效方法。因此，笔者使用 SPSS Statistics 22.0 软件进行探索性因子分析，运用主成分分析，方差最大化正交旋转，并按照特征值大于 1 的标准提取因子计算相关结果。然后依据因子载荷来估计各测量指标是否应该保留，具体结果如表 3.6 所示。

表 3.6　探索性因子分析结果

题项	旋转后的因子载荷									
	因子 1	因子 2	因子 3	因子 4	因子 5	因子 6	因子 7	因子 8	因子 9	因子 10
AC1								0.737		
AC2								0.790		
AC3	0.653									
AC4	0.836									
AC5	0.790									
AC6									0.802	
AC7	0.822									
AC8	0.800									
AC9	0.798									
AC10	0.739									
AC11						0.457				
AC12									0.589	
AC13					0.777					
AC14					0.760					
AC15			0.599							
AC16	0.811									
AC17				0.597						
AC18			0.515							
PC1		0.775								
PC2						0.556				
PC3			0.485							

续表

题项	旋转后的因子载荷									
	因子 1	因子 2	因子 3	因子 4	因子 5	因子 6	因子 7	因子 8	因子 9	因子 10
PC4						0.683				
PC5						0.745				
PC6		0.692								
PC7				0.698						
PC8				0.816						
PC9		0.728								
PC10							0.786			
PC11							0.795			
PC12			0.650							
PC13										
PC14		0.787								0.820
PC15			0.758							
PC16		0.747								
PC17					0.545					
PC18		0.818								

从结果来看，36 个题项可以提取形成 10 个因子，其中因子 1 包含 8 个价值冲突题项，因子 2 包含 6 个惯例冲突题项，其余 22 个题项分散地分布于其余 8 个因子中。为进一步对测量量表进行净化，笔者将这 22 个题项予以剔除。在剔除题项 AC1、AC2、AC6、AC11、AC12、AC13、AC14、AC15、AC17、AC18、PC2、PC3、PC4、PC5、PC7、PC8、PC10、PC11、PC12、PC13、PC15 和 PC17 后，剩余 14 个题项。

随后，笔者再次对剩余的 14 个题项进行探索性因子分析，运用主成分分析和方差最大化正交旋转，并按照特征值大于 1 的标准提取因子计算相关结果，进行 Bartlett’s 球形检验及 KMO 检验。然后依据因子载荷及累积解释方差变异来估计各测量指标是否应该保留，具体结果如表 3.7 所示。

表 3.7 预调研内部一致性信度及探索性因子分析结果

维度	题项	CITC	删除题项后的 Cronbach’s α系数	Cronbach’s α 系数	旋转后的因子载荷	
假设冲突（AC）	AC3	0.574	0.916	0.915	0.648	
	AC4	0.793	0.896		0.838	
	AC5	0.717	0.902		0.793	
	AC7	0.758	0.899		0.823	
	AC8	0.732	0.901		0.798	

续表

维度	题项	CITC	删除题项后的Cronbach's α系数	Cronbach's α系数	旋转后的因子载荷	
假设冲突（AC）	AC9	0.737	0.901	0.915	0.799	
	AC10	0.667	0.906		0.739	
	AC16	0.780	0.897		0.827	
惯例冲突（PC）	PC1	0.676	0.832	0.863		0.768
	PC6	0.554	0.856			0.694
	PC9	0.618	0.842			0.742
	PC14	0.681	0.831			0.790
	PC16	0.648	0.837			0.754
	PC18	0.751	0.819			0.818
Cronbach's α					0.883	
累积解释方差变异					36.058%	61.707%
KMO 检验					0.893	
Bartlett's 球形检验			卡方近似值		1 030.248	
			df		91	
			sig.		0.000	

注：旋转后的因子载荷下面两列：左列代表假设冲突的旋转后的因子载荷，右列代表惯例冲突的旋转后的因子载荷。累积解释方差变异一栏中，左列代表假设冲突的数据，右列代表惯例冲突的数据

从具体结果来看，14 个题项可以提取形成两个因子，累积解释方差变异为61.707%。按照一般要求各测量指标在某一维度中的载荷不应低于 0.60，且在其他维度中的载荷要低于0.40，14个题项能够较好地相互区分并分属于两个因子，这表明两组题项间具有较好的区别效度。同时，两个因子的 Cronbach's α系数分别为 0.915 与 0.863，均大于 0.7，由此证明同一因子的所属题项具有较好的内部一致性。上述结果表明探索性因子分析的结果良好，且与本书前述研究结果形成较好的相互印证，因此本章研究将两个因子分别命名为假设冲突（因子 1）与惯例冲突（因子 2），PPP 项目公私制度逻辑冲突构念的内在结构维度得到初步验证。

3.3.5　正式调研与量表检验

1. 问卷编制与数据收集

预调研结束后，笔者以预调研问卷为基础，在剔除 22 个不合格题项后，使用净化后的 14 个题项，形成正式调研问卷（附录 C）。笔者再次通过纸质版问卷的实地发放与电子问卷的网络发放同时进行数据回收。问卷的发放渠道与预调

研问卷发放渠道基本相同，即通过校友会成员、EMBA/MBA 学员及与笔者所在研究团队有过合作关系的企业等发放问卷。

正式问卷的发放与回收时间为 2019 年 2 月至 2019 年 3 月，共计发放问卷 250 份，回收 208 份，剔除错答、漏答等无效问卷后，最终得到有效问卷 179 份，有效回收率为 71.6%。参考 Chin[222]的研究，样本数量规模应为模型中测量指标构成最多的构念指标数量的 10 倍，而本章研究正式调研获取的有效样本数量也满足这一要求。样本的基本信息如表 3.8 所示。

表 3.8 正式调研样本基本情况

类别		样本数（N=179）	比例
性别	男	139	77.7%
	女	40	22.3%
受教育程度	大专及以下	3	1.7%
	本科	105	58.7%
	硕士	67	37.4%
	博士	4	2.2%
年龄	30 岁（不含）以下	69	38.5%
	30 岁（含）以上，不满 35 岁	38	21.2%
	35 岁（含）以上，不满 40 岁	32	17.9%
	40 岁（含）以上，不满 50 岁	35	19.6%
	50 岁（含）以上	5	2.8%
职位	企业高管	15	8.4%
	企业职能部门经理/副经理	35	19.6%
	企业职能部门员工	75	41.9%
	项目公司高管	11	6.1%
	项目经理	23	12.8%
	项目团队成员	20	11.2%
参与过 PPP 项目的数量	1~2 个	63	35.2%
	3~5 个	44	24.6%
	6~10 个	26	14.5%
	11 个及以上	46	25.7%
企业性质	中央企业	80	44.7%
	地方国有企业	60	33.5%
	外资企业	6	3.4%
	私营企业/民营企业	33	18.4%

2. 内部一致性信度及探索性因子分析

笔者以正式调研获取的数据为基础，按照与预调研阶段相同的方法对正式测量量表进行内部一致性与探索性因子分析，计算结果如表 3.9 所示。

表 3.9　正式调研内部一致性信度及探索性因子分析结果

维度	题项	CITC	删除题项后的 Cronbach's α系数	Cronbach's α 系数	旋转后的因子载荷	
假设冲突（AC）	AC3	0.571	0.910	0.909	0.641	
	AC4	0.780	0.890		0.851	
	AC5	0.710	0.897		0.813	
	AC7	0.751	0.893		0.822	
	AC8	0.710	0.897		0.766	
	AC9	0.734	0.895		0.796	
	AC10	0.650	0.902		0.718	
	AC16	0.765	0.892		0.825	
惯例冲突（PC）	PC1	0.654	0.861	0.877		0.747
	PC6	0.683	0.856			0.787
	PC9	0.665	0.859			0.789
	PC14	0.680	0.856			0.779
	PC16	0.692	0.855			0.762
	PC18	0.738	0.847			0.833
Cronbach's α					0.893	
累积解释方差变异					27.017%	62.216%
KMO 检验					0.898	
Bartlett's 球形检验			卡方近似值		1 357.239	
			df		91	
			sig.		0.000	

注：旋转后的因子载荷下面两列：左列代表假设冲突的旋转后的因子载荷，右列代表惯例冲突的旋转后的因子载荷。累积解释方差变异一栏中，左列代表假设冲突的数据，右列代表惯例冲突的数据

从计算结果可知，KMO 值为 0.898，大于 0.50 的标准，且 Bartlett's 球形检验的卡方近似值为 1 357.239，df=91，sig.=0.000，说明正式调研数据可以并适合进行探索性因子分析。同时，假设冲突与惯例冲突的 Cronbach's α系数、14 个指标的 CITC、因子载荷及累积解释方差变异等指标均满足相应标准要求。由此表明，本章研究中正式调研的测量量表具有较高的内在一致性信度与结构效度。

3. 因子模型检验

为验证 PPP 项目公私制度逻辑冲突构念维度的因子模型结构，笔者对三种竞争性模型进行比较分析，其中包括一阶单因子模型（M1），即所有测量题项均聚合于同一构念；一阶非相关双因子模型（M2），即两维度间互不相关；一阶相关双因子模型（M3），即前文基于内容分析法与探索性因子分析所构建的概念模型，即两维度间相关。结构方程模型有着多种不同的拟合评价指标，笔者在参考现有文献[223]后，选取多个不同类型且性质稳定的评价指标对三种模型进

行分析。具体的模型拟合评价指标如下。

卡方自由度比（χ^2/df）：卡方近似值是由拟合函数转换而来的统计量，反映的是结构方程模型的导出矩阵与观察矩阵之间的差异程度，其作用是检验数据的相关性。卡方检验统计量与样本量的大小密切相关，当样本量越大时，卡方近似值也越大，拒绝一个模型的概率就会随着样本量的增加而增加。因此，为了更加准确地检验模型拟合度，还需要考虑自由度在其中的影响，多数学者建议使用卡方自由度的比值，即卡方自由度比。卡方自由度比越小，则表示模型拟合度越好；反之，卡方自由度比越大，则表示模型拟合度越差。对于其取值标准，Mclver 和 Carmines[223]认为当卡方自由度比小于 2 时，表示模型的拟合效度较为理想。因此，本章研究选择卡方自由度比小于 2 作为标准。

近似误差的均方根（root mean square error of approximation，RMSEA）：RMSEA 是评价模型不拟合的指数，该指标不受模型复杂程度与样本数量大小的影响。Steiger[224]认为，RMSEA 低于 0.10 表示好的拟合，低于 0.05 表示非常好的拟合，而低于 0.01 表示拟合是非常理想的。在本章研究中，笔者采取 RMSEA 小于 0.10 的边界值衡量模型的拟合效果。

规范拟合指数（normed fit index，NFI）、简约规范拟合指数（PRATIO normed fit index，PNFI）与比较拟合指数（comparative fit index，CFI）：NFI 反映假设模型与一个观察变量之间没有任何共变假设的独立模型的差异程度，而 CFI 则反映假设模型与无任何共变关系的独立模型差异程度的量数。NFI 与 CFI 的数值应介于 0 到 1 之间，值越大表示模型适配程度越好，超过 0.90 可以认为模型拟合度良好[225]。PNFI 则表示模型解释观察变量的简洁程度，通常情况下 PNFI 大于 0.50 即表示模型具有较好的简洁度，且匹配程度良好。

拟合优度指数（goodness-of-fit index，GFI）与调整拟合优度指数（adjusted goodness-of-fit index，AGFI）：GFI 反映理论模型的变异数与共变数，能够解释观察资料的变异数与共变数的程度，通常情况下其范围介于 0 到 1 之间，数值越大表示拟合程度越佳。AGFI 是在考虑自由度的基础上计算得出的拟合指数，其数值同样介于 0 到 1 之间，数值越大表示拟合程度越佳。GFI 与 AGFI 在 0.8 以上则表示模型拟合的效果较好。

笔者采用 SPSS AMOS 24.0 软件对三个竞争性模型进行验证分析，具体模型拟合情况如表 3.10 所示。

表 3.10　竞争性模型拟合指数

指标	标准	一阶单因子模型（M1）	一阶非相关双因子模型（M2）	一阶相关双因子模型（M3）
χ^2/df	<2.0	6.805	1.952	1.701
RMSEA	<0.1	0.181	0.073	0.063
NFI	>0.9	0.626	0.893	0.908

续表

指标	标准	一阶单因子模型（M1）	一阶非相关双因子模型（M2）	一阶相关双因子模型（M3）
PNFI	>0.5	0.530	0.755	0.758
CFI	>0.9	0.659	0.944	0.959
GFI	>0.8	0.608	0.895	0.907
AGFI	>0.8	0.466	0.856	0.872

计算结果表明，模型 M1 与模型 M2 的各项拟合指数明显逊于模型 M3，这表明 PPP 项目公私制度逻辑冲突是一个多维度的构念，且两维度之间存在相关关系。相关系数经计算为 0.182，由此可见 PPP 项目公私制度逻辑冲突是由两个相关维度共同构成的构念。同时，由于本章研究中 PPP 项目公私制度逻辑冲突概念模型仅包含两维度，且维度间相关系数小于 0.60，故本章概念模型并不适合提取二阶因子。

通过理论分析发现，假设冲突与惯例冲突的形成基础存在差异，前者源于双方追求价值的不同，而后者则因双方过去行事方法的不同而产生，因此两者不应存在显著的共变关系，即当政府与社会资本之间的假设冲突变大或变小时，惯例冲突并不一定会随之发生变化。综合来看，模型 M3 的一阶相关双因子模型最能准确反映 PPP 项目公私制度逻辑冲突的构念维度结果，可以认为该构念是由存在相关关系的假设冲突与惯例冲突两个维度共同构成的单一构念。一阶相关双因子模型如图 3.2 所示。

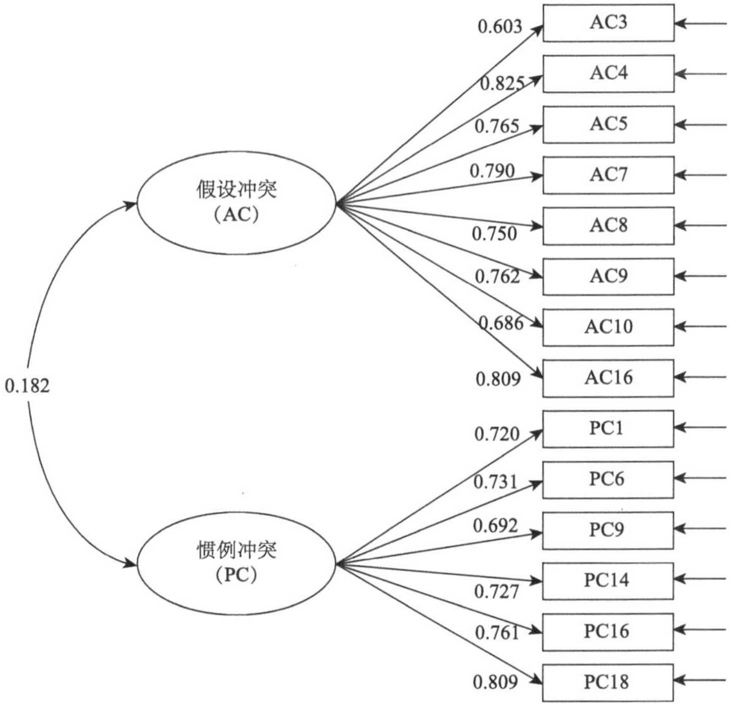

图 3.2　一阶相关双因子模型

4. 收敛效度与区别效度检验

在测量题项与量表的开发过程中，本章研究以文献研读、关键事件法、内容分析法等方式逐步展开，这在一定程度上确保了研究结果的科学性与准确性，进而有效地保证本章研究中测量题项与量表的内容效度。因此，本小节主要检验测量题项与量表的收敛效度与区别效度，具体过程与结果如下。

收敛效度，反映的是同一维度下各个题项之间的相关程度，通常通过检查题项的标准化载荷系数与平均方差提取量（average variance extracted，AVE）进行衡量。结合图 3.2 中的标准载荷来看，各维度测量指标的标准化因子载荷系数分布于 0.603~0.825，均大于 0.50 的临界值[226]，且 P 值均小于 0.001。随后，笔者依据载荷值对两个维度的组合信度（composite reliability，CR）与 AVE 进行计算，结果如表 3.11 所示。由结果可见，假设冲突与惯例冲突的 CR 分别为 0.926 与 0.905，均大于 0.70 的临界值；各维度潜变量的 AVE 值分别为 0.611 与 0.614，均大于 0.50 的临界值[227]。由此表明，本章研究中 PPP 项目公私制度逻辑冲突的两个维度具有较好的收敛效度。

表 3.11　因子 AVE 值的算术平方根、相关系数与 CR

类别	AVE	CR	AC	PC
AC	0.611	0.926	0.782	—
PC	0.614	0.905	0.182	0.783

区别效度，反映的是某一变量中的维度与其他变量维度之间的差异程度，强调维度间是否能够得到良好的相互区分。一般情况下，区别效度的检验主要通过比较每个维度的 AVE 值平方根与两维度间相关系数之间的大小关系。若前者大于后者，则表明变量维度之间具有较好的区别效度。如表 3.11 所示，本章研究中假设冲突与惯例冲突的 AVE 值平方根分别为 0.782 与 0.783，均大于两者间的相关系数 0.182。因此表明，本章研究中 PPP 项目公私制度逻辑冲突的两维度间有着较好的区别效度。

综上，验证性因子分析结果表明，本章研究基于关键事件法与内容分析法开发的 PPP 项目公私制度逻辑冲突测量量表通过信度与效度的检验，能够较为准确、全面、科学地反映 PPP 项目公私制度逻辑冲突的构念内涵与维度结构，为后续研究提供概念与工具基础。

3.3.6　结果讨论

PPP 项目公私制度逻辑冲突是指政府和社会资本在合作过程中，围绕各自价值目标开展协商、交易时所遵循公共利益逻辑与资本利益逻辑的不兼容状态与过程。本章研究表明，PPP 项目公私制度逻辑冲突是一个具有两个核心相关维度的一阶构念，两个维度具体表现为“假设冲突”与“惯例冲突”，具体测量量表如表 3.12 所示。

表 3.12　PPP 项目公私制度逻辑冲突测量题项

维度	题项
假设冲突	在该项目中，政府认为我们（企业）的价值诉求与政府的价值诉求是相背离的
	政府认为我们（企业）在项目中应承担更多的责任，即使某些责任理应由政府承担
	政府认为我们（企业）应在项目的特定事项上承担连带责任，即使某些责任理应由 SPV 公司承担
	政府将我们（企业）看作项目的“乙方”，而非项目的合作者
	政府将自己视为该项目的管理者
	在该项目中，政府将我们（企业）视为地位平等的伙伴（R）
	政府希望在项目的大部分事项上具有一票否决权
	政府认为我们（企业）在项目中应承担更多的风险，即使某些风险理应由政府承担
惯例冲突	在项目的准备阶段，我们（企业）的意见与建议对政府而言不重要
	在项目的执行过程中，只有政府对我们（企业）的单方面监督，我们很难对政府进行有效监督
	在项目的执行过程中，政府严格遵守项目流程（R）
	在项目的执行过程中，政府积极协调有关部门完善项目税收优惠、价格调整、信贷扶持等机制（R）
	面对突发事件，政府会独自进行决策，而不是与我们（企业）商讨后共同决策
	面对突发事件，政府不重视我们（企业）的意见与建议

其中，假设冲突指的是政府和社会资本基于各自制度逻辑对 PPP 项目所持有的不同预期与看法之间的不兼容。假设是由政府和社会资本各自持有的价值观所决定的，而这种价值观又通过假设在现实中具体再现。假设冲突反映的是公私制度逻辑冲突的观念性维度，是一种无法直接观察的观念与意义方面的冲突。惯例冲突则是政府和社会资本基于各自制度逻辑在 PPP 项目中持有的不同规则、规范或惯例之间的不兼容。这种规则、规范或惯例来自政府和社会资本各自曾经施行、可以仿照办理的做法。惯例冲突体现的是公私制度逻辑冲突的实质性维度，是一种可以直接观察的组织结构与惯例方面的冲突。

笔者结合测量量表中的 14 个题项对两个维度做进一步分析。假设冲突维度中的 8 个题项反映 PPP 项目中政府和社会资本之间对项目价值、责任主体认定、公私关系、权力配置与风险分配的预期与估计的不同。在 PPP 项目中，政府的目标是以尽可能少的资源为公众提供尽可能多的公共产品与服务，然而这一目标与社会资本的逐利本性相背离，因此政府对于社会资本潜在的理性行为存在怀疑与警惕。政府希望对社会资本的经营行为进行规范，使其趋向实现正常利润，避免可能的超额收益。同时，尽管政府允许社会资本进入PPP项目并生产公共产品与提供公共服务，然而项目本质仍然是为公众服务，因此政府会“想当然”地假设政府是PPP项目的管理者，公私双方之间依旧是传统的“甲乙方”关系，而并非伙伴关系。此外，在我国大部分PPP项目中，政府只持有项目很少一部分股份，然而政府仍希望在绝大部分项目事项上拥有话语权，甚至一票否决权。政府这种对公私双方“甲乙方”关系的假设也可以解释公私双方在责任主体认定与风险分配上的假设冲突。

惯例冲突维度的6个题项反映PPP项目中政府和社会资本之间在项目前期参与、监督架构、流程安排、配套安排与突发事件决策方面惯例的不同。PPP项目涉及民生福祉，因此很多地方政府更多的是参照已有的由政府主导的公共基础设施项目进行运作。在项目的准备阶段，政府通常独立完成项目的策划和评审工作，“带着设计图招标”的现象屡见不鲜。这在一定程度上限制了社会资本的参与，不利于发挥社会资本在市场方面的优势。相较于社会资本，政府对于项目的监管并不具有较强的专业性，但又“不得不”对社会资本进行监管。相反，在现行制度架构中，社会资本又很难对政府进行有效的监督。在项目的流程方面，政府有着较高的柔性需求，希望以灵活的方式执行项目中规定的内容，以有效应对项目的不确定性；然而社会资本则希望公私之间的调整衔接边界更为刚性，政府和社会资本双方严格遵守项目流程。此外，社会资本希望政府可以与项目以外相关机构对土地、水、电、气和道路等配套设施和项目所需的上下游服务进行协调；而政府则认为社会资本是项目唯一的执行者，上述工作理应由社会资本独自完成。最后，对于项目中的突发事件，政府会依据有关法律、法规、规章、上级人民政府及其有关部门的应急预案以及本地区的实际情况单独进行决策，通常不允许社会资本参与到突发事件的决策之中。然而社会资本作为PPP项目的建设方与运营方，则更希望能够参与到项目突发事件的决策之中。

3.4 本章小结

本书第2章提出PPP项目公私制度逻辑冲突这一概念，为了进一步探索公私制度逻辑冲突对PPP项目社会资本合作行为的影响，本章对PPP项目公私制度逻辑冲突进行构念内涵的解读与测量量表的开发。

本章通过递进式的探索性研究与验证性研究完成对PPP项目公私制度逻辑冲突的概念界定与量表开发。其中，针对现有理论对公私制度逻辑冲突概念与结构解释不够清晰的现状，笔者选择关键事件法与内容分析法，进行基于访谈数据的节点开发与测量题项生成。在上述研究过程中，笔者获得 62 个自由节点，并进行节点的分类与分析，为 PPP 项目公私制度逻辑冲突维度的提炼奠定基础。随后，通过三种节点净化方法，36 个节点得到保留并用于后续的验证性研究。验证性研究是基于大样本的 PPP 项目公私制度逻辑冲突的量表开发，本章研究通过预调研与正式调研分别获得 139 份与 179 份有效数据。笔者对这些数据进行探索性因子分析和验证性因子分析，最终确定 PPP 项目公私制度逻辑冲突的 14 个题项，确认 PPP 项目公私制度逻辑冲突是一个包含“假设冲突”与“惯例冲突”的一阶双维度的构念，并形成相应的测量量表以用于后续研究。以上研究结果对本书提出的第一个研究问题进行回答。

在第 4 章中，笔者将结合具体的 PPP 项目情境，围绕 PPP 项目公私制度逻辑冲突这一构念，探究 PPP 项目公私制度逻辑冲突影响与社会资本合作行为表现之间的内在影响机理，通过社会互依与关系嵌入视角，力求打开联结两者之间关系的“理论黑箱”，并揭示具体的影响机制。

第4章　PPP项目公私制度逻辑冲突对社会资本合作行为影响机理研究

本书第3章揭示PPP项目公私制度逻辑冲突的内涵与结构，并开发了相应的测量量表，对本书的第一个研究问题进行回答，同时也为后续研究提供理论工具基础。然而，正如本书的研究框架部分提出的，作为一种“自上而下”的理论视角，新制度主义理论难以刻画不同制度逻辑之间的矛盾程度及其内在的作用机制。因此，需要借助更为微观层面的理论与结合具体实践情境，探索各要素的内在工作方式以及诸要素的相互联系与相互作用的运行规则和原理，最终发现公私制度逻辑冲突对社会资本合作行为的影响机理。因此，本章在前述研究的基础上，引入社会互依理论与关系嵌入理论，并结合三个不同的典型PPP项目案例，对各项目公私制度逻辑冲突影响与社会资本合作行为表现进行识别，尝试打开两者之间的“理论黑箱”，进而揭示PPP项目公私制度逻辑冲突对社会资本合作行为的影响机理。

4.1　研究设计

4.1.1　研究方法

PPP项目具有周期长、技术复杂、不确定性高等特征[228]。从项目前期政府和社会资本之间的接触、交流与谈判，到项目执行过程中政府的监督管理与社会资本实施项目建设活动，最后到项目运营阶段政府和社会资本之间相互配合并向公众提供公共服务或公共产品，公私制度逻辑冲突一直持续存在并交织于政府和社会资本之间。因此，需要采用能够深入微观机制的研究方法对其内在规律进行探究。

此外，为了探索PPP项目公私制度逻辑冲突与社会资本最终所选择并表现出的合作行为之间的内在联系及其背后的影响机理，必须考虑PPP项目的具体过程与情境。因此，本章研究选择特别适用于探究过程性、情境化研究对象，可以深入解答“How”与“Why”型研究问题的案例研究方法[220]。该方法可以使研究与案例的具体实践情境更加紧密地结合，通过对案例事件及其发展脉络的分析与探讨，深入解读各个构念的具体表现以及彼此之间的内在联系，从而更好地揭示公私制度逻辑冲突对 PPP 项目社会资本合作行为的影响。

4.1.2　研究样本

1. 样本筛选

在案例样本的选择上，本章研究确定三个基本的筛选原则：首先，案例应具有典型性，即要求案例项目的项目类型、规模应具有代表性，这有助于探索 PPP 项目公私制度逻辑冲突作用于社会资本合作行为的一般规律。其次，案例应具有过程性，即尽量选择正在建设或已经顺利运营的PPP项目，以此提升对PPP项目公私制度逻辑冲突影响与社会资本合作行为的过程性关注。最后，案例应具有差异性，即各案例项目在项目类型、规模、公私制度逻辑冲突与社会资本合作行为表现上应存在一定的差异，由此保证后续跨案例分析的充分性。

依据上述原则，本章研究首先在较大范围内建立备选PPP项目案例库（附录D）。笔者在搜集与筛选样本项目的过程中发现，目前我国PPP项目的建设、运营与管理及相关立法并不完善，PPP 项目的规范性、系统性、完备性均有待进一步完善与提升。同时，PPP 项目具有高投入、长周期、高不确定性、高复杂程度等特征，这也进一步加剧项目在执行过程中的风险与不确定性，社会资本与政府基于各自的制度逻辑产生大量的冲突，最终导致社会资本表现出不同的合作行为。随后笔者根据初步调研与访谈结果，兼顾研究资源、资料获取便利性等具体操作条件再做进一步筛选。最终，本章研究从备选案例库中选取三个典型PPP项目作为研究对象，分别为 A 市轻轨项目、B 市特色小镇项目与 C 市高速公路项目，以探讨不同程度公私制度逻辑冲突对 PPP 项目社会资本合作行为表现的影响。案例项目基本情况见表 4.1。

表 4.1　案例项目基本情况

案例项目概况	A 市轻轨项目	B 市特色小镇项目	C 市高速公路项目
项目启动日期	2016 年 5 月	2017 年 12 月	2017 年 6 月
项目所在地	东北	华东	华东

续表

案例项目概况	A市轻轨项目	B市特色小镇项目	C市高速公路项目
项目行业领域	交通运输	城镇综合开发	交通运输
项目规模	大型	中型	超大型
项目付费方式	使用者付费+可行性缺口补贴	使用者付费+可行性缺口补贴	工程总承包+政府补助+政府特殊股份
项目模式	TOT	BOT	BOT
项目所处状态	运营阶段	建设阶段	建设阶段
社会资本类型	民营企业	中央企业	地方国企
社会资本规模	中	大	超大
公私制度逻辑冲突评价	高	低	中
社会资本合作行为评价	一般	好	较好

2. 样本企业概况

A市轻轨项目的社会资本方为X实业有限公司。该公司于2007年11月在辽宁大连成立，公司注册资本2 000万元，是一家以供应轨道交通设备与提供轨道交通综合解决方案为主业的民营企业，具有较强的设备供应能力与轨道交通运营管理能力。该公司与国内多家铁道科学研究院建立了长期战略合作伙伴关系，并依托其拥有的多项国际领先专利技术，为美国、加拿大、澳大利亚、巴西、印度、哈萨克斯坦等国家50余个轨道交通项目提供产品与服务。2016年6月，X公司与德国铁路股份公司在人民大会堂共同签署合作谅解备忘录，双方就工业4.0方面的多个重大项目开展合作，将中德工业4.0方面的合作项目引入国内市场。

B市特色小镇项目的社会资本方为Y公司。该公司于2011年5月在北京成立，公司注册资本120亿元，是一家特大型国有控股企业的全资子公司。Y公司是中国乃至全球最具实力、最具规模的特大型综合建设集团之一，在《财富》杂志的“世界500强企业”“中国企业500强”与《工程新闻纪录》杂志的“全球250家最大工程承包商”中都有着很高的排名。Y公司自成立以来，致力于打造卓越的专业化投资集团，紧紧围绕主营业务，业务拓展迅猛，经营业绩突出。目前，该公司经营足迹遍及中国北京、吉林、新疆、四川、重庆、贵州、云南、江苏、湖南、广西、广东等省（区、市）及厄瓜多尔等多个国家，投资业务领域涵盖铁路、高速公路、轨道交通、市政工程、城市综合开发、土地开发等项目和金融、旅游开发等股权投资类项目，投资规模累计超过4 000亿元。

C市高速公路项目的社会资本方为Z公司，该公司于2001年12月注册成立。2016年7月，该公司与其所在省份的铁路集团合并重组为省级交通投融资平台；2018 年 7 月，该公司又与省商业集团合并重组。Z 公司负责统筹承担全省铁路、高速公路等交通基础设施的投融资、建设与运营管理，并积极参与由省内市县主导的综合交通基础设施项目。Z 公司业务布局主要分为四大板块，其中包括交通基础设施业务、交通关联业务、交通资源综合开发业务与金融业务。截至 2018 年底，Z 公司资产总额 4 119 亿元；2018 年实现营业收入 1 379 亿元、利润总额 91 亿元，并连续 12 年入选中国企业 500 强。

3. 案例项目说明

三个 PPP 项目的所在地、行业领域、规模、付费方式、模式、公私制度逻辑冲突程度与社会资本合作行为评价均存在一定程度的差异。例如，项目 A 为城市内部轨道交通项目，项目 C 为连通多地的高速公路项目，这两个项目分别属于大型与超大型项目，而项目 B 则是核心区为 1.8 平方千米的特色小镇，在规模上相对较小，属于中型项目。同时，三个项目中，项目 A 与项目 C 的项目行业领域均属于交通运输类，而项目 B 属于城镇综合开发类，如果以财政部 PPP 项目数据为统计基础，这两种行业在 2018 年分别有 0.69 万亿元与 0.45 万亿元项目成交，两种行业共占据全部 19 种 PPP 项目行业领域总成交规模的 41.6%，因此具有较好的代表性。在社会资本类型方面，三个项目分别由民营企业、中央企业与地方国企执行，这三种企业类型也是目前我国 PPP 市场的主要参与者。在项目付费方式方面，三个项目的付费方式也不相同，项目 A 与项目 B 均采用使用者付费+可行性缺口补贴，这一付费方式也是目前 PPP 项目运营中的主流付费方式；而项目 C 则采用工程总承包+政府补助+政府特殊股份的特殊付费方式。更为重要的是，各项目的公私制度逻辑冲突评价与社会资本合作行为评价均有所不同。

鉴于本章研究关注的是公私制度逻辑冲突对 PPP 项目社会资本合作行为的影响，上述三个案例的典型性、过程性与差异性能够确保三个案例项目呈现出不同程度的公私制度逻辑冲突与不同表现的社会资本合作行为，这为探究两者之间的关系提供了有效保障，确保研究目的的最终实现。

4.1.3　研究框架

本书的多案例研究旨在探索公私制度逻辑冲突对 PPP 项目社会资本合作行为影响的作用规律，并以此为基础归纳公私制度逻辑冲突对 PPP 项目社会资本合作行为的影响机理。因此，基于对现有文献与理论的回顾，笔者在进行访谈调研之前确定本书多案例研究的研究设计与框架，具体如图 4.1 所示。

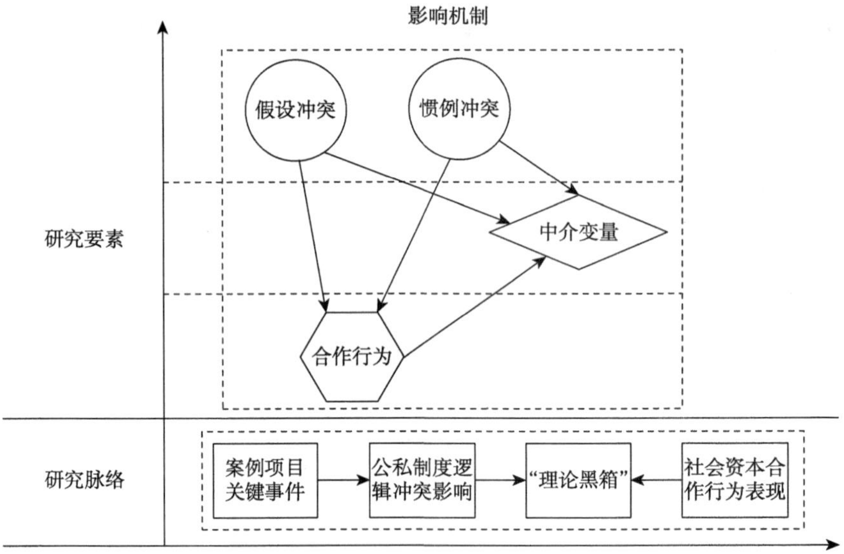

图 4.1 案例研究框架

由于公私制度逻辑冲突贯穿于PPP项目的全生命周期，故笔者没有刻意地选取特定的项目阶段对公私制度逻辑冲突进行研究。同时，鉴于PPP项目的实施过程中涉及的问题与风险较多，案例中通常包含丰富的事件、问题与现象，而在研究中对所有事件进行分析是十分困难而低效的，因此需要更具针对性地对案例项目中的典型关键事件进行提炼。因此，本章研究聚焦PPP项目的全生命周期，首先结合各案例详细信息进行单案例的内部分析，识别并梳理各案例中能够反映公私制度逻辑冲突影响与社会资本合作行为表现的要素与典型的关键事件。其次在此基础之上，探索与归纳两者之间的关系，以此识别公私制度逻辑冲突所影响的因素与社会资本面对冲突最终所采取的回应行为之间的关系，从而解读两者之间的内在关联与作用机理。最后笔者开展多案例间的对比分析，比较各案例的公私制度逻辑冲突要素、社会资本合作行为要素与影响路径，进而归纳PPP项目公私制度逻辑冲突对社会资本合作行为影响的内在作用机理。

4.1.4 研究数据收集

为了确保研究的信度，笔者在数据收集过程中严格遵循案例数据的三角验证与调查者的三角验证原则。基于图 4.1 中的案例研究框架，笔者首先确定半结构化访谈的访谈提纲（附录E），围绕PPP项目实施过程中所发生的关键公私制度逻辑冲突的过程及其影响，事件发生前后社会资本方的态度、合作行为及其对政府方的主观评价等内容，对案例中具有代表性的关键事件进行梳理与分析。

笔者在与目标案例企业的相关负责人取得联系后，对其介绍本次的调研目的与内容，以期获得目标案例企业的调研许可，并与相关负责人协商安排调研时间、地点、对象等具体信息，同时确保每个案例企业的受访者至少为 3 名，以满足案例研究对三角验证的要求[220]。之后，笔者将访谈提纲发送给受访者，帮助受访者提前熟悉调研内容，做好访谈准备，以提升调研的效率和质量，保障一手访谈数据的获取。研究的访谈对象包括企业高管、项目经理、项目成员与职能部门成员等，访谈形式以面对面访谈为主，电话与微信等方式沟通为辅。最后，为保证调研的充分性与有效性，本章研究建立多人调研小组。调研小组以 1 名教授与 3 名博士研究生为核心，多名硕士研究生为辅助。访谈具体实施过程中，结合受访对象情况与访谈时间安排选取人员，组建至少 5 人的访谈小组。核心成员负责对受访者提问与交流，辅助人员则负责访谈数据记录及补充提问等工作。同时，笔者通过企业内部文件、网络新闻报道、企业网站等对二手资料进行搜集，以对访谈数据形成进一步的验证。

访谈中，访谈者向受访者承诺在保证研究客观与准确的前提下，研究者会对涉及企业保密信息、个人信息等不便于公开的数据进行掩饰、替换，甚至放弃。案例调研的时间从 2018 年 1 月持续到 2019 年 4 月，共调研 15 人次，获取了丰富翔实的调研数据。调研访谈基本情况如表 4.2 所示。

表 4.2　调研访谈基本情况

案例项目	时间	受访对象	时长/小时	访谈重点
A	2018 年 1 月	项目经理	1	项目概况；项目中发生的关键公私制度逻辑冲突的经过、影响与结果等；社会资本合作行为的表现；对公私制度逻辑冲突的评价与体会
A	2018 年 6 月	副总经理/项目经理/职能部门成员	1.5/1/1	企业概况；项目概况；与项目所在地政府间的关系；项目中发生的关键公私制度逻辑冲突的经过、影响与结果等；社会资本合作行为的表现；对公私制度逻辑冲突的评价与体会；与政府工作人员间的关系状态
B	2018 年 11 月	总经理助理/项目部部长/项目经理	2/1/1	企业概况；项目概况；与项目所在地政府间的关系；项目中发生的关键公私制度逻辑冲突的经过、影响与结果等；社会资本合作行为的表现；对公私制度逻辑冲突的评价与体会；与政府工作人员间的关系状态
C	2018 年 11 月	项目部部长/财务总监/项目经理	2/1/1	企业概况；项目概况；与项目所在地政府间的关系；项目中发生的关键公私制度逻辑冲突的经过、影响与结果等；社会资本合作行为的表现；对公私制度逻辑冲突的评价与体会；与政府工作人员间的关系状态
B	2019 年 1 月	项目部部长	1	对案例项目部分关键信息进行再确认
C	2019 年 1 月	项目经理	2	对案例项目部分关键信息进行再确认
A	2019 年 4 月	项目经理	2	对案例项目部分关键信息进行再确认

4.2 案例内描述与分析：A 市轻轨项目

4.2.1 项目背景

A 市轻轨项目总投资为 112 亿元，轨道交通运营线路总长为 63.4 千米，其中主线长 49.1 千米，支线长 14.3 千米，全线规划设置 20 座车站，特许经营期为 25 年。该项目将轨道交通存量项目转化为 PPP 模式，是国内城市轨道交通领域第一个存量 PPP 项目，也是民营企业作为社会资本方第一次成功参与的城市轨道交通 PPP 项目。一方面可以减轻当地政府债务压力；另一方面引入社会资本参与运营，可以优化运营成本，提高管理水平。该项目已被列入财政部政府和社会资本合作示范项目名单，因此具有良好的代表性。

项目的实施过程可以分为三个阶段：建设阶段、存量转化阶段与运营阶段。其中，项目工程建设共分四期：一期工程线路全长 46.6 千米，2000 年 9 月开工建设，2002 年 10 月试通车，2003 年 3 月竣工正式通车；二期工程线路全长 2.38 千米，2005 年 10 月实现通车；三期工程内容为新建车站一座，于 2006 年 10 月 30 日竣工；四期续建工程为支线工程，全长共 14.29 千米，于 2008 年 12 月 28 日竣工。

2016 年 5 月，A 市政府启动项目的存量转化，采用竞争性磋商方式公开招募具有投融资、运营、管理能力的社会资本，以尽快置换该项目的 112 亿元投资。最终，一家民营企业 X 公司中标该项目，并作为社会资本运营方与某商业银行共同与当地政府进行存量转化。2016 年 12 月，项目完成 PPP 合同签署。2017 年 2 月，成交社会资本股权转让资金全部到位。2017 年 5 月，A 市政府和 X 公司签署项目特许经营协议，成立 SPV 公司并开始试运营。

项目运行过程中有三个关键利益相关者，即 A 市建设投资集团、市交通局与 SPV 公司。其中，A 市建设投资集团作为该项目的实施机构与政府出资代表，负责项目转型 PPP 模式运作的实施、招募社会资本、组建项目公司等工作。市交通局代表市政府授予项目公司特许经营权，负责行业管理。SPV 公司则负责在经营期内承担项目的融资、资产管理及项目的运营责任。项目公司注册资本金为项目总投资的 20%，其中建设投资集团拥有 49%股权，社会资本拥有 51%股权。该项目社会资本包括金融方投资人（某商业银行）和运营方投资人（X 公司），考虑到该项目为存量项目，因此不含建设期的特点，设定运营方投资人持股比例为 5%。

项目采用使用者付费+可行性缺口补贴的回报模式，由 SPV 公司负责该条线路的运营管理。由于A市政府对公共交通项目设置了限价机制，当使用者付费不足以满足 SPV 公司成本回收和合理回报时，由 A 市政府以财政补贴形式对 SPV 公司进行可行性缺口补贴。

4.2.2　关键事件描述

笔者对A市轻轨项目中具有代表性的关键事件进行梳理与提取，最终获得三个对项目过程产生较大影响，同时能够反映公私制度逻辑冲突对社会资本合作行为影响机理的事件，事件过程具体如下。

1. “一票否决权”之争

2016 年 11 月，正是A市政府与 X 公司谈判的关键时期。然而双方却在“一票否决权”应如何设置问题上互不相让。依据财政部《PPP 项目合同指南（试行）》，政府在项目公司中的持股比例应当低于 50%，且不具有实际控制力及管理权。然而在谈判过程中，A 市政府为了确保公共利益以及对 X 公司的有效监督，提出在 SPV 公司的公司章程中设置“政府方股东的一票否决权”条款。实际合同中涉及 13 条，具体条款内容如下：

（1）对公司增加或者减少注册资本做出决议；

（2）对公司法定公积金转为增加公司资本做出决议；

（3）对发行公司债券做出决议；

（4）对公司合并、分立、解散、清算或者变更公司形式做出决议；

（5）修改公司章程；

（6）对公司对外投资、对外担保、对外借款及融资事项做出决议；

（7）对公司股东转让股权及公司股权结构和股权比例关系的调整做出决议；

（8）对公司由过渡运营期提前转入正式运营期事项做出决议；

（9）对项目公司资产收购及处置或转让资产方案做出决议；

（10）对项目公司年度利润分配及亏损弥补方案做出决议；

（11）对项目公司保险方案以及对保险合同的重要条款进行实质性变更；

（12）审议通过项目公司运营维护模式方案（包括运营委托方案），报政府方批准；

（13）审议通过项目设施的重大维修、更新重置方案，报政府方批准。

然而 X 公司高层认为，在 13 条条款中，仅条款（1）、条款（4）、条款（6）、条款（7）、条款（8）与条款（9）涉及一票否决权，其余 7 条均属于

SPV 公司内部正常经营事项，政府不应设置一票否决权。“政府的想法是，轻轨项目可不是污水处理厂或者是别的小项目，不是小事。政府方又是小股东，必须得有途径约束我们”，X 公司的副总经理提到。X 公司负责该项目的项目经理提到：“在外人看来，这种安排看似既不合法又不合理，但实际上却既合法又合理。《中华人民共和国公司法》（以下简称《公司法》）并不禁止政府设置一票否决权，这是合法的，而公司章程如果规定政府有一票否决权，那也没问题，这就是合理。但是，对我们民企而言，一票否决权太难受了。我们有我们的想法，也有我们的做事方法，但是一票否决权意味着我们就得按政府的想法和打法来操作项目，会影响到我们的正常经营。这种情况下，企业做点什么都挺难。”

X 公司的副总经理谈道：“我们和政府在这个问题上一直没谈拢。一方面政府没经验，之前和我们公司也没有太多交集，大家在关系上比较疏远。另一方面，一票否决权的确是让我们感到难受，做点什么还得经过政府的同意，影响我们的实际发挥。”“最后，双方也都是筋疲力尽，如果不是我们公司在所有投标企业中最有经验，也是最靠谱的，政府比较看重我们，可能这个项目最后我们也做不成”，X 公司的总经理说道。最终，针对“一票否决权”之争，通过 X 公司的争取，政府方通过其他条件的让渡，如将政府按时足额拨付补贴作为 X 公司承担多项额外义务的前提条件，合作双方仍采用上述 13 条一票否决条件。

在上述谈判过程中，X 公司与 A 市政府的合作并不愉快。X 公司的副总经理提到：“PPP 项目的投资大，作为民企，我们的抵御风险能力较弱，和央企以及地方国企比不了。所以不能让政府插手太多的经营相关事项……一旦被项目绑上了，政府又说这个不让做，那个不让做，我们真的是会很难受。但是这次谈判也的确很影响我们和政府的关系，曾经也影响了我们的投资信心，怀疑到底要不要投这个项目。”X 公司的项目经理提到：“政府有政府的考虑，企业有企业的想法，双方站位不同，思考和想法很难融合到一起。如果是央企做这个项目可能会好一些，毕竟他们和政府打交道比较多，关系也更密切。我们私企在这方面的确缺乏优势，和政府合作起来还是比较困难。”

2. 超额利润分配之争

2018 年 6 月，A 市轻轨项目已正式运营了近一年，A 市政府与 X 公司又就项目的超额利润进行了一场“明争暗斗”。如前文所述，该项目的付费方式为使用者付费+可行性缺口补贴，由 A 市政府基于预测客流量对票价进行补贴。特许经营合同约定条件如 4.2.3 节所示。

4.2.3　实际客流量与预测客流量差额的处理办法

在特许经营期内的各运营年度，如果当年实际客流量与预测客流量产生差额，按照如下方式进行处理。

1. 实际客流量低于预测客流量

在特许经营期内的各运营年度，如果当年实际客流量低于预测客流量但不低于预测客流量的95%，政府方不对乙方进行额外补贴；如果当年实际客流量低于预测客流量的95%，由此产生的预测客票收入的95%与实际客票收入差额由政府方给予乙方额外补贴，该额外补贴款项计入第二年首次补贴中一并支付给乙方。

2. 实际客流量高于预测客流量

在特许经营期内的各运营年度，如果当年实际客流量高于预测客流量但不高于预测客流量的 105%，政府方不对乙方减少补贴；如果当年实际客流量高于预测客流量的105%，由此产生的预测客票收入的105%与实际客票收入差额由政府方在第二年首次补贴中扣减。扣减比例按照差额定率累进法计算。具体如下。

（1）当年实际客流量高于预测客流量 105%但不高于预测客流量 110%的部分，由此产生的预测客票收入的 105%与实际客票收入差额的 20%由政府方在第二年首次补贴中扣减。

（2）当年实际客流量高于预测客流量 110%但不高于预测客流量 120%的部分，由此产生的预测客票收入的 110%与实际客票收入差额的 40%由政府方在第二年首次补贴中扣减。

（3）当年实际客流量高于预测客流量120%的部分，由此产生的预测客票收入的 120%与实际客票收入差额的 60%由政府方在第二年首次补贴中扣减。

然而，项目具体涉及两条线路，线路 1 由当地火车站通往当地的一处著名旅游景区，线路A 设置合理，客流培育程度较好，X 公司认为保底分层比例应相应提高，保底线应设置在 80%，而当客流超额 25%~30%才应触发超额利润分配；相较之下，线路 2 客流较差，难以达到预测客流，想要实现超额客流更是难上加难，因此X公司建议至少将保底线设置到95%甚至98%才可以有效分担客流不足所造成的利润风险。

“特许经营合同约定条件中，政府的本意是想通过梯形的分配机制对我们进行激励，同时也对企业可以获得的利润进行控制。然而经过一年的运营，我们发现两条线路差异比较大，这是我们没有预料到的。如果按原约定条件一刀切，对我们企业经营影响比较大”，X 公司的一名财务人员提到。“政府对于这种项目的运营还是不是特别熟悉，在很多问题上趋于理想化。这种情况下，我们企业还是比较难办的”，X公司的副总经理提到。

最后，经过多轮沟通与协商，A市政府与X公司达成了新的协议，决定设立新的调价机制，以保证超额利润的分配符合双方的想法与要求。新的调价机制按X公司建议设定，但在具体数值设定上进行了微调。线路1保底线设置在80%，当客流超额30%才触及超额利润分配；线路2保底线则设置在95%，超额客流则“象征性”地设置在10%。

“双方最终能达成这个协议也不容易，中间经过了多轮讨论与协商。最开始双方都不让步，但是吵架总归是不利于合作的，也影响关系和项目运营。最后双方都在保留各自底线的前提下做出了让步，这个冲突也算得到了解决”，X公司的副总经理提到。

3. 绩效考核改革之争

2019年1月，A市政府决定对轻轨项目的绩效考核进行改革。原有绩效考核标准只是参考A市地铁公司的绩效考核标准，仅仅是约定X公司提供的轨道交通运营服务标准不得低于A市地铁公司的绩效考核标准。2017年项目存量转化完成后，A市政府对SPV公司的绩效考核暂时仍按原标准执行，但并未形成具体的考核打分机制以及如何将其与政府的可行性缺口补贴相挂钩。

本次绩效考核改革中，相较原有绩效考核标准，新增绩效考核包括客运服务、安全管理、卫生管理、信息管理等内容。同时，在借鉴国内外其他城市轨道交通PPP项目绩效考核标准的基础上，A市政府设置绩效奖惩机制与相应的容错机制，希望以此充分调动X公司的积极性并改善项目的运营业绩。新的绩效考核标准计划于2019年3月实施，过渡运营期为3个月。在新绩效考核体系下，项目运营期补贴付费公式具体设定为

运营期付费=最大可用性付费−不可用性扣费−不达标扣费−扣费升级

其中，可用性付费包括资金成本、运营维护费、项目公司管理费等；不可用性扣费为直接扣费，X公司没有补救机会；不达标扣费分为一般不达标扣费与特殊不达标扣费，一般不达标扣费可以在指定时间内进行补救，而特殊不达标扣费不允许补救；扣费升级则根据绩效指标扣费，不合格点数少于250点，最高扣费比例为2.5%，当不合格点数达到500点时，第二区间最高扣费比例升级到10%，后续A市政府还会基于X公司的实际表现设定第三区间和第四区间，第三区间的扣费比例增加到40%，第四区间为一次性扣除当季所有的运维付费。

然而这一决定却遭到X公司管理层的强烈反对。X公司的副总经理谈道，“政府着急考核我们，我们可以理解。但是这个项目是存量项目，比较特殊，不

同于一般的 PPP 项目。我们接手线路的时间也不算长，尽管运营了一段时间，但很多问题还没有摸透。政府搞突然袭击，我们短时间内根本接受不了。这也相当于让企业承担了一部分政府应该承担的风险与责任，更何况有的指标设置太过严苛，过于理想化，能不能达标，我们企业最清楚。短时间内不达标，也只能挨罚。而且三个月过渡期的设置也太短了”。

“最后能怎么办？只能和政府又是一轮一轮地谈，谈到筋疲力尽。到现在我们心里也没底，到底能不能完成目标，总觉得政府对我们还是不够信任”，A 公司的项目经理无奈地谈道。

最后，再次经过多轮沟通与协商，A 市政府与 X 公司达成最终协议：新的绩效考核标准改为 2019 年 6 月起实施，过渡运营期从 3 个月延长至 6 个月。在过渡运营期间，X 公司重新建立资产明细台账，同时对线路全部资产功能现状进行评估，并按照评估情况对设备维修保养计划进行重新制定。同时，政府也一定程度地降低了部分考核项目的分数。“企业和政府之间是相互依赖的，我们目标完不成，政府一样很难实现他们的目标。所以最后大家只能各自让一让，然后再看怎么办”，X 公司的副总经理最后这样评价道。

4.2.4　案例内分析

1. 公私制度逻辑冲突影响的分析

在 A 市轻轨项目中，发生了三个关键公私制度逻辑冲突：“一票否决权”之争、超额利润分配之争与绩效考核改革之争。其中，“一票否决权”之争主要围绕作为小股东的政府在 PPP 项目中是否可以拥有“一票否决权”的假设分歧。政府方认为轻轨涉及民生福祉，为了确保公共利益以及对 X 公司的监督权，SPV 公司的公司章程中应设置政府方股东的一票否决权。然而社会资本方却认为按照资本利益逻辑，项目权力应与项目股权结构相匹配，政府方作为小股东不应享有一票否决权。超额利润分配之争则是以项目价格调整为核心的惯例冲突。政府方倾向“一刀切”的惯例，而社会资本则希望灵活地对待两条不同的运营线路。最后，绩效改革之争是包含风险和责任认定的假设冲突与围绕监督的惯例冲突。政府方希望尽快出台新的绩效考核方案，从而将部分存量阶段遗留的历史问题、风险与责任尽快转交给社会资本方，同时这种绩效考核也是一种单方面的监督，使得社会资本难以认可与接受。

依照社会互依理论与关系嵌入理论，三个关键公私制度逻辑冲突的影响可以具体归纳为两个方面：一方面，公私制度逻辑冲突对 X 公司与 A 市政府之间的目标依赖产生了影响。在“一票否决权”之争中，社会资本 X 公司的副总经理认为，“但是一票否决权意味着我们就得按政府的想法和打法来操作项目，会影响到我们的正常经营”，这种冲突甚至对 X 公司的投资信心产生了影响，怀疑到底要不要对项目进行投资。这种冲突使得 X 公司产生了政府与企业的目标是相互背离的感受，甚至政府目标的实现需要建立在社会资本目标无法实现的基础之上。另一方面，公私制度逻辑冲突也对 X 公司与 A 市政府之间的关系产生了负面影响。在案例中具体表现为，“与政府的关系受到影响”、“合作过程不愉快”以及“感到难受”等。有关 A 市轻轨项目公私制度逻辑冲突影响的归纳与解释如表 4.3 所示。

表 4.3 有关 A 市轻轨项目公私制度逻辑冲突影响的归纳与解释

	典型引用语举例	关键词	归纳与解释
公私制度逻辑冲突的影响	“但是一票否决权意味着我们就得按政府的想法和打法来操作项目，会影响到我们的正常经营” “……也影响了我们的投资信心，怀疑到底要不要投这个项目”	双方目标是否一致，影响正常运营，影响投资信心，对企业经营影响比较大，心里没底	公私制度逻辑冲突对 X 公司与 A 市政府之间的目标依赖产生影响
	“但是这次谈判也的确很影响我们和政府的关系” “……但是吵架总归是不利于合作，也影响关系和项目运营”	不愉快，影响关系，难受，吵架，关系一度很紧张	公私制度逻辑冲突对 X 公司与 A 市政府之间的关系产生影响

2. 社会资本合作行为表现的分析

在三个关键制度逻辑冲突中，X 公司的合作行为缺乏主动性，合作的具体表现形式仅局限于谈判、商讨甚至是争吵，而冲突往往最终都需要政府和社会资本“双方都在保留各自底线的前提下做出了让步”才得以解决。案例中 X 公司作为民营企业对于政府的制度逻辑缺乏了解，也未曾主动地去领会、熟悉与接受政府遵循的制度逻辑。正如 X 公司项目经理最后给出的评价：“政府有政府的考虑，我们有我们的想法，双方站位不同，思考和想法很难融合到一起。如果是央企做这个项目可能会好一些，毕竟他们和政府打交道比较多，关系也更密切。我们私企在这方面的确缺乏优势，合作起来还是比较困难。”因此，在合作过程中，X 公司有意识地将企业与政府的假设、价值观与惯例进行区分，在绝大多数情况下 X 公司与 A 市政府处于一种割裂的“各玩各的”与“各有各的想法，各有各的打法”的状态。有关 A 市轻轨项目社会资本合作行为表现的归纳与解释如表 4.4 所示。

表 4.4 有关 A 市轻轨项目社会资本合作行为表现的归纳与解释

	典型引用语举例	关键词	归纳与解释
社会资本合作行为的表现	“政府有政府的考虑，我们有我们的想法，双方站位不同，思考和想法很难融合到一起” “……最后双方都在保留各自底线的前提下做出了让步”	各玩各的，坚持己见，各有各的想法，各有各的打法	X 公司在合作过程中有意识地将企业与政府的假设、价值观与惯例进行了区分

4.3　案例内描述与分析：B 市特色小镇项目

4.3.1　项目背景

我国对特色小镇模式的探索最早源于浙江省。自 2014 年下半年起，浙江省便开展“特色小镇”的相关研究工作。从 2015 年开始，浙江省将特色小镇建设列入重点工作，并在短时间内获得显著成效。特色小镇模式在浙江省的成功，引起国家的高度重视。2016 年 7 月，住房和城乡建设部等三部委共同发布了《关于开展特色小镇培育工作的通知》[229]，要求到 2020 年，培育 1 000 个左右各具特色、富有活力的休闲旅游、商贸物流、现代制造、教育科技、传统文化、美丽宜居等特色小镇，从国家层面提出要加快构建特色小镇的要求。随后，全国各省市纷纷响应中央政策号召，并结合自身的实际情况，做出适当的调整，制定出台适用于本行政区的特色小镇实施方案。

国家发展和改革委员会、国土资源部、环境保护部、住房和城乡建设部联合发布的《关于规范推进特色小镇和特色小城镇建设的若干意见》[230]中将特色小镇定义为在几平方公里土地上集聚特色产业、生产生活生态空间相融合、不同于行政建制镇和产业园区的创新创业平台。将特色小城镇定义为拥有几十平方公里以上土地和一定人口经济规模、特色产业鲜明的行政建制镇。特色小镇是一种以产业为载体、以政府为主导、以企业为主体、社会共同参与的创新创业发展新模式，是助力城市转型升级、实现城市更新的重要途径。从涉及的主要行业来看，特色小镇分为战略新兴行业和历史经典行业。特色小镇的商业模式主要包括土地一级开发、二级房产开发、产业项目开发、产业链整合开发等。盈利模式包括门票模式、综合收益模式、产业收入模式、资本运作模式等。

B 市特色小镇项目总投资为 58 亿元，总规划面积为 3 平方千米，项目核心区为占地 1.8 平方千米的特色小镇。合作期 33 年，其中建设期 3 年，运营期 30 年。B 市特色小镇以建设财政部 PPP 示范项目与创建文化部文旅特色小镇为目标，利用目前现有的旅游资源基础与产业资源基础，以 B 市特有的民俗文化为依托，在科学规划、统筹兼顾、特色引领的思路指导下，打造新型产业布局，助力 B 市的供给侧结构性改革与传统加工产业的战略转型升级。该项目是江苏省重大项目、省级 PPP 示范项目、省重点及特色城镇保护与发展项目，项目的规范性、代表性与示范性得到了社会各方的高度认可。

2017 年 8 月，Y 公司中标该项目并与 B 市政府签约。Y 公司已进入江苏省工程建设市场二十余年，在省内不同城市中有多个重大投资项目，与B市政府也有着很多交集。Y公司在江苏省良好的项目业绩与口碑也是Y公司中标B市特色小镇项目的因素之一。项目于2017年12月正式开工，截至2018年12月已完成特色小镇配套基础设施框架的全部建设，整体项目已于2020年底完成，项目目前仍处于施工建设阶段。项目建设总投资54亿元，建设期利息约4亿元。项目所需资金采取自筹与银行贷款结合的方式，其中自筹资金 12 亿元，银行贷款 46 亿元。社会资本方Y公司与政府占股比例为8 : 2。同时，当地政府也已开始项目二期的规划。

项目运行过程中有三个关键利益相关者，即城市建设投资集团、Y 公司与特色小镇有限公司（SPV 公司）。其中，B 市政府授权城市建设投资集团作为该项目的实施机构与政府出资代表，负责项目的实施、招募社会资本、组建项目公司等工作。项目建成后收入来源为使用者付费（景区门票与租赁收入）与可行性缺口补贴相结合的混合付费方式。

4.3.2 关键事件描述

笔者对B市特色小镇项目中具有代表性的关键事件进行梳理与提取，最终得到三个对项目过程产生了较大影响，同时能够反映公私制度逻辑冲突对社会资本合作行为影响机理的事件，三个事件的过程具体如下。

1. 规划之争

2017 年 7 月，正是 B 市政府与 Y 公司谈判的关键阶段。然而双方却在项目的规划问题上僵持不下。Y 公司高管认为在该项目上应沿用其所擅长的“酒店+住宅+旅游”的传统开发模式。在 Y 公司看来，旅游业收效相对缓慢，难以在短时间内为企业创造利润，而 B 市政府却不同意 Y 公司的规划方案，认为 Y 公司忽视“特色”在特色小镇建设中的重要性。部分政府干部认为特色小镇一旦与房地产沾边，便会拉高土地成本，对后续产业发展不利，最后有可能在特色小镇内部变成房地产业一家独大，特色小镇最后变成“特色房地产”。更有一部分政府干部怀疑Y公司参与该项目的初衷是以特色小镇为名义，以相对较低的成本从B市政府拿地，是一种“曲线救国”。

就在谈判僵持之际，Y公司高层通过关系了解到这些来自B市政府内部的声音，也意识到在当前严控“假小镇真地产”的大环境下，如果只是简单的拿地-盖房-卖楼模式，B 市政府也很难将该项目授予 Y 公司。此外，如果完全按照传统的经营模式进行操作，B 市特色小镇也将缺乏一个有力的利润支撑点，后续运营过程中 Y 公司也会背负很大的风险。

因此，Y 公司高层积极地改变谈判策略：一方面，考虑到 B 市政府内部对于《关于规范推进特色小镇和特色小城镇建设的若干意见》中“严控房地产化倾向”要求的顾虑，Y 公司主动对项目规划进行多次修改，并向政府表态该项目的房地产会与传统模式下的商业地产开发不同。在谈判中，Y 公司的总经理助理也提到：“我们 Y 公司有着丰富的产业资源和金融资源，在项目的建设运营过程中可以引入这些资源，从而更好地开发、建设和运营特色小镇项目。”另一方面，Y 公司高管也向 B 市政府官员建议应该重新看待特色小镇与房地产的关系，“首先，谁都不能绝对化地拒绝房地产，否则特色小镇的宜居功能便无从谈起，特色小镇又怎可能留得住人才？没有人才，又怎么能推动产业的发展呢？其次，B 市特色小镇的一大卖点是当地的民俗文化，会吸引大量的游客到来，如果没有一定规模和档次的房地产，游客最后住哪呢？因此，根据项目的特点，适当地建设一部分房地产还是很有必要的”。最后，B 市政府打消了顾虑并接受修改后的规划，Y 公司也顺利中标该项目。

在上述谈判过程中，Y 公司表现出友好的态度，在认真理解与领会 B 市政府建设特色小镇的目的后，以项目能够顺利中标为前提，及时地对项目规划进行了合理的调整，站在当地政府的角度提出新的规划建议，最后也在规划中保留一部分地产项目。这也最大限度地降低冲突对双方的不利影响。Y 公司的总经理助理提到：“作为央企，我们太能理解和领会政府的想法和规矩了……我们也明白，这个项目如果想成功，不能只有我们获利。企业获利的基础是政府能够完成他们想要完成的目标，”“做特色小镇项目，企业需要转变角色，不能再只是简单粗暴盖楼卖楼。只有把企业的发展与政府的规划和小镇的运营更好地结合在一起，才能建设好生产、生活、生态三生融合的特色小镇”。Y 公司的一位项目经理提到：“在冲突过程中，我们作为央企和当地政府良好的关系也起到了很大的作用……我在江苏省做了好几个项目，不管是办手续还是走流程都很熟悉……双方关系好的情况下，我们企业也能作出让步，按政府的想法做没有错的，其实最终获益的还是我们企业。”

2. 咨询费用应由谁来付

2017 年 9 月，就在项目协议刚刚签署一个月后，B 市政府提出希望 Y 公司能够承担项目前期发生的项目方案与两评（物有所值评价与财政承受能力论证）的 52 万元咨询费。“这个安排挺特别，我们也是第一次见……咨询工作是发生在协议签署前，这个费用一般是由政府在协议签署后垫付，再计入 SPV 公司股本中。当时协议刚刚签署，SPV 公司尚未成立，政府就让我们企业承担这部分费用，那就是让我们真金白银掏自己腰包付这个费用了。当时我们就认为这个安排不是特别合理”，Y公司的项目部部长提到。

Y公司的总经理助理谈道，“然而，当时B市的XXX提出，《中华人民共和国政府采购法》第二十四条第二条款规定，以联合体形式进行政府采购的，参加联合体的供应商均应当具备本法第二十二条规定的条件，并应当向采购人提交联合协议，载明联合体各方承担的工作和义务。联合体各方应当共同与采购人签订采购合同，就采购合同约定的事项对采购人承担连带责任。此外，《中华人民共和国招标投标法》第三十一条也做了类似规定。政府认为，上述两条法律规定社会资本联合体对政府的连带责任属于法定的连带责任，Y公司作为项目采购人依法招选的供应商应对采购人承担责任。可能当时政府没钱了或没有这部分支出预算，因此这部分理应由SPV承担的费用，最后转嫁到我们头上”。

“我们企业的法律顾问认为，从《中华人民共和国合同法》（以下简称《合同法》）和《公司法》角度进行解读，Y公司作为社会资本无须就PPP项目合同的履行与SPV公司承担连带责任。一方面，《合同法》第八十八条规定，当事人一方经对方同意，可以将自己在合同中的权利和义务一并转让给第三人。因此，SPV公司在签署承继责任的补充协议或重新签署PPP项目合同时，可以明确约定Y公司的权利义务由项目公司承继并由SPV公司独自履行合同义务。另一方面，《公司法》规定的股东有限责任原则，社会资本联合体成员作为SPV公司的股东应以其出资额对SPV公司承担有限责任，而无须再就项目公司的义务对采购人承担连带责任”，Y公司的项目部部长谈道。Y公司的一位项目经理也指出：“如果我们得负连带责任，那么成立SPV公司到底有什么意义？”

然而，Y公司高管在讨论后认为，政府的观点不无道理。《中华人民共和国政府采购法》与《中华人民共和国招标投标法》所规定的是强制性的法定连带责任，而《合同法》和《公司法》更多的是从一种非正式连带责任约定角度对这一冲突的解释。“这种小问题并不是原则问题，我们应该帮政府处理一下，否则影响合作关系，不利于后续工作。最后这52万元咨询费由我们承担”。

Y公司的总经理助理评价道：“企业在项目中实际上是双重身份，我们既是政府的伙伴，也是项目的履约主体。最后还是看企业怎么看待自己在项目中的身份。作为央企，我们更多的是把两种身份兼顾。既要对政府负责，也要对项目负责，更要对企业自己负责。”

3. 废弃造纸厂拆迁应由谁负责

2018年底，有网友在B市政府网上反映特色小镇施工现场周边的一个废旧造纸厂每到阴雨天气就变成了烂泥塘，非常影响周边居民的出行。同时，在项目的建设过程中，Y 公司发现部分道路需要穿越这片废旧造纸厂才能连接附近的高速公路，否则按 B 市对这片区域的现有规划，待特色小镇建成后，到 2022 年才能连通周边道路。在这之前，到访游客都必须借用一条小路才能抵达小镇，出入小镇都十分不方便。这也引发了 B 市政府与 Y 公司就废弃造纸厂拆迁应由谁负责的商讨。

政府方认为，这片区域在特色小镇项目规划之外，如果 Y 公司想建设道路，就需要按招标拍卖挂牌出让程序执行，待 Y 公司中标后再对这片土地进行开发。Y 公司则认为，拆迁废旧造纸厂属于政府方前期工作范围与深度不够以及周边市政规划变化而产生的新的“子项目”，应由政府出面协助解决。尽管双方存在争议，但 Y 公司也派人对这片土地进行了探查，发现该区域虽然名为造纸厂，但实际上原造纸厂早已搬迁，剩下的只是原造纸厂的宿舍区域，土地性质也是居住用地。如果能对这片土地进行重新规划与合理开发利用，可以直接连通小镇与附近的主干道路。相应地，如果再修建停车场、商业、餐饮等配套设施，可以作为特色小镇的一个主要出入口，这种规划设计明显优于原有规划设计。此外，如网友反映的，废旧宿舍区域也不美观，阴雨天气更是会变成烂泥塘，后续也会影响附近居民与未来小镇游客的出行。

于是，Y 公司高层主动与 B 市政府进行多次协商，并基于现行 PPP 政策提供多种解决方案。最终经详细测算与评估，双方同意采取作价入股的形式，由区政府提请对该区域用地性质、技术指标、配套设施等进行调整，将该区域的土地一级开发纳入特色小镇项目之中。后续在公司章程中就土地使用权出资做出相应规定，将土地使用权过户登记于项目公司名下。Y 公司的一位项目经理谈道，“这个结果是一个双赢。这片地后续会有经营收费，想让政府直接出让划拨土地肯定是不可能的，但作价入股符合《公司法》规定的土地使用权作价出资方式，也符合《中华人民共和国土地管理法》的规定。而且这部分开发建设费用也不用政府出，政府肯定是乐意的。在这种双方目标一致的情况下，我们和政府肯定是会互惠互利，互相帮忙的”。

在整个冲突的过程中，社会资本和政府之间进行充分的沟通，建立起有效的协商机制。尽管这一冲突是政府前期工作准备不到位及周边规划变化导致的，但 Y 公司主动为 B 市政府考虑，并提出合理的解决方案，将这一冲突尽快解决。“这个冲突解决得比较好，政府也想开发这片土地，但是想让政府出面、出资肯定是比较困难的。这种事由我们企业来做比较好，一方面我们是专业做这个的，比较擅长；另一方面，对小镇项目也有好处”，Y 公司的项目部部长谈道。“冲突总归是不好的，肯定是伤感情的。但之前建设过程中跟政府关系处得很好，加上都为对方考虑，双方目标是互补的，所以这个问题解决得也快”，Y 公司的总经理助理评价道。

4.3.3 案例内分析

1. 公私制度逻辑冲突影响的分析

在B市特色小镇项目中，发生了三个关键公私制度逻辑冲突：规划之争、咨询费用应由谁来付与废弃造纸厂拆迁应由谁负责。其中，规划之争主要围绕政府和社会资本对特色小镇建设目的理解的不同，B市政府怀疑Y公司最终会将该项目做成“特色房地产”，因此是一种假设冲突。咨询费用应由谁来付则是以责任认定为核心的假设冲突。政府方认为52万元的咨询费应由社会资本承担，而Y公司则认为自己无须就PPP项目合同的履行与SPV公司承担连带责任。最后，废弃造纸厂拆迁应由谁负责这一冲突包含责任认定的假设冲突与突发事件处理的惯例冲突。

依照社会互依理论与关系嵌入理论，三个关键公私制度逻辑冲突的影响同样可以归纳为两个方面：一方面，公私制度逻辑冲突可以对社会资本和政府之间的目标依赖产生影响。在规划之争中，Y公司的总经理助理提到，“……我们也明白，这个项目如果想成功，不能只有我们获利。企业获利的基础是政府能够完成他们想要完成的目标”。在废弃造纸厂拆迁应由谁负责这一冲突中，废弃造纸厂拆迁如果无法得到有效解决，也会影响到Y公司的后续建设。另一方面，公私制度逻辑冲突也对Y公司与B市政府之间的关系产生影响，如Y公司的项目部部长的评价“冲突总归是不好的，肯定是伤感情的”。有关B市特色小镇项目公私制度逻辑冲突影响的归纳与解释如表4.5所示。

表4.5 有关B市特色小镇项目公私制度逻辑冲突影响的归纳与解释

	典型引用语举例	关键词	归纳与解释
公私制度逻辑冲突的影响	“……我们也明白，这个项目如果想成功，不能只有我们获利。企业获利的基础是政府能够完成他们想要完成的目标” “这个问题不解决，很影响我们的建设进度”	影响项目运营，不利于后续工作，影响建设进度	公私制度逻辑冲突对Y公司与B市政府之间的相互依赖产生影响
	“冲突总归是不好的，肯定是伤感情的” “否则影响关系，不利于后续工作”	伤感情，影响关系	公私制度逻辑冲突对Y公司与B市政府之间的关系产生影响

2. 社会资本合作行为表现的分析

在三个关键制度逻辑冲突中，Y公司的合作行为具有很强的主动性，在谈判期间积极了解B市政府内部的想法与顾虑，在SPV公司尚未运行前，主动承担起了相应的责任，在拆迁问题发生后，主动地对土地进行了探查，而冲突最终都是在Y公司主动做出让步或优化后，B市政府也对社会资本进行了配合，也正如Y公司的一位项目经理提到：“……我们企业也能做出让步，按政府的想法做。其实最终获益的还是我们企业。”案例中，Y公司作为国企对于B市政府的“想法与规矩”（制度逻辑）非常熟悉与了解，会积极主动地适应与兼顾政府的制度逻辑并在项目过程中随时做出调整与改变。因此，在合作过程中，Y公司有意识地将企业与政府的假设、价值观与惯例进行结合。在B市特色小镇项目中，Y公司处于一种公私混合互为一体的状态，正如Y公司的总经理助理的评价：“企业在项目中实际上是双重身份，我们既是政府的合作伙伴，也是项目的履约主体。PPP 项目能不能做好，关键一点是企业怎么看待自己在项目中的身份。作为央企，我们更多的是把政府的合作伙伴和项目的履约主体两种身份兼顾。”有关 B 市特色小镇项目社会资本合作行为表现的归纳与解释如表 4.6 所示。

表 4.6 有关 B 市特色小镇项目社会资本合作行为表现的归纳与解释

	典型引用语举例	关键词	归纳与解释
社会资本合作行为的表现	“这种小问题我们应该帮政府处理一下” “在这种双方目标一致的情况下，肯定是会互惠互利，互相帮忙的”	互为一体，为政府考虑，积极主动，互惠互利，互相帮忙	Y 公司在合作过程中有意识地将企业与政府的假设、价值观与惯例进行了结合

4.4 案例内描述与分析：C 市高速公路项目

4.4.1 项目背景

C 市高速公路项目总投资概算为 181 亿元，新建路线由西段与东段组成，全长约 56 千米，工程按 120 千米/小时的双向六车道高速公路标准进行设计建设。项目特许经营期为 29 年，分为建设期与运营期（含收费期）两个阶段，其中建设期为4年，收费期为25年。项目建成后将大大缩短该省内多城市之间的时空距离，方便沿线多地的居民高速出行，对完善国家高速公路网，促进该省海洋经济发展示范区等国家战略的实施具有重要意义。

该项目作为C市的第一个高速公路PPP试点项目，当地市政府专门成立PPP试点工作领导小组，分管副市长任组长，市交通委为项目实施机构，最终成功将该项目列入支撑国家“一带一路”建设的高速公路网，以及财政部PPP示范项目与交通运输部示范案例，并获得交通运输部的资金补助意向函，因此该项目同样具有很强的代表性。

项目由省内的一家地方国企Z公司牵头作为主体，由多家社会资本组成联合体共同出资，与当地政府共同组建SPV公司，SPV公司注册资本为4.5亿元。项目资本金政府出资15亿元，占股比33.33%（不参与分红及清算时的剩余财产分配），社会资本出资30亿元，占股比66.67%。在社会资本出资的资本金中，Z公司出资占社会资本的51%，约为15.3亿元；其他各联合体成员出资占社会资本的49%，约为14.7亿元。

社会资本的投资回报与收益均由运营期收入补偿。运营期收入为通行费收入、政府补贴与其他业务收入（服务区收入、广告收入等）。运营期成本费用包括养护成本、系统维护成本（机电）、人工成本、营运经费、行政经费、税费与财务成本等。

4.4.2 关键事件描述

笔者对C市高速公路项目中具有代表性的关键事件进行梳理与提取，最终得到三个对项目过程产生了较大影响，同时能够反映公私制度逻辑冲突对社会资本合作行为影响机理的事件，事件过程具体如下。

1. 一票否决权还是超级多数

2017年7月，正是C市政府与Z公司谈判的关键时期。然而双方却在一票否决权设置上互不相让。与A市轻轨项目相似，参照财政部《PPP项目合同指南（试行）》的规定，政府在项目公司中的持股比例应当低于50%，且不具有实际控制力及管理权。然而在谈判过程中，C市政府为了确保公共利益以及对Z公司的监督权，提出在SPV公司的公司章程中设置"政府方股东的一票否决权"条款。

"政府的考虑是，政府虽然是小股东，必须得有途径约束企业"，Z公司的项目部部长提到。Z公司的一名项目经理谈道："我们和政府在这个问题上一直是有分歧的。一方面，C市内政府第一次做这么大的PPP项目，缺乏经验。我们之前和当地政府也没有太多交集，双方关系上的确一般。另一方面，一票否决权有的时候太过霸道，也不能是政府说不干就不干吧，那要企业干什么。"在谈判过程中，Z公司提出在项目中采用"超级多数"条款的形式进行监管，即提高C市政府方所持有的董事会席位，以避免引入一票否决权条款。然而C市政府仍不接受这一提议。

“一票否决权上政府始终不让步，这一点让我们也很头疼。我们怕影响中标。最后只能按政府的意思来”，Z 公司的项目部部长说道。针对一票否决权之争，最后双方的解决办法是，针对涉及公共利益与公共安全的事项，如可能造成重大质量、安全责任事故的经营活动，或是 Z 公司不正当理由的停业或歇业等，C 市政府拥有“一票否决权”。其他涉及具体经营的事项，则改为三分之二以上表决权即可通过，但政府可以提出异议。这在一定程度上保留了 Z 公司对于 SPV 公司治理常规事项的决策控制权。

“从合同规定角度讲，SPV 公司的建设、融资、运营等，都属于项目公司自主经营的范围，不属于政府行政监管的范畴。政府如果什么都有一票否决权，就是既当裁判员又当运动员了，这个是犯规的……从政策角度讲，财政部发文提过政府应该减少对微观事务的参与，但是对于这种大项目来讲，政府不放心我们企业也可以理解。所以最后我们只能服从政府的安排”，Z 公司的财务总监评价道。

2. 前期工作风险是否应由 SPV 公司承担

然而，就在 Z 公司中标后，与 C 市政府签订协议之时，双方就前期工作成果在内的所有风险是否应由项目公司承担再次发生了冲突。Z 公司发现项目条款中规定：

“本项目设计由甲方（C 市政府）委托设计单位承担。SPV 公司工程施工具体范围以经批复的施工图纸为准，对于施工图中可能存在的错误、纰漏和设计漏项，SPV 公司需要认真核对，不得以此要求调整合同价款。为加快本项目的推进，甲方（C 市政府）通过公开招标的方式确定设计单位，由 SPV 公司、中标的设计单位及甲方（C 市政府）签订三方设计合同，SPV 公司对设计成果文件承担全部责任，甲方（C 市政府）进行监督和检查，并确认设计费的支付。SPV 公司的设计错误、实施计划等发生的设计和实施改变，不属于变更，应由 SPV 公司承担相应费用进行整改，并在履行相应的审批手续后实施。”

然而，Z 公司高层非常不认可这一条款。“这一条款明显违背合同的相对性原则。政府是缔约当事人，合同不应对合同关系以外的第三人产生法律约束”，Z 公司的财务总监评价道，“即便 SPV 公司将政府方与设计单位的合同权利义务继承转接过来，SPV 公司应该只负支付设计费用的责任，施工图的错误、纰漏和设计漏项应该是设计单位的责任，这已经带了点霸王条款的意思了，不符合常理，也不符合《合同法》的规定”，Z 公司的一位项目经理谈道。

Z 公司高层随后通过一家咨询公司对合同中的风险进行了系统识别与分析，后续又组织企业内部的设计、施工与法务相关人员对合同中风险较大的项目内容提出修改意见、理由及依据。在与C市政府后续的谈判中，Z公司向政府方提出了这些风险较大的项目内容，并认为风险一旦发生，Z公司不应对这些前期工作成果的风险负责任。

“过程还是比较曲折的，一部分内容政府接受，一部分内容政府不接受。对于这些不接受的内容，我们只能坚持。到最后，也只能我们多让一让，变成由双方共同承担责任……政府方面比较强势，项目还没开工，我们也不希望因为合同纠纷最后影响关系……当双方目标一致时，但是关系又不是那么紧密，我们企业只能多让一让，服从政府的安排”，Z公司项目部部长谈道。

“尽管现在已经有PPP项目的合同模板，如财政部的156号文里面给了《PPP项目合同指南（试行）》，国家发展和改革委员会也有一版的指南。这些合同指南都不是强制性的，实际谈判中还得具体看双方是怎么谈的……但是目前来看，大部分PPP项目合同都是明显有利于政府的。在这个问题上我们企业也很无奈，更多的只能是争取，但多数情况下还是得听政府安排。谁也不希望最后因为合同纠纷，影响项目进度，还伤了跟政府的关系和感情”，Z公司的财务总监评价道。

3. 开工之争

2018年12月，项目将开工，然而Z公司的管理层却又遇到了新的麻烦。原来，依据相关法律法规规定，建设工程必须办理完建设工程施工许可证方能开始施工，然而，办理建设工程许可证又有很多前置条件，如项目选址意见、项目用地预审、项目核准、建设用地规划许可证、土地权证办理、安全预评价备案、项目土地招拍挂、建设工程规划许可证等。其中，一方面多个文件仍未得到相关部门批复，另一方面SPV公司虽已成立，但还需要对已有审批手续的主体进行变更，然而这些变更也需要花费一定的时间。由于项目工期紧，C市政府的意见是希望Z公司能够尽快施工，边施工边报建。

“政府方面还是比较着急的，总是想着让我们先干了再说，三天两头问我们为什么不开工。其实我们也想早点开工，但是我们没有建设工程施工许可证就干不了活啊。否则被国土局发现会下来罚款”，Z公司的项目部部长谈道。“如果没按照相关规定履行报批报建程序，即使问题来自政府，SPV公司也得承担相应责任……政府做PPP还是缺乏经验，手续问题都不是那么好解决的，但是政府总觉得SPV公司已经成立了，就可以开工干活了”，Z公司的一名项目经理评价道。

最后，Z公司的解决办法为，部分机具材料入场开始施工。对于政府方面未解决的批复，Z公司专门安排人员落实相关手续与报批，并向相关实施机构书面发函说明具体情况；对于涉及合同主体变更的手续，Z公司立即办理项目法人变更手续。“实际操作起来还是比较麻烦的，有的发放文件都是复印件，我们还得去找政府要一下原件。有的具体项目事项政府只是口头上通知，没有任何文字性的东西，我们还得给政府再次发函确认，有的时候等待时间还比较长。这些都是为了避免将来可能的回款索赔风险”，Z公司的财务总监谈道。

“C市政府还是比较强势的，有领导督战，肯定是希望把项目做好。这一点上我们和政府的想法是一致的……但是，政府还是不了解PPP，和我们企业的打法不一致。同时，我们跟C市政府还是互相缺乏了解，双方还需要互相适应。很多事上还得多磨合，甚至多摩擦。所以在开工问题上，我们还是尽可能地满足政府的要求，但开工这件事还是有风险的，我们也需要保护好自己。在程序上合法合规是我们企业始终需要遵循的基本原则，否则出了问题，最后还得是我们企业承担”，Z公司的项目部部长继续评价道，“最后，又过了一个来月，许可证才下来。现场也干了不少施工的基础工作，这个冲突也算得到了解决”。

4.4.3 案例内分析

1. 公私制度逻辑冲突影响的分析

在C市高速公路项目中，发生了三个关键公私制度逻辑冲突：一票否决权还是超级多数、前期工作风险是否应由SPV公司承担以及开工之争。其中，一票否决权还是超级多数这一冲突主要围绕政府和社会资本对PPP项目权力配置与投融资结构关系理解的不同，C市政府希望能通过一票否决权对社会资本进行有效监管，而Z公司不希望政府通过一票否决权过多地干预项目，因此是一种假设冲突。前期工作风险是否应由SPV公司承担则是以责任认定为核心的假设冲突。政府方认为Z公司中标后应该承担项目前期工作的风险，而Z公司则认为政府是缔约当事人，自己不应承担项目前期工作的风险。最后，开工之争这一冲突是围绕项目流程的惯例冲突。

依照社会互依理论与关系嵌入理论，三个关键公私制度逻辑冲突的影响同样可以归纳为两个方面：一方面，公私制度逻辑冲突对Z公司与C市政府之间的目标依赖产生了影响。一票否决权还是超级多数冲突中，Z公司的项目经理谈道，“我们和政府在这个问题上一直是有分歧的。一是C市内政府第一次做这么大的PPP项目，缺乏经验。我们之前和当地政府也没有太多交集，双方关系上的确一般。二是一票否决权有的时候太过霸道，也不能是政府说不干就不干吧，那要企业干什么”。另一方面，公私制度逻辑冲突也对Z公司与C市政府之间的关系产生影响，如Z公司的财务总监评价道“谁也不希望最后因为合同纠纷，影响项目进度，还伤了跟政府的关系和感情”。有关C市高速公路项目公私制度逻辑冲突影响的归纳与解释如表4.7所示。

表4.7 有关C市高速公路项目公私制度逻辑冲突影响的归纳与解释

	典型引用语举例	关键词	归纳与解释
公私制度逻辑冲突的影响	“一票否决权上政府始终不让步，这让我们也很头疼。怕影响最后中标” “谁也不希望最后因为合同纠纷，影响项目进度”	影响中标，影响项目进度	公私制度逻辑冲突对Z公司与C市政府之间的相互依赖产生影响
	“项目还没开工，我们也不希望因为合同纠纷最后影响关系” “还伤了跟政府的关系和感情”	因为合同纠纷最后影响关系，伤了关系和感情	公私制度逻辑冲突对Z公司与C市政府之间的关系产生影响

2. 社会资本合作行为表现的分析

三个关键制度逻辑冲突中，Z公司的合作行为介于主动与被动之间，冲突发生过程中，Z公司与C市政府进行谈判与商讨，但最后都为了项目目标的实现，服从了政府的意志。一方面，这与C市政府的强势有关；另一方面，也与Z公司和C市政府“双方关系上的确一般”有关。因此，在合作过程中，Z公司在合作过程中服从了政府的假设、价值观与惯例。在C市高速公路项目中，项目始终是由政府的公共利益逻辑所主导，企业的资本利益逻辑更多的是对公共利益逻辑让步与服从。有关C市高速公路项目社会资本合作行为表现的归纳与解释如表4.8所示。

表4.8 有关C市高速公路项目社会资本合作行为表现的归纳与解释

社会资本合作行为的表现	典型引用语举例	关键词	归纳与解释
	“我们企业只能多让一让，服从政府的安排” “当双方目标一致时，但是关系又不是那么密切时，我们企业只能多让一让，服从政府的安排”	服从、听政府的，让一让，只能这样	Z公司在合作过程中服从政府的假设、价值观与惯例

4.5 跨案例分析

基于案例内分析，笔者对三个案例项目进行了归纳对比，识别了“公私制度逻辑冲突–公私混合状态–社会资本合作行为”的作用机理模型，具体如下。

4.5.1 公私制度逻辑冲突与公私混合状态

关于“混合”的研究在人类学、语言学与社会学研究中都有着悠久的历史，近些年来这一概念也被引入组织研究之中[231]。混合描述的是将不同元素或属性混合，以形成新的组合形式[232]。在英语中，由混合作为词根可以引申出三个概念：“混合物”（hybridity）、“混合化”（hybridization）与“使混合”（hybridize），这三个概念分别特指混合的结果（混合物）、混合的状态（混合化）与混合的行为（使混合）。其本意都没有离开混合的原意，只是从不同的角度对混合进行描述。在组织研究中，学者们将混合带入组织情境中并与传统的研究主题组成新的构念，如混合结构[233]、混合治理[234]、混合组织认同[235]与混合组织[86]等，这些构念都可以被看作一种混合状态。

在本章研究中，三个案例项目的社会资本是处于不同的公私混合状态。鉴于PPP 项目的特殊性，社会资本在遵循其固有的资本利益逻辑的同时，还需要对政府的公共利益逻辑进行兼顾，甚至在某些情况下需要做出一定的牺牲与让步，以确保项目目标的最终实现。因此，作为一种反身性的自我问询[236]，社会资本的公私混合状态是社会资本在PPP 项目中追求资本利益最大化的同时，如何看待与处理其自身与政府所追求的公共利益的关系。高公私混合状态代表着社会资本将公共利益看作企业需要在PPP 项目中兼顾的一部分，而低公私混合状态则意味着社会资本并未将公共利益看作企业需要在PPP 项目中兼顾的一部分，甚至将之视为对立面。需要注意的是，公私混合状态既是一种结果，也是一种意义建构的过程[237]。公私混合状态与组织认同[238]这一构念有一定的相似之处，都可以用来回答“组织是谁”[238]，进而回答“组织做什么”这一问题[239]。

基于对三个案例的归纳对比，笔者将公私制度逻辑冲突影响与社会资本合作行为之间的“黑箱”归纳与总结为社会资本与政府的相互依赖和社会资本与政府的关系嵌入两个因素，归纳结果与解释见表 4.9。

表 4.9　社会资本与政府的相互依赖和关系嵌入的归纳结果与解释

典型引用语举例	关键词	构念	解释
“……也影响了我们的投资信心，怀疑到底要不要投这个项目”（案例 A） “……我们也明白，这个项目如果想成功，不能只有我们获利。企业获利的基础是政府能够完成他们想要完成的目标”（案例 B） “一票否决权上政府始终不让步，这让我们也很头疼。怕影响最后中标”（案例 C）	双方目标是否一致，影响正常运营，影响投资信心，对企业经营影响比较大，心里没底（案例 A） 影响项目运营，不利于后续工作，影响建设进度（案例 B） 影响中标，影响项目进度（案例 C）	社会资本与政府的相互依赖	社会资本感知己方目标的实现是否需要建立在政府目标实现的基础之上
“但是这次谈判也的确很影响我们和政府的关系”（案例 A） “冲突总归是不好的，肯定是伤感情的”（案例 B） “项目还没开工，我们也不希望因为合同纠纷最后影响关系”（案例 C）	不愉快，影响关系，难受，吵架，关系一度很紧张（案例 A） 伤感情，影响关系（案例 B） 因为合同纠纷最后影响关系，伤了关系和感情（案例 C）	社会资本与政府的关系嵌入	社会资本感知到的与政府之间的信任、信息共享与问题共同解决

社会资本与政府的相互依赖描述社会资本感知到的公私双方指向目标的努力

对对方目标的达成是起到促进还是阻碍的作用。高相互依赖与 Johnson 等[240]基于社会互依理论提出的正向互依内涵相似，即社会资本感知到己方目标的实现是需要建立在政府目标实现的基础之上的；低相互依赖则更趋向负向互依的含义，即社会资本感知到己方目标的实现是需要建立在政府目标无法实现的基础之上的[127]。社会资本与政府的相互依赖是社会资本公私混合状态中更偏向目标，也更为正式的一面。

社会资本与政府的关系嵌入则描述社会资本感知到的与政府之间的信任、信息共享与问题共同解决，这与 Granovetter[150]提出的关系嵌入意义相近，强调社会资本与政府之间的行为策略受两者关系强弱程度的影响。相较社会资本与政府的相互依赖，社会资本与政府的关系嵌入在社会资本公私混合状态中更偏向关系，也有相对更非正式的一面。

基于上述分析，公私混合状态的表现可以归纳和划分为社会资本与政府的相互依赖及关系嵌入两个维度，即目标混合的状态与关系混合的状态。当公私制度逻辑冲突发生时，基于社会资本与政府的相互依赖和关系嵌入两个维度不同状态的组合，可以得出三个案例项目中社会资本所处的三种不同公私混合状态。

低相互依赖-低关系嵌入，X 公司在项目执行过程中，与 A 市政府频繁发生矛盾与冲突，这也使得X公司管理层一度怀疑“政府是否与自己站在同一条战线上”“双方目标是否一致”，因此与当地政府有着较低的相互依赖。同时，X 公司作为一家民企，与 A 市政府交集相对较少，这也使 X 公司与 A 市政府之间有着较低的关系嵌入。

高相互依赖-高关系嵌入，Y 公司在项目执行过程中，尽可能地为 B 市政府考虑，始终认为双方的目标是一致的，因此与 B 市政府有着很高的相互依赖。同时，Y 公司已进入江苏省工程建设市场二十余年，在省内不同城市参与过多个重大投资项目，与B市政府也有着很多交集，因此Y公司与B市政府有着很强的关系嵌入。

高相互依赖-低关系嵌入，Z 公司在项目执行过程中，与 C 市政府目标高度一致，都想尽快完成高速公路项目。尽管C市政府较为强势，与Z公司发生了大量的制度逻辑冲突，但合作双方始终是有着一致的目标，因此Z公司与C市政府是有着较高的相互依赖。然而，Z 公司第一次在 C 市做项目，双方之间缺乏一定的了解，因此有着相对较低的关系嵌入。

4.5.2 公私混合状态与社会资本合作行为

在访谈过程中笔者发现，当公私制度逻辑冲突发生时，社会资本所处的公私混合状态与其所最终所采取的合作行为有着很强的关联。在两种不同维度组合下，处于不同公私混合状态的三个案例企业分别采取区分式合作、结合式合作与服从式合作三种不同类型的合作行为。三种类型的合作行为的典型引用语举例、关键词、构念与解释在表 4.10 中开列。

表 4.10　三种社会资本合作行为的归纳结果与解释

典型引用语举例	关键词	构念	解释
“政府有政府的考虑，我们有我们的想法，双方站位不同，思考和想法很难融合到一起”（案例 A） “……最后双方都在保留各自底线的前提下做出了让步”（案例 A）	各玩各的，坚持己见，各有各的想法，各有各的打法（案例 A）	区分式合作	社会资本在合作过程中有意识地将自己与政府的假设、价值观与惯例进行区分
“这种小问题我们应该帮政府处理一下”（案例 B） “在这种双方目标一致的情况下，肯定是会互惠互利，互相帮忙的”（案例 B）	互为一体，为政府考虑，积极主动，互惠互利，互相帮忙（案例 B）	结合式合作	社会资本在合作过程中尽可能地将自己与政府的假设、价值观与惯例进行结合
“我们企业只能多让一让，服从政府的安排”（案例 C） “当双方目标一致时，但是关系又不是那么密切，我们企业只能多让一让，服从政府的安排”（案例 C）	服从、听政府的，让一让，只能这样（案例 C）	服从式合作	社会资本在合作过程中服从政府的假设、价值观与惯例

在 A 市轻轨项目的三个关键制度逻辑冲突中，X 公司的合作行为缺乏主动性，合作的具体表现形式仅局限于谈判、商讨甚至是争吵，而冲突往往最终都需要政府和社会资本“双方都在保留各自底线的前提下做出了让步”才得以解决。案例中 X 公司作为民营企业对于政府的制度逻辑缺乏了解，也未曾主动地去领会、熟悉与接受政府遵循的制度逻辑。正如 X 公司项目经理最后给出的评价：“政府有政府的考虑，我们有我们的想法，双方站位不同，思考和想法很难融合到一起。如果是央企做这个项目可能会好一些，毕竟他们和政府打交道比较多，关系也更密切。我们私企在这方面的确缺乏优势，合作起来还是比较困难。”因此，在合作过程中，X 公司有意识地将企业与政府的假设、价值观与惯例进行区分，绝大多数情况下 X 公司与 A 市政府处于一种割裂的“各玩各的，坚持己见，各有各的想法，各有各的打法”的状态。

相较之下，Y 公司的合作行为则具有很强的主动性，冲突最终往往都是在 Y 公司主动做出让步或优化后，B 市政府也对企业进行响应。在案例中，Y 公司作为国企对于 B 市政府的“想法与规矩”（制度逻辑）非常熟悉与了解，会积极主动地适应与兼顾政府的制度逻辑并在项目过程中随时做出调整与改变。Y 公司与

B 市政府良好的关系，也同样使政府和社会资本之间能够进行充分的沟通，建立起了有效的协商机制。在 B 市特色小镇项目中，Y 公司是处于一种公私混合、互为一体的高公私混合状态。

最后，Z 公司的合作行为介于主动与被动之间。在冲突发生过程中，Z 公司会尝试与 C 市政府进行谈判与协商，也做出相应的积极努力，但最后都为了确保项目进展，服从政府的制度逻辑。因此，在 C 市高速公路项目中，项目始终是由政府的公共利益逻辑所主导的，企业的资本利益逻辑更多的是对公共利益逻辑做出让步与服从。

基于对三个案例项目的比较，笔者发现社会资本的公私混合状态决定了其所最终采取的合作行为。低相互依赖-低关系嵌入的 X 公司选择区分式合作，在合作过程中有意识地将其自身与政府的假设、价值观与惯例进行区分；高相互依赖-高关系嵌入的 Y 公司在合作过程中则尽可能地将社会资本的资本利益逻辑与政府的公共利益逻辑进行了融合，因此采用的是一种结合式合作；而高相互依赖-低关系嵌入的 Z 公司在合作过程中更倾向服从政府的假设、价值观与惯例，因而采取的是一种服从式合作的策略。图 4.2 展示了三种公私混合状态所对应的三种社会资本合作行为。

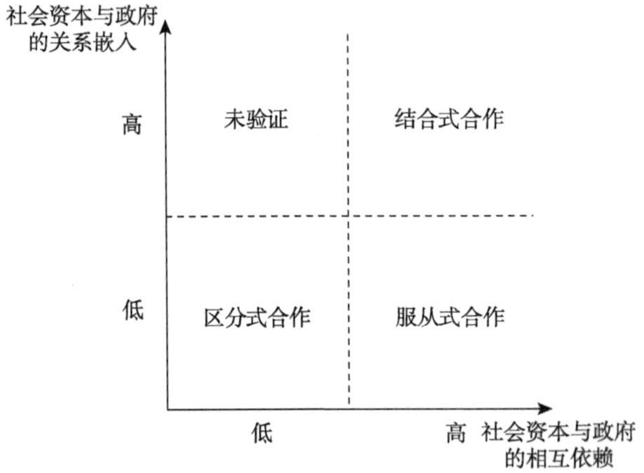

图 4.2　三种公私混合状态所对应的三种社会资本合作行为

4.6　本章小结

本章对 PPP 项目公私制度逻辑冲突对社会资本合作行为影响的内在机理进行了探索性研究。首先，通过规范的案例筛选过程，笔者选择三个不同的 PPP 项目作为研究案例，对案例项目中的关键制度逻辑冲突进行识别与提取。在对各项目公私制度逻辑冲突影响与社会资本合作行为表现进行识别与分析的基础上，形成了多案例间的归纳与对比。

其次，按照公私制度逻辑冲突影响–社会资本合作行为表现的分析逻辑，笔者开展案例内分析与跨案例分析，研究结果表明：第一，公私制度逻辑冲突会对社会资本的公私混合状态产生影响，公私混合状态进而会影响社会资本合作行为；第二，公私混合状态的表现可以归纳与划分为社会资本与政府的相互依赖和关系嵌入两个维度，即目标混合的状态与关系混合的状态；第三，基于社会资本与政府的相互依赖和关系嵌入两个维度不同状态的组合，可以得出社会资本处于的三种不同公私混合状态，包括低相互依赖–低关系嵌入、高相互依赖–高关系嵌入与高相互依赖–低关系嵌入；第四，社会资本的公私混合状态决定了其最终所采取的合作行为。处于低相互依赖–低关系嵌入的社会资本更倾向选择区分式合作，在合作过程中有意识地将其自身与政府的假设、价值观与惯例进行区分。处于高相互依赖–高关系嵌入公私混合状态的社会资本在合作过程中更多的是采用结合式合作，尽可能地将社会资本的资本利益逻辑与政府的公共利益逻辑进行融合。高相互依赖–低关系嵌入的社会资本在合作过程中更倾向服从政府的假设、价值观与惯例，因而采取的是一种服从式合作的策略。以上研究结果对本书的第二个研究问题进行回答。

在第 5 章中，笔者将结合现有理论与第 4 章研究发现，以统计实证研究方法开展相关研究与探讨，在构建各构念之间的关系假设与模型的基础上，通过研究设计、假设检验、结果讨论等过程，检验并深入地解释 PPP 项目公私制度逻辑冲突对社会资本合作行为的各条作用路径。

第5章 PPP项目公私制度逻辑冲突对社会资本合作行为作用路径研究

本书第 4 章对 PPP 项目公私制度逻辑冲突对社会资本合作行为影响的内在机理进行探索性研究，揭示“公私制度逻辑冲突–公私混合状态–社会资本合作行为”三者之间的内在关联，发现三种不同的社会资本合作行为。为进一步检验 PPP 项目情境下，公私制度逻辑冲突、社会资本与政府之间的相互依赖和关系嵌入以及社会资本合作行为四个构念之间的内在联系与影响，本章结合现有理论与第 4 章研究发现，以统计实证研究方法开展相关研究与探讨。在构建各构念之间的关系假设与模型的基础上，通过研究设计、假设检验、结果讨论等过程，检验并深入地解释 PPP 项目公私制度逻辑冲突对社会资本合作行为的各条作用路径，具体内容如下。

5.1 研究假设与模型构建

5.1.1 公私制度逻辑冲突–社会资本合作行为

制度逻辑是关于如何解释组织的现实，什么构成组织的适当行为以及组织如何获取成功的一组通常为隐性的假设、价值与规范[68]。制度逻辑在宏观上表现为一套稳定的制度安排，而在微观上则表现为能够影响与塑造组织及组织中个体的行为模式，进而形成特定的行为准则[16]。然而，组织是嵌入在多元化的制度环境之中的。多元化不仅意味着同一组织场域中多种制度逻辑的同时并存，更为关键的是这些制度逻辑之间往往又存在差异，而每种制度逻辑的存在意味着其自身的理性，因此制度逻辑之间容易产生冲突，PPP 项目恰好是一个最为典型的组织场域。

社会资本的资本利益逻辑与政府的公共利益逻辑在 PPP 项目组织场域中并

存，两者之间又有着差异与不兼容，因此容易引发公私制度逻辑冲突。对公私制度逻辑冲突进行深入探索，有助于理解社会资本是如何对冲突进行回应，从而促使社会资本在面对公私制度逻辑冲突时，仍然愿意采取合作行为，从而与政府共同化解冲突。具体来看，公私制度逻辑冲突的两个维度，假设冲突与惯例冲突对社会资本合作行为有着不同的作用路径，具体分析如下。

1. 假设冲突–社会资本合作行为

依据第 3 章的研究，假设冲突指的是政府和社会资本基于各自制度逻辑对 PPP 项目所持有的不同预期与看法之间的不兼容，是一种无法直接观察的观念与意义方面的冲突。政府和社会资本之间的假设冲突源自双方对什么是 PPP 项目中具有合法性的目标的定义[189]。例如，在第 4 章研究中，A 市轻轨项目中的“一票否决权”之争主要围绕政府在 PPP 项目中作为小股东是否可以拥有“一票否决权”的假设分歧。政府方认为轻轨涉及民生福祉，为了确保公共利益以及对 X 公司的监督权，SPV 公司的公司章程中应设置政府方股东的一票否决权，然而社会资本方则认为按照资本利益逻辑，政府方作为小股东不应享有一票否决权。

当假设冲突发生时，社会资本与社会资本中的成员意识到组织场域中存在着对同一事物不同的预期和看法，原有的一些看起来理所应当、习以为常的假设受到挑战与冲击[241]，甚至还会对社会资本的组织认同产生威胁[40]。因此，社会资本需要在资本利益逻辑与公共利益逻辑中进行一定程度的战略选择[242]。例如，在 C 市高速公路项目中，Z 公司项目部部长谈道：“过程还是比较曲折的，一部分内容政府接受，一部分内容政府不接收。对于这些不接收的内容，我们只能坚持。到最后，也只能我们多让一让，变成由双方共同承担责任……政府方面比较强势，项目还没开工，我们也不希望因为合同纠纷最后影响关系……当双方目标一致时，但是关系又不是那么紧密，我们企业只能多让一让，服从政府的安排。”究竟是坚持其所固有的基于资本利益逻辑的假设，还是服从政府的基于公共利益逻辑的假设，抑或是将两种看似对立的假设进行一定程度的结合，会为社会资本如何对公私制度逻辑冲突进行回应提供指导[39]。

当假设冲突的数量不断增加或强度持续提高时，社会资本需要不断地进行这种战略选择，很容易会引发对政府的项目动机或者承诺的怀疑。同时，社会资本对于冲突的态度会作用于社会资本的主观能动性，从而直接影响其行为[77]。因此，当政府和社会资本之间的假设冲突较多时，不利于社会资本的合作行为。

2. 惯例冲突–社会资本合作行为

相较假设冲突，惯例冲突是政府和社会资本基于各自制度逻辑在 PPP 项目中持有的不同规则、规范或惯例之间的不兼容，惯例冲突源自双方实现各自具有合法性的目标的方法与行动的不同[243]。尽管目前在我国，PPP 早已不再是什么新鲜事物，然而我国尚未对其进行立法，相关部门只是给出指导意见、试行办法与实施细则，政府和社会资本只能参照各自曾经施行、可以仿照办理的做法执行项目。惯例冲突体现的是公私制度逻辑冲突的实质性维度[188]，是一种可以直接观察的组织结构与惯例方面的冲突[17]。与假设冲突相似，当惯例冲突发生时，社会资本与社会资本中的成员意识到组织场域中存在着对同一事物不同的安排与做法，原有的一些看起来理所应当、习以为常的惯例也会受到挑战与冲击[241]。由于惯例具有不唯一性，即应对相同活动的惯例之间具有替代性，因此，社会资本需要基于资本利益逻辑与公共利益逻辑进行一定程度的惯例变异[244]。究竟是坚持其所固有的基于资本利益逻辑的惯例，还是服从政府的基于公共利益逻辑的惯例，抑或是将两种看似对立的惯例进行一定程度的结合，会具体体现在社会资本在PPP项目中的合作行为。例如，在A市轻轨项目中的超额利润分配之争，政府方倾向“一刀切”的惯例，而社会资本则希望灵活地对待两条不同的线路。

当惯例冲突的数量不断增加或强度持续提高时，便会使社会资本惯例变异的摩擦力越来越大[245]，而惯例变异其本身却并不一定意味着 PPP 项目效率的最优化与社会资本利益的最大化。此外，这种摩擦力的存在，还可能使社会资本的惯例成为具备有利性与非有利性双重特征的防护性惯例[246]。因此，当政府和社会资本之间的惯例冲突较多时，同样会对社会资本的合作行为产生负面影响。例如，在A市轻轨项目中，X公司的合作行为缺乏主动性，合作的具体表现形式仅仅局限于谈判、商讨甚至争吵，而冲突往往最终都需要政府和社会资本“双方都在保留各自底线的前提下做出了让步”才得以解决。

综上，本章研究提出PPP项目公私制度逻辑冲突与社会资本合作行为间的关系假设：

H5.1：PPP 项目公私制度逻辑冲突对社会资本合作行为具有负向影响。

H5.1a：假设冲突对社会资本合作行为具有负向影响。

H5.1b：惯例冲突对社会资本合作行为具有负向影响。

5.1.2 公私制度逻辑冲突–社会资本与政府的相互依赖–社会资本合作行为

1. PPP 项目公私制度逻辑冲突–社会资本与政府的相互依赖

社会互依是组织、群体和个体想要实现的结果与其他组织、群体和个体想要实现的结果之间的一种相互状态[139]。社会互依可以分为正向互依与负向互依。

正向互依是组织、群体和个体感知到己方目标的实现需要建立在对方目标实现的基础之上，此时双方有着高相互依赖；负向互依则是组织、群体和个体感知到己方目标的实现需要建立在对方目标无法实现的基础之上，此时双方有着低相互依赖甚至负向的相互依赖。

当制度逻辑冲突发生时，决定社会资本是否会与政府进行合作的重要因素正是社会资本与政府之间的相互依赖。当社会资本认为与政府之间存在正向的相互依赖时，便会采取合作行为。例如，在 B 市特色小镇项目中，Y 公司的总经理助理提到，“……我们也明白，这个项目如果想成功，不能只有我们获利。企业获利的基础是政府能够完成他们想要完成的目标”。在废弃造纸厂拆迁应由谁负责这一冲突中，废弃造纸厂拆迁如果无法得到有效解决，也会影响到 Y 公司的后续建设。

反之，当双方存在负向的相互依赖时，社会资本则不会选择合作，甚至会采取竞争行为对政府的相应行为进行干扰与阻挠。假设冲突源于政府与社会资本对什么是具有合法性的目标的定义[189]，因此双方会怀疑己方目标的实现究竟是需要以对方目标实现为基础还是需要以对方目标无法实现为代价。双方为了实现目标所采取的惯例的不同，更是可能将冲突进一步激化，从而加剧这种对互依关系的怀疑。例如，在 A 市轻轨项目中，X 公司的副总经理认为，“但是一票否决权意味着我们就得按政府的想法和打法来操作项目，会影响到我们的正常经营”，这种冲突甚至对 X 公司的投资信心产生了影响，怀疑到底要不要对项目进行投资。

综上，笔者提出如下假设：

H5.2：PPP 项目公私制度逻辑冲突对社会资本与政府的相互依赖具有负向影响。

H5.2a：假设冲突对社会资本与政府的相互依赖具有负向影响。

H5.2b：惯例冲突对社会资本与政府的相互依赖具有负向影响。

2. 社会资本与政府的相互依赖-社会资本合作行为

社会互依理论以目标及行动的“不兼容性”来定义冲突。尽管不兼容的目标会引致不兼容的行动，进而引发冲突，然而对冲突活动其本身或冲突的当事人来说，当事人的目标也可能是一致的。当当事双方目标一致时，如果一方的行动妨碍、阻挠或以其他方式使另一方行动的有效性降低，这种行为同样是不兼容的，也同样会引发冲突[127]。在 PPP 项目中，当社会资本与政府之间有着高相互依赖时，便会产生行为的可替代性，对受他人影响与对他人进行影响的开放性和正向的情感投注[141]，从而促使社会资本更倾向与政府进行合作。例如，在 B 市特色小镇项目中，Y公司的总经理助理的评价：“企业在项目中实际上是双重身份，我们既是政府的合作伙伴，也是项目的履约主体。PPP项目能不能做好，关键的一点是企业怎么看待自己在项目中的身份。作为央企，我们更多的是把政府的合作伙伴和项目的履约主体两种身份兼顾。”

反之，当社会资本与政府有着低相互依赖时，便会产生行为的不可替代性，对受他人影响与对他人进行影响的抵抗和负向的情感投注，从而促使社会资本不与政府进行合作，甚至会采取竞争行为对政府进行干扰与阻挠[143]。

综上，笔者提出如下假设：

H5.3：社会资本与政府的相互依赖对社会资本合作行为具有正向影响。

基于上述分析，PPP项目公私制度逻辑冲突与社会资本与政府的相互依赖均为社会资本合作行为的重要前置影响因素。公私制度逻辑冲突使得社会资本需要在资本利益逻辑与公共利益逻辑中进行一定程度的战略选择或是进行一定程度的惯例变异。进而容易引发社会资本对政府的项目动机或承诺的怀疑以及对政府惯例的抵抗。这不仅对社会资本合作行为产生负面影响，同时也影响社会资本与政府的相互依赖。在此过程中，社会资本会思考，己方目标的实现与政府目标的实现究竟是有着正向关系还是负向关系。这种对当前情境下目标相互依赖的感知，会进一步指导社会资本如何对冲突进行回应。因此，笔者认为，社会资本与政府的相互依赖在PPP项目公私制度逻辑冲突与社会资本合作行为之间起到重要的中介作用。因此，笔者提出如下假设：

H5.4：社会资本与政府的相互依赖在PPP项目公私制度逻辑冲突与社会资本合作行为间起中介作用。

H5.4a：社会资本与政府的相互依赖在假设冲突与社会资本合作行为间起中介作用。

H5.4b：社会资本与政府的相互依赖在惯例冲突与社会资本合作行为间起中介作用。

5.1.3 公私制度逻辑冲突–社会资本与政府的关系嵌入–社会资本合作行为

1. PPP项目公私制度逻辑冲突–社会资本与政府的关系嵌入

Granovetter[150]将人看作嵌入于具体的社会关系网络中的行动者，而经济行动也是同样嵌入于社会关系网络之中的。网络中的各种规则性的期望、行事方式、互惠原则都会对行动者的经济行动产生重要影响，这种假设也同样适用于组织[168]。假设冲突指的是政府与社会资本基于各自制度逻辑对PPP项目所持有的不同预期与看法之间的不兼容。假设是由政府与社会资本各自所持有的价值观决定的，而这种价值观又通过假设在现实中具体再现。假设冲突反映的是公私制度逻辑冲突的观念性维度[188]，也可以理解为社会关系网络中的规律性的期望。这种期望的不兼容，会直接影响政府与社会资本之间的关系嵌入。惯例冲突则是政府与社会资本基于各自制度逻辑在 PPP 项目中持有的不同规则、规范或惯例之间的不兼容。惯例冲突体现的是公私制度逻辑冲突的实质性维度[188]，是一种可以直接观察的组织结构与惯例方面的冲突[17]，可以理解为社会关系网络中的行事方式。这种行事方式的不兼容，同样会对政府与社会资本之间的关系嵌入产生影响。例如，在 A 市轻轨项目与 C 市高速公路项目中，两个不同项目的受访对象都提到了“与政府的关系受到影响”、“合作过程不愉快”以及“感到难受”等关键词，这也进一步印证假设冲突与惯例冲突会对社会资本与政府的关系嵌入产生负向影响。

综上，笔者提出如下假设：

H5.5：PPP 项目公私制度逻辑冲突对社会资本与政府的关系嵌入具有负向影响。

H5.5a：假设冲突对社会资本与政府的关系嵌入具有负向影响。

H5.5b：惯例冲突对社会资本与政府的关系嵌入具有负向影响。

2. 社会资本与政府的关系嵌入和合作行为

Granovetter[247]基于社会网络视角提出关系嵌入这一适度社会化并且又更加贴近实际合作行为的概念。关系嵌入的强度会对组织间合作、资源交换、共享性知识的开发等活动产生影响，从而对企业的合作意愿与绩效产生影响[168]。然而，合作总是伴随着机会主义行为的滋生，而作为一种投机性的自利行为，机会主义行为同样受到合作伙伴之间的交互活动以及行动主体所嵌入的网络关系的影响与作用[248]。组织间的关系嵌入孕育合作网络有效运行的诚信机制，构建一种对所有行为主体具有约束力的行为规范准则。Granovetter[150]在对“通过制度安排来规范企业行为”与“将诚信理解为普遍化的道德伦理”两种观点进行批判的基础上，提出介于两者之间的经济行为的社会嵌入性，认为诚信来自具有决策能力的行为主体之间既有的广泛、紧密的人际关系，这种人际关系可以跨越组织边界，提升组织间以诚信为基础的协同合作关系。这种组织间关系所具备的关键特征之一是社会网络中的组织具有参与有风险合作的意愿，而无须担心对方可能的机会主义行为[248]。因此，在 PPP 项目中，政府和社会资本的关系嵌入越强，基于这种关系网络中业已存在的诚信机制所发挥的作用便越显著，意味着合作双方之间的信任程度越高、信息共享程度越高以及问题共同解决的关系越密切，那么合作各方以相互有利的方式来应对冲突的承诺性也越强。例如，在A市轻轨项目中，X公司的项目经理提到："政府有政府的考虑，企业有企业的想法，双方站位不同，思考和想法很难融合到一起。如果是央企做这个项目可能会好一些，毕竟他们和政府打交道比较多，关系也更密切。我们私企在这方面的确缺乏优势，和政府合作起来还是比较困难。"在C市高速公路项目中，Z公司的受访者也多次提到关系嵌入对社会资本合作行为的积极作用。

综上，笔者提出如下假设：

H5.6：社会资本与政府的关系嵌入对社会资本合作行为具有正向影响。

基于前述分析，公私制度逻辑冲突会对社会资本与政府的关系嵌入以及合作行为产生负向影响。然而需要注意的是，当组织与个体对某一种合作关系发生关系嵌入时，组织与个体更倾向对合作伙伴容易产生歧义的行为进行积极的解读，而并非消极的解读[156]。更为重要的是，组织与个体对合作伙伴的高度关系嵌入会进一步产生对关系的投入与承诺，反过来会提高合作双方的信任、问题共同解决与信息共享[157]，进而打开通向长期与有效冲突解决的大门，以及合作双方为了维护合作关系而愿意牺牲眼前利益的姿态[158]。

综上，本章研究提出公私制度逻辑冲突、社会资本与政府的关系嵌入与社会资本合作行为之间的关系假设。

H5.7：社会资本与政府的关系嵌入在PPP项目公私制度逻辑冲突与社会资本合作行为间起中介作用。

H5.7a：社会资本与政府的关系嵌入在假设冲突与社会资本合作行为间起中介作用。

H5.7b：社会资本与政府的关系嵌入在惯例冲突与社会资本合作行为间起中介作用。

5.1.4 研究假设汇总与模型

综上，经推理分析后笔者提出相应研究假设，汇总如表5.1所示，并基于研究假设提出本章研究的假设模型，模型如图5.1所示。

表5.1 研究假设

序号	假设内容
H5.1	PPP项目公私制度逻辑冲突对社会资本合作行为具有负向影响
H5.1a	假设冲突对社会资本合作行为具有负向影响
H5.1b	惯例冲突对社会资本合作行为具有负向影响
H5.2	PPP项目公私制度逻辑冲突对社会资本与政府的相互依赖具有负向影响

续表

序号	假设内容
H5.2a	假设冲突对社会资本与政府的相互依赖具有负向影响
H5.2b	惯例冲突对社会资本与政府的相互依赖具有负向影响
H5.3	社会资本与政府的相互依赖对社会资本合作行为具有正向影响
H5.4	社会资本与政府的相互依赖在 PPP 项目公私制度逻辑冲突与社会资本合作行为间起中介作用
H5.4a	社会资本与政府的相互依赖在假设冲突与社会资本合作行为间起中介作用
H5.4b	社会资本与政府的相互依赖在惯例冲突与社会资本合作行为间起中介作用
H5.5	PPP 项目公私制度逻辑冲突对社会资本与政府的关系嵌入具有负向影响
H5.5a	假设冲突对社会资本与政府的关系嵌入具有负向影响
H5.5b	惯例冲突对社会资本与政府的关系嵌入具有负向影响
H5.6	社会资本与政府的关系嵌入对社会资本合作行为具有正向影响
H5.7	社会资本与政府的关系嵌入在 PPP 项目公私制度逻辑冲突与社会资本合作行为间起中介作用
H5.7a	社会资本与政府的关系嵌入在假设冲突与社会资本合作行为间起中介作用
H5.7b	社会资本与政府的关系嵌入在惯例冲突与社会资本合作行为间起中介作用

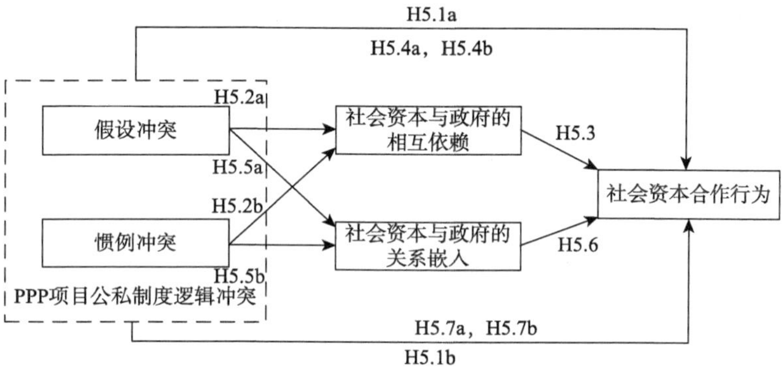

图 5.1　本章研究假设模型

5.2　研 究 设 计

5.2.1　变量测量

为了保证测量量表的信度与效度，笔者对需要测量的构念全部采用现有文献中已有的成熟测量量表，并根据本章的研究目的与研究情境进行适当的调整，以作为收集数据的测量工具。在开展正式调查前，笔者邀请PPP项目领域的专家学者对问卷进行反馈，评估问卷的用词与表述是否恰当准确。量表采用 5 级 Likert

量表，其中1级表示受访者认为题项中描述的情况完全不符合受访者所参与过的PPP项目的情况，5级表示题项中描述的情况完全符合受访者所参与过的PPP项目的情况，3级表示中立的反馈。笔者依据研究变量之间的关系，将其划分为自变量、中介变量与因变量，具体维度及测量题项如下。

自变量——PPP项目公私制度逻辑冲突：PPP项目公私制度逻辑冲突是本章研究的自变量，也是本章研究所关注的主要变量之一。依据本书第3章的研究结果，该变量可以从假设冲突与惯例冲突两个维度进行测量，双维度的测量量表共计包含14个测量题项，具体内容参见本书第3章与附录C。

中介变量——社会资本与政府的相互依赖和关系嵌入：社会资本与政府的相互依赖是本章研究的一个中介变量，其测量主要参考了Tjosvold等[249，250]的研究，并基于PPP项目情境对题项进行适当的调整与修改，分别从目标的相互依赖和与之相对应的行为两个方面测量社会资本与政府的相互依赖。具体测量题项如表5.2所示。

表5.2 社会资本与政府的相互依赖的测量量表

题项
SI1：政府对项目实施过程中的细节不感兴趣（R）
SI2：政府了解我们（企业）想要实现的项目目标
SI3：政府与我们（企业）相互配合的效果很好
SI4：政府与我们（企业）在项目实施过程中的工作相互独立，双方各做各的（R）
SI5：政府与我们（企业）愿意相互配合
SI6：政府关心我们（企业）的内部动态与发展
SI7：政府对我们（企业）想要实现的项目目标不感兴趣（R）
SI8：政府只关心自己想要实现的项目目标（R）

社会资本与政府的关系嵌入是本章研究的另一个中介变量，其测量主要参考了Uzzi[161]的研究，用信任、信息共享与问题共同解决三个维度来表征社会资本在合作过程中与政府的关系嵌入性程度，具体测量题项如表5.3所示。

表5.3 社会资本与政府的关系嵌入的测量量表

题项
RI1：我们（企业）感激政府在这一项目中为我们所提供的帮助
RI2：我们的项目团队成员与政府的有关工作人员有着良好融洽的关系
RI3：我们（企业）与政府都对我们之间的关系感到满意
RI4：我们（企业）希望与政府在将来继续合作
RI5：政府与我们（企业）有着共同的项目目标
RI6：在项目的执行过程中，政府所提供的项目信息是真实可靠的
RI7：在项目的执行过程中，政府表现出较高水平的管理能力

因变量——社会资本合作行为：作为本章研究的因变量，社会资本合作行为的测量主要参考 Pearce[203]的研究成果，在结合 PPP 项目情境对题项做适当调整后，使用 5 个题项对社会资本合作行为进行测量，具体测量题项如表 5.4 所示。

表 5.4　社会资本的合作行为的测量量表

题项
CB1：当面对困难时，我们（企业）抱着与政府“齐心合力，团结一心”的态度
CB2：当问题发生时，我们（企业）会谋求一个对政企双方都有利的解决方案
CB3：我们（企业）将项目中发生的冲突视为需要与政府共同解决的问题
CB4：在项目的执行过程中，我们（企业）会以政企双方共同获益为目标而努力
CB5：当问题发生时，我们（企业）会与政府进行充分沟通，以做出最为有效的决策

5.2.2　问卷设计

1. 问卷发放与数据收集

本章研究以 PPP 项目社会资本为研究对象，所选取的企业普遍具有良好的项目绩效水平，尤其是在 PPP 项目管理方面有着良好的管理体系，受访者职位以企业的项目经理、项目管理办公室负责人、PPP 项目执行相关职能部门管理人员为主。要求受访者以曾经或正在参与的 PPP 项目所获得的经验与感受为基础进行问卷作答，以受访者过去三年印象最为深刻的项目为核心，聚焦单一项目中的公私制度逻辑冲突的程度与社会资本合作行为的表现，以此来提升数据的可靠性与有效性。

笔者通过纸质版问卷的实地发放与电子问卷的网络发放同时进行数据回收。问卷的发放对象与第 3 章预调研与正式调研问卷发放对象基本相同，即通过校友会成员、EMBA/MBA 学员以及与笔者所在研究团队有过合作关系的企业等发放问卷并扩展数据来源。问卷的发放与回收从 2019 年 4 月开始至 2019 年 5 月结束，历时两个月。共计发放问卷 450 份，回收 419 份，剔除错答、漏答、极端化情况等无效问卷后，共得到有效问卷 330 份，有效回收率为 73.3%。

2. 样本描述

样本的基本信息如表 5.5 所示。本次调研的受访者性别差异较为明显，其中，男性受访者为 267 位，占比 80.9%，女性受访者为 63 位，占比 19.1%。从学历分布来看，受访者以本科学历为主，占比 59.4%，其次为硕士，占比 35.2%。这两项统计结果符合当前国内工程项目领域男性从业者居多、从业者学历较高的现状。其次，受访者多处于 30 岁（含）以上，不满 35 岁（32.7%）与 35 岁

（含）以上，不满 40 岁（24.2%）两个年龄区间。尽管 PPP 在我国早已不再是什么新鲜事物，但 PPP 项目相关政策与实践却一直在不断变化与演进，这两个年龄段的受访者相较其他年龄段有着更为丰富的项目经验与更为充沛的精力，因此也成为 PPP 项目从业者中的主要力量。结合受访者参与过 PPP 项目的数量来看，76.1%的受访对象参与过 3 个及 3 个以上 PPP 项目，因此受访者大多有着较为丰富的 PPP 项目经验。再次，从职位来看，调研对象中包括企业高管 47 位，占比 14.2%；企业职能部门经理/副经理 79 位，占比 23.9%；企业职能部门员工 70 位，占比 21.2%；项目公司高管 30 位，占比 9.1%；项目经理 57 位，占比 17.3%；项目团队成员 47 位，占比 14.2%。受访者的职位覆盖企业职能部门与项目部门的高层、中层与基层，确保数据收集的有效性。最后，受访者所在企业仍然以中央企业（53.6%）、地方国有企业（29.7%）与私营企业/民营企业（13.6%）为主，这一结果与第 3 章的预研究与正式研究中的结果相仿。同时，中央企业与地方国有企业占比偏高也符合我国目前的 PPP 市场现状。

表 5.5 调研样本的描述性统计

类别		样本数（N=330）	比例
性别	男	267	80.9%
	女	63	19.1%
受教育程度	大专及以下	12	3.6%
	本科	196	59.4%
	硕士	116	35.2%
	博士	6	1.8%
年龄	30 岁（不含）以下	76	23.0%
	30 岁（含）以上，不满 35 岁	108	32.7%
	35 岁（含）以上，不满 40 岁	80	24.2%
	40 岁（含）以上，不满 50 岁	58	17.6%
	50 岁（含）以上	8	2.4%
职位	企业高管	47	14.2%
	企业职能部门经理/副经理	79	23.9%
	企业职能部门员工	70	21.2%
	项目公司高管	30	9.1%
	项目经理	57	17.3%
	项目团队成员	47	14.2%
参与过 PPP 项目的数量	1~2 个	79	23.9%
	3~5 个	130	39.5%
	6~10 个	76	23.0%
	11 个及以上	45	13.6%

续表

类别		样本数（N=330）	比例
企业性质	中央企业	177	53.6%
	地方国有企业	98	29.7%
	外资企业	10	3.0%
	私营企业/民营企业	45	13.6%

上述几方面信息表明，330 名受访者有着较为丰富的 PPP 项目经历，能够确保后续调研题项的作答质量与样本的信效度水平。此外，笔者通过对各题项结果的赋值，对样本各基本变量的均值与方差进行计算。结果显示各变量的方差较小，这表明样本数据的分布较为均匀，覆盖较为全面。

5.2.3　数据分析方法

本书拟通过规范的实证统计研究方法对提出的理论模型与研究假设进行验证，为研究结论提供有力、广泛的支撑。根据本章的研究目的、研究内容、研究情境、研究对象、理论模型与研究假设与样本数据，笔者采用以下四种实证研究数据分析方法。

描述性统计分析：描述性统计分析旨在对数据样本的总体特征进行分析与说明，以更为准确、详细地了解样本与数据的整体特征，如受访者的受教育程度、年龄、职位等。同时，该方法也对样本数据的基本特征与分布进行整体性描述，如样本各变量或属性的均值、方差等，在对数据进行深入分析前形成初步评价。本章研究主要采用数据分析软件 SPSS Statistics 22.0 完成这一部分的分析。

共同方法偏差检验：本章中数据的测量与获取均来自单一受访者，因此可能存在共同方法偏差，对研究结果的准确性造成一定的不利影响。为控制该影响，本章研究主要采用程序控制与统计控制两类方法[251]。程序控制方面，本章研究采用中英文互译、专家讨论等方法对问卷量表内容的准确性与可理解性进行分析，以确保问卷题项测量是科学的并易于理解的。其次，要求受访者以具体的、印象最为深刻的 PPP 项目为情境，同时结合受访者的 PPP 项目经验对问卷中的题项进行作答，以提高作答的准确性。最后，在问卷的发放及内容中均明确说明本研究的目的，承诺对受访者信息进行保密，确保受访者能够以开放的态度表达真实的观点。在统计控制方面，本章研究采用 Harman 单因素检验进行判断，对问卷中的全部测量题项进行未旋转的因子分析，结果显示共有 5 个公因子，且第一个公因子的解释力为 31.44%，未超过 50%，这一结果表明本章研究不存在显著的共同方法偏差，因此不会对研究结果产生严重的影响。

信效度分析：信效度分析反映样本数据对研究变量测量的真实性与准确性。本章研究使用 SPSS Statistics 22.0 软件进行探索性因子分析，计算各变量量表的 Bartlett's 球形值、KMO 值与 Cronbach's α 系数以检查问卷的信度。针对样本数据的效度，一方面，笔者通过规范的量表设计过程以确保各量表的内容效度；另一方面，笔者通过数据分析软件 SPSS AMOS 24.0 进行验证性因子分析以检验量表的结果效度，具体结果详见本章后半部分。

结构方程模型：结构方程模型是一种广泛应用于管理学研究的研究方法[252]。该方法综合了回归分析、因子分析、路径分析等多种统计分析方法，通过统计分析对研究变量之间的因果关系进行验证与解释，通过构建测量模型实现对潜变量的测量，借助结构模型对各潜变量之间的理论结构关系进行构建，实现对多个变量间复杂关系与多种测量误差的同时处理与分析。

进一步来看，结构方程模型的建立主要有两种参数估计方法，最大似然法与偏最小二乘法。其中，最大似然法更关注结构模型的参数估计值，适合不同样本间参数估计的比较，但要求研究变量具备正态分布特征以及较大的样本量。偏最小二乘法更强调测量变量对潜变量的预测，可用于有偏分布与小样本情况。相较而言，两者在参数估计的结果方面没有显著差异，而在满足数据正态分布与样本足量的情况下，偏最小二乘法可能会造成高估偏差的问题。因此，最大似然法更适用于理论检验与先验理论较为充足的情况，偏最小二乘法则更适合用于因果预测。

本章研究中涉及多个潜变量，观察难度较大、主观性较强，模型结构及关系较为复杂，因此选择结构方程模型方法对理论模型与假设进行检验分析是恰当与适合的。同时，本章研究的目的在于解释各潜变量之间的关系，具有较为充分的先验理论基础与充足的样本数据，适合选用最大似然法。综上，本章研究采用 SPSS AMOS 24.0 软件进行结构方程模型分析，在检验样本数据正态分布情况的基础上，对模型的各参数进行最大似然法估计，以此来评价、检验与修正理论模型与研究假设。

此外，为了对假设模型中的中介变量效应与差异做更为深入的分析，本章研究在使用 SPSS AMOS 24.0 软件进行初步中介效应检验的基础上，结合 Process 程序[253]进一步分析两个中介变量所形成的平行中介效应，以对两个变量中介效应的显著性与差异性进行对比。

5.3 假设检验

结构方程模型是由测量模型与结构模型两部分共同构成的。其中，前者是后者的基础与前提，只有当测量模型通过检验后，结构模型验证方可进行。其次，为了深入地揭示本章研究假设模型中中介变量的影响，社会资本与政府的相互依赖和社会资本与政府的关系嵌入的中介效应也需要进行相应的检验与分析。因此，本节分为测量模型检验、结构模型评估与中介效应检验三个部分。

5.3.1　测量模型检验

测量模型检验包括信度与效度分析，其中信度检验是观察变量的可靠性检验，检验方法包括 Bartlett's 球形检验、KMO 检验与 Cronbach's α 系数计算。本章研究首先使用 SPSS Statistics 22.0 软件进行探索性因子分析，以检验模型是否适合因子分析，计算结果如表 5.6 所示。

表 5.6　各潜在变量信度检验结果

变量	题项	CITC	删除题项后的Cronbach's α系数	Cronbach's α系数	旋转后的因子载荷	
假设冲突（AC）	AC3	0.560	0.917	0.914	0.673	
	AC4	0.779	0.897		0.692	
	AC5	0.737	0.901		0.720	
	AC7	0.781	0.897		0.691	
	AC8	0.681	0.906		0.715	
	AC9	0.795	0.897		0.750	
	AC10	0.665	0.907		0.724	
	AC16	0.765	0.899		0.763	
惯例冲突（PC）	PC1	0.648	0.857	0.873		0.717
	PC6	0.679	0.851			0.671
	PC9	0.683	0.850			0.747
	PC14	0.646	0.856			0.786
	PC16	0.667	0.853			0.704
	PC18	0.738	0.841			0.687
Cronbach's α 系数					0.892	
累积解释方差变异					35.908%	62.511%
KMO 检验					0.915	
Bartlett's 球形检验			卡方近似值		2 533.698	
			df		91	
			sig.		0.000	

变量	题项	CITC	删除题项后的Cronbach's α系数	Cronbach's α系数	因子载荷
社会资本与政府的相互依赖（SI）	SI1	0.670	0.902	0.910	0.747
	SI2	0.720	0.898		0.793
	SI3	0.718	0.898		0.795

续表

变量	题项	CITC	删除题项后的Cronbach's α系数	Cronbach's α系数	因子载荷
社会资本与政府的相互依赖（SI）	SI4	0.656	0.903	0.910	0.736
	SI5	0.771	0.895		0.835
	SI6	0.688	0.900		0.766
	SI7	0.762	0.894		0.824
	SI8	0.712	0.899		0.782
累积解释方差变异					61.953%
KMO检验					0.931
Bartlett's球形检验			卡方近似值		1 451.471
			df		28
			sig.		0.000
变量	题项	CITC	删除题项后的Cronbach's α系数	Cronbach's α系数	因子载荷
社会资本与政府的关系嵌入（RI）	RI1	0.707	0.873	0.891	0.796
	RI2	0.764	0.867		0.842
	RI3	0.688	0.876		0.780
	RI4	0.681	0.878		0.774
	RI5	0.725	0.871		0.806
	RI6	0.674	0.877		0.766
	RI7	0.595	0.887		0.696
累积解释方差变异					61.025
KMO检验					0.908
Bartlett's球形检验			卡方近似值		1 140.284
			df		21
			sig.		0.000
变量	题项	CITC	删除题项后的Cronbach's α系数	Cronbach's α系数	因子载荷
社会资本合作行为（CB）	CB1	0.687	0.910	0.911	0.793
	CB2	0.834	0.878		0.901
	CB3	0.745	0.897		0.839
	CB4	0.845	0.877		0.910
	CB5	0.769	0.892		0.859
累积解释方差变异					74.187%
KMO检验					0.881
Bartlett's球形检验			卡方近似值		1 123.480
			df		10
			sig.		0.000

注：旋转后的因子载荷下面两列：左列代表假设冲突的旋转后的因子载荷，右列代表惯例冲突的旋转后的因子载荷。累积解释方差变异一栏中，左列代表假设冲突的数据，右列代表惯例冲突的数据

结果显示，假设冲突、惯例冲突、社会资本与政府的相互依赖、社会资本与政府的关系嵌入和社会资本合作行为四个研究变量的 KMO 值均大于 0.50 的标准，Bartlett's 球形检验的卡方近似值均呈现显著性，说明各变量获得的调研数据均适合进行探索性因子分析。在此基础上，笔者进一步分析各检验指标并发现，各构念的 Cronbach's α系数均大于 0.8、各指标的 CITC 均大于 0.5、因子载荷均大于 0.6 以及累积解释方差变异均大于 50%。由此表明各指标均达到了相应的检验临界标准，满足统计性检验分析的基本要求，说明本章研究中正式调研的测量量表具有较高的内在一致性与结构效度。

在效度检验方面，主要包括收敛效度、区别效度与内容效度的分析。其中，收敛效度的检验以 CR 与 AVE 为标准。如表 5.6 所示，各潜变量测量指标的标准化因子载荷系数分布于 0.696~0.910，均大于 0.5 的临界值[254]，且 P 值均小于 0.001。

随后，依据载荷值，笔者对两维度 CR 与 AVE 进行计算，结果如表 5.7 所示。结果显示，CR 分别为 0.894（AC）、0.865（PC）、0.926（SI）、0.916（RI）与 0.935（CB），均大于 0.70 的临界值；各维度潜变量的 AVE 值分别为 0.717（AC）、0.720（PC）、0.782（SI）、0.781（RI）与 0.862（CB），均大于 0.50 的临界值[255]。由此表明，各潜变量具有良好的收敛效度。

表 5.7　各潜变量 AVE 值及其算数平方根、相关系数与 CR

变量	AVE	CR	AC	PC	SI	RI	CB
AC	0.514	0.894	0.717				
PC	0.518	0.865	0.320	0.720			
SI	0.611	0.926	−0.312	−0.333	0.782		
RI	0.610	0.916	−0.175	−0.311	0.381	0.781	
CB	0.742	0.935	−0.425	−0.425	0.572	0.504	0.862

注：对角线及下方分别为各因子 AVE 值的算数平方根及其间的相关系数

区别效度的检验主要包含两方面：首先，对五个潜变量 AVE 值的平方根与其他潜变量的相关系数做逐一比较。若前者大于后者，则说明各潜变量之间具有区别效度；其次，比较各潜变量所有观测变量因子载荷之间的交叉载荷情况，若某潜变量的观测变量在本潜变量上的载荷均大于其在其他潜变量上的交叉载荷，则表明各潜变量之间具有很好的区别效度。如表 5.7 所示，各个潜变量 AVE 值的平方根均大于与其他潜变量的相关系数。

随后笔者对所有观测变量的交叉负荷进行计算，结果如表 5.8 所示。各观测变量的因子载荷也显著满足相关检验标准。因此，测量模型的区别效度通过检验。

表 5.8 各观测变量的交叉负荷

变量	AC	PC	SI	RI	CB
AC3	0.044	0.001	−0.001	0.000	−0.001
AC4	0.133	0.004	−0.002	0.000	−0.002
AC5	0.109	0.003	−0.002	0.000	−0.002
AC7	0.119	0.004	−0.002	0.000	−0.002
AC8	0.072	0.002	−0.001	0.000	−0.001
AC9	0.143	0.004	−0.002	0.000	−0.002
AC10	0.071	0.002	−0.001	0.000	−0.001
AC16	0.124	0.004	−0.002	0.000	−0.002
PC1	0.002	0.119	−0.002	−0.003	−0.003
PC6	0.002	0.126	−0.002	−0.003	−0.003
PC9	0.003	0.146	−0.003	−0.004	−0.004
PC14	0.002	0.126	−0.002	−0.003	−0.003
PC16	0.003	0.152	−0.003	−0.004	−0.004
PC18	0.004	0.208	−0.004	−0.005	−0.005
SI1	−0.001	−0.003	0.079	−0.002	0.004
SI2	−0.002	−0.004	0.120	−0.002	0.006
SI3	−0.002	−0.004	0.120	−0.002	0.006
SI4	−0.001	−0.003	0.086	−0.002	0.005
SI5	−0.003	−0.006	0.174	−0.003	0.009
SI6	−0.001	−0.003	0.097	−0.002	0.005
SI7	−0.002	−0.004	0.129	−0.003	0.007
SI8	−0.001	−0.003	0.097	−0.002	0.005
RI1	0.000	−0.005	−0.003	0.138	0.006
RI2	0.000	−0.008	−0.004	0.211	0.010
RI3	0.000	−0.005	−0.002	0.123	0.006
RI4	0.000	−0.004	−0.002	0.100	0.004
RI5	0.000	−0.005	−0.002	0.129	0.006
RI6	0.000	−0.004	−0.002	0.111	0.005
RI7	0.000	−0.003	−0.001	0.073	0.003
CB1	−0.002	−0.004	0.006	0.005	0.078
CB2	−0.004	−0.011	0.014	0.012	0.191
CB3	−0.003	−0.007	0.009	0.008	0.118
CB4	−0.006	−0.015	0.020	0.018	0.277
CB5	−0.003	−0.008	0.010	0.009	0.141

内容效度的检验在于提升测量题项与相应潜变量之间的一致性。PPP 项目公私制度逻辑冲突测量量表的内容效度已经在本书第 3 章的研究中得到检验，其余构念的测量量表则来自现有研究成果，这在一定程度上保证了内容效度。同时，在数据收集过程中，本章研究遵循规范的程序以保证内容效度。因此，本章研究中测量模型的内容效度得到了有效的保障。

5.3.2　结构模型评估

1. 初始结构模型整体拟合的检验与修正

初始结构模型如图 5.2 所示。首先，在模型识别方面，本章研究中观测变量共计 34 个，能够满足模型识别必要条件的 t 规则。同时，每个潜变量的测量变量均在 3 个以上，均指向所测量的潜变量。由此，本章研究的结构模型是可识别的。

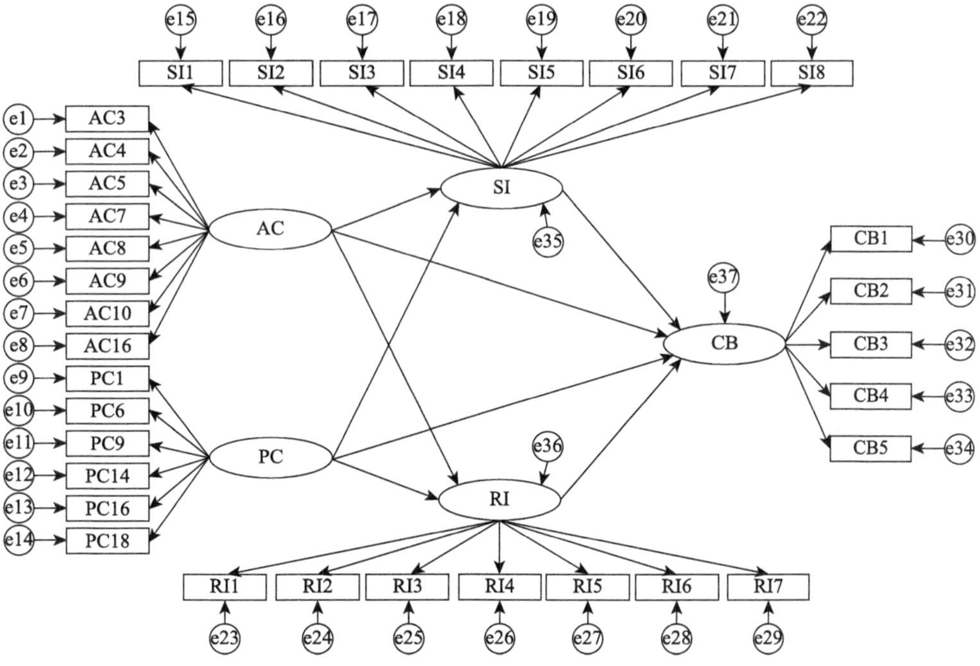

图 5.2　初始结构模型

结构模型整体拟合程度的检验在于评价理论模型及假设能否与数据间达成一定程度的适配。在模型整体拟合的检验中有着多种检测指标，如卡方近似值（CMIN）、卡方自由度比（χ^2/df）、RMR、SRMR、RMSEA、GFI 与 AGFI 等。

笔者借鉴现有研究，选择χ^2/df（卡方自由度比）、RMSEA、GFI、IFI（incremental fit index，递增拟合指数）、TLI（Tucker-Lewis 指数）与 CFI 作为主要的适配度指标。其中，χ^2/df 反映的是结构方程模型协方差矩阵与样本数据协方差矩阵的匹配程度，其指标值越小越好，当小于 2/3 时则表明结构方程模型的适配度良好。RMSEA 是一种绝对性适配度指标，数值越小则表明模型适配度越好，当小于 0.01 时为理想适配，在 0.01~0.05 为优良适配，在 0.05~0.08 为合理适配，在 0.08~0.10 为一般适配，而大于 0.10 则为不良适配[256]。GFI、IFI、TLI 与 CFI 相应数值越大表明拟合度越优，一般选取大于 0.90 为临界值。

笔者使用 SPSS AMOS 24.0 对初始结构模型进行拟合检验，结果如表 5.9 所示。从初始结构模型的拟合结果来看，GFI 未达到临界标准，其余拟合指标整体结果尚可。另外，结合相关理论来看，模型中各路径均存在理论意义，即可保留当前模型各路径。因此，为进一步提升模型拟合效度，本章研究将进一步通过模型拟合修正指数，对初始模型做进一步修正。

表 5.9 初始结构模型整体拟合指标结果

拟合指标	χ^2/df	RMSEA	GFI	IFI	TLI	CFI
临界值	<2	<0.08	>0.9	>0.9	>0.9	>0.9
结果	1.503	0.039	0.878	0.960	0.957	0.960

初始模型拟合的修正指标提示，多个残差间两两协方差修正指数较高。因此，本章研究依据各 M.I.指数对残差变量间的相关路径进行修正。例如，残差项 e21 与 e22 之间的 M.I.指数为 15.535，同时两残差所指的测量指标均为社会资本与政府的相互依赖的观测指标，两个测量指标分别为“SI7-政府对我们（企业）想要实现的项目目标不感兴趣（R）”，“SI8-政府只关心自己想要实现的项目目标（R）”。两个指标反映的都是社会资本感知下政府通过 PPP 项目想要实现的目标，指标间确实存在一定的相关关系，因此可以构建两残差间的相关路径。参照此逻辑，笔者对 M.I.指数较大的项进行修正，依次对 e2—e3、e4—e5、e10—e11、e11—e12、e17—e19、e21—e22、e23—e24 与 e30—e31 共计 8 条路径进行修正，直至各修正指数无较大结果存在，且模型整体拟合得到不断提升。最后，笔者再次运行 SPSS AMOS 24.0 软件进行拟合度检验，发现χ^2/df 从 1.503 减小到 1.260，RMSEA 从 0.039 减小到 0.028，GFI 从 0.878 提升至 0.900，IFI 从 0.960 提升至 0.980，TLI 从 0.957 提升至 0.978，CFI 从 0.960 提升至 0.980，这一结果表明初始模型得到进一步修正。修正后的结构模型整体拟合指标结果与修正后的结构模型如表 5.10 与图 5.3 所示。

表 5.10　修正后的结构模型整体拟合指标结果

拟合指标	χ^2/df	RMSEA	GFI	IFI	TLI	CFI
临界值	<2	<0.08	>0.9	>0.9	>0.9	>0.9
结果	1.260	0.028	0.900	0.980	0.978	0.980

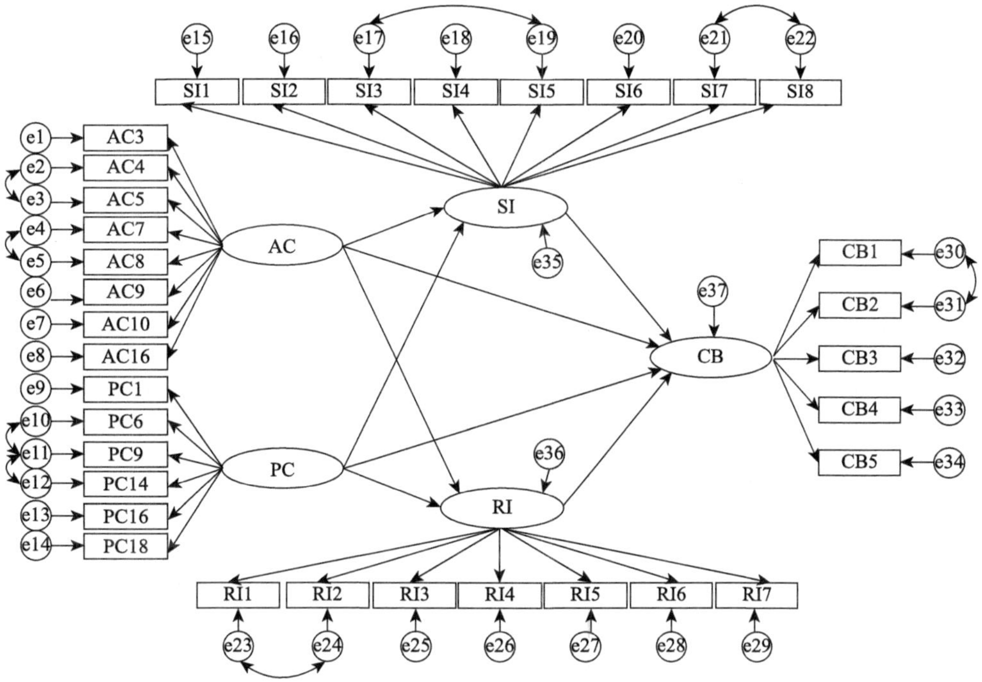

图 5.3　修正后的结构模型

从结果来看，笔者所修正的残差项均为同一变量或变量的同一维度下测量指标间的相关，这也进一步表明本章研究测量模型的有效性。同时，本章研究的结构模型整体拟合程度良好，满足各项指标的临界值要求，即修正后的结构模型整体拟合程度较好，各路径均呈现显著性，模型通过拟合检验。

2. 结构模型路径系数分析

模型路径分析在于检验潜变量之间因果关系假设是否成立。本章研究通过计算标准化路径系数估计值、*T* 值与 *P* 值等指标，分析各潜变量间的内在结构关系，具体结果如表 5.11 所示。

表 5.11　结构方程模型路径系数

假设关系	非标准化路径系数	标准化路径系数	S.E.	*T*	*P*	通过情况
H5.1a：社会资本合作行为←假设冲突	−0.099	−0.120	0.042	−2.333	*	通过
H5.1b：社会资本合作行为←惯例冲突	−0.124	−0.160	0.045	−2.737	**	通过
H5.2a：社会资本与政府的相互依赖←假设冲突	−0.208	−0.223	0.059	−3.561	***	通过
H5.2b：社会资本与政府的相互依赖←惯例冲突	−0.277	−0.314	0.057	−4.822	***	通过
H5.3：社会资本合作行为←社会资本与政府的相互依赖	0.353	0.401	0.054	6.533	***	通过
H5.5a：社会资本与政府的关系嵌入←假设冲突	−0.057	−0.068	0.053	−1.082	0.279	未通过
H5.5b：社会资本与政府的关系嵌入←惯例冲突	−0.281	−0.352	0.054	−5.203	***	通过
H5.6：社会资本合作行为←社会资本与政府的关系嵌入	0.320	0.329	0.055	5.774	***	通过

*、**和***分别表示在 0.05、0.01 和 0.001 水平显著

结果显示，H5.5a 的 *P* 值大于 0.05，未达到显著性水平，因此未通过检验；H5.1a的*P*值仅达到0.05的显著性水平；而H5.1b的*P*值达到0.01的显著性水平；其余 5 个假设关系所形成路径的 *T* 值均大于 1.96，*P* 值均达到了 0.001 的显著性水平。随后结合各条路径的标准化路径系数进行分析，假设冲突与惯例冲突到社会资本合作行为的标准化路径系数分别为−0.120 与−0.160，均对合作行为存在一定的负向影响；假设冲突到社会资本与政府的相互依赖的标准化路径为−0.223，而惯例冲突到社会资本与政府的相互依赖的标准化路径为−0.277，表明两者对社会资本与政府的相互依赖有着较为显著的负向影响；假设冲突对社会资本与政府的关系嵌入的直接影响不显著，而惯例冲突到社会资本与政府的关系嵌入的标准化路径系数为−0.352，表明惯例冲突对社会资本与政府的关系嵌入存在显著的负向影响；最后，社会资本与政府的相互依赖和社会资本与政府的关系嵌入到社会资本合作行为的标准化路径分别为0.401与0.329，表明两者均对社会资本合作行为有着正向影响。综上，H5.1a、H5.1b、H5.2a、H5.2b、H5.3、H5.5b 与 H5.6 均通过检验，H5.5a 未通过检验。

5.3.3　中介效应检验

现有对于中介效应的检验，国内外学术研究大多借鉴 Baron 等[257]提出的因果逐步回归的检验方法（causal step regression）。然而近年来，不少学者质疑该方法的合理性与有效性。在此背景下，Zhao 等[258]对中介效应的检验程序进行详细的探讨，并推荐采用 Preacher 和 Hayes[259]提出的 Bootstrap 方法进行中介效应的检验。在本章研究中，笔者也尝试使用 Bootstrap 方法对模型的中介效应进行

检验。

本章研究的中介效应检验分为两步：在借鉴中介效应分析的最新研究成果后，笔者首先使用 SPSS AMOS 24.0 软件的 Bootstrap 检验，对模型中的中介效应进行了初步检验；其次结合 SPSS Statistics 22.0 的 Process 程序，进一步完成简单中介与平行中介效应的 Bootstrap 检验，以实现对中介效应的完整分析。

1. 中介效应的初步检验

笔者首先使用 SPSS AMOS 24.0 软件进行 Bootstrap 检验，将 Bootstrap 值设置为 5 000、置信区间设置为 95%，以初步检验两个中介变量的中介效应，结果如表 5.12 所示，以下为基于结果的分析。

表 5.12　结构模型中介效应初步检验

中介效应	变量	AC		PC		SI		RI	
直接效应及显著性 Bootstrap Confidence	SI	−0.216	**	−0.310	***				
	RI	−0.069	0.281	−0.344	***				
	CB	−0.114	*	−0.179	**	0.401	***	0.323	***
中介效应及显著性 Bootstrap Confidence	SI								
	RI								
	CB	−0.196	*	−0.345	***				

*、**和***分别表示在 0.05、0.01 和 0.001 水平显著

首先，价值冲突对社会资本与政府的关系嵌入的直接效应不显著（P=0.281>0.005），因此 H5.5a 未通过检验，这一结果也与表 5.11 一致，前文研究结果获得印证。因此，社会资本与政府的关系嵌入在价值冲突与社会资本合作行为之间没有起到中介效应，因此 H5.7a 未获得验证。

其次，假设冲突与惯例冲突对社会资本合作行为的影响均显著，效应值分别为−0.114 与−0.179。在加入中介变量之后，中介效应依旧显著，效应值分别提升至−0.196 与−0.345，这也表明模型中的中介变量在假设冲突与惯例冲突对社会资本合作行为之间发挥部分中介效应。因此，H5.4a、H5.4b 与 H5.7b 得到初步验证。

由此，本章研究结构模型中的社会资本与政府的相互依赖和关系嵌入的中介作用得到初步检验，各中介效果显著。H5.4a、H5.4b 与 H5.7b 得到初步检验，而 H5.7a 未获得验证。

2. 简单中介效应检验

随后，本章研究选择 SPSS Statistics 22.0 的 Process 程序，参照陈瑞等[260]所

建议的软件操作流程，将样本量（bootstrap sample）设置为 5 000，置信区间（即置信度）设置为 95%，进行后续简单中介与平行中介效应的检验。

简单中介是指仅有一个自变量、一个中介变量和一个因变量的情况。本章研究模型中包含三个简单中介效应，即社会资本与政府的相互依赖在假设冲突与社会资本合作行为之间的中介效应，社会资本与政府的相互依赖在惯例冲突与社会资本合作行为之间的中介效应，以及社会资本与政府的关系嵌入在惯例冲突与社会资本合作行为之间的中介效应。

首先，笔者对社会资本与政府的相互依赖在 PPP 项目公私制度逻辑冲突（假设冲突和惯例冲突）与社会资本合作行为之间的中介作用进行检验，非标准化结果如表 5.13 所示。

表 5.13　"AC/PC-SI-CB" 简单中介模型的中介作用检验

AC-SI-CB	效应值	标准误	t	P	置信区间 LLCI	置信区间 ULCI
总效应	−0.277 3	0.044 4	−6.251 6	0.000 0	−0.364 6	−0.190 0
直接效应	−0.139 1	0.039 9	−3.489 7	0.000 5	−0.217 5	−0.060 7
	效应值	Boot 标准误	置信区间 LLCI	置信区间 ULCI		
间接效应	−0.138 2	0.030 8	−0.202 4	−0.081 7		
	效应值	标准误	Z	P		
Sobel 检验	−0.138 2	0.026 4	−5.231 9	0.000 0		
PC-SI-CB	效应值	标准误	t	P	置信区间 LLCI	置信区间 ULCI
总效应	−0.393 0	0.046 2	−8.503 9	0.000 0	−0.483 9	−0.302 1
直接效应	−0.244 0	0.042 4	−5.755 9	0.000 0	−0.327 4	−0.160 6
	效应值	Boot 标准误	置信区间 LLCI	置信区间 ULCI		
间接效应	−0.149 0	0.033 1	−0.217 4	−0.088 1		
	效应值	标准误	Z	P		
Sobel 检验	−0.149 0	0.027 3	−5.451 8	0.000 0		

由结果可知，在假设冲突与社会资本合作行为的关系中，主效应同样显著（总效应值=−0.277 3，P<0.01）。结合中介效应来看，社会资本与政府的相互依赖在假设冲突与社会资本合作行为之间起中介作用（中介效应值=−0.138 2，P<0.01），相应的 Boot 置信区间（LLCI=−0.202 4，ULCI=−0.081 7）不包含 0。同时，Sobel检验值也呈现显著性（Z=−5.231 9，P<0.01）。因此，社会资本与政府的相互依赖在假设冲突与社会资本合作行为之间起中介作用，且呈现部分中介效应，H5.4a 得到验证。

另外，惯例冲突对社会资本合作行为的负向主效应存在（总效应值=

−0.393 0，P<0.01）。同时，社会资本与政府的相互依赖在假设冲突与社会资本合作行为之间的中介作用存在（中介效应值=−0.149 0，P<0.01）。相应的 Boot 置信区间（LLCI=−0.217 4，ULCI=−0.088 1）不包含 0，表明中介效应存在。此外，Sobel 检验值也呈现显著性（Z=−5.451 8，P<0.01）。因此，社会资本与政府的相互依赖在惯例冲突与社会资本合作行为之间起中介作用，且呈现部分中介效应，H5.4b 得到验证。

其次，笔者对社会资本与政府的关系嵌入在惯例冲突与社会资本合作行为之间的中介作用进行检验，非标准化结果如表 5.14 所示。

表 5.14　"PC-RI-CB"简单中介模型的中介作用检验

PC-RI-CB	效应值	标准误	t	P	置信区间 LLCI	置信区间 ULCI
总效应	−0.393 0	0.046 2	−8.503 9	0.000 0	−0.483 9	−0.302 1
直接效应	−0.274 7	0.043 9	−6.256 6	0.000 0	−0.361 0	−0.188 3
	效应值	Boot 标准误	置信区间 LLCI	置信区间 ULCI		
间接效应	−0.118 3	0.027 2	−0.182 2	−0.073 3		
	效应值	标准误	Z	P		
Sobel 检验	−0.118 3	0.024 3	−4.867 5	0.000 0		

在"PC-RI-CB"的简单中介模型中，惯例冲突对社会资本合作行为的负向主效应存在（总效应值=−0.393 0，P<0.01），社会资本与政府的关系嵌入的中介效应值为−0.118 3，相应 Boot 置信区间为（LLCI=−0.182 2，ULCI=−0.073 3），Sobel 检验呈现显著（Z=−4.867 5，P<0.01），说明中介效应存在且显著。由此，社会资本与政府的关系嵌入在惯例冲突与社会资本合作行为之间有着部分中介作用，即 H5.7b 得到验证。

3. PC-SI/RI-CB 平行中介效应检验

为检验模型的平行中介效应，本章研究依据初始假设模型构建"惯例冲突对社会资本合作行为的平行中介模型（PC-SI/RI-CB）"，并对相关效应指标进行计算。

如表 5.15 所示，在"惯例冲突对社会资本合作行为的平行中介模型（PC-SI/RI-CB）"中，中介总效应值为−0.204 6，Boot 置信区间为（LLCI=−0.285 5，ULCI=−0.132 9），不包含 0。可见，社会资本与政府的相互依赖和社会资本与政府的关系嵌入在惯例冲突与社会资本合作行为间有着中介作用。其中，社会资本与政府的相互依赖的中介效应为−0.121 0，Boot 置信区间为

（LLCI=−0.183 1，ULCI=−0.070 6），不包含 0；社会资本与政府的关系嵌入的中介效应为−0.083 6，Boot 置信区间为（LLCI=−0.141 0，ULCI=−0.044 1），同样不包含 0。由此表明，社会资本与政府的相互依赖和社会资本与政府的关系嵌入在惯例冲突与社会资本合作行为间起到平行中介作用。结合 C1（SI-RI）效应值为−0.037 3，Boot 置信区间（LLCI=−0.107 5，ULCI=0.032 2）包含 0，以及 Sobel 检验结果来看，在该模型中社会资本与政府的相互依赖和社会资本与政府的关系嵌入的中介效应差异不显著，即在“PC-SI/RI-CB”平行中介模型中，社会资本与政府的相互依赖和社会资本与政府的关系嵌入的中介效应大体相当。

表 5.15　“PC-SI/RI-CB”平行中介模型的中介作用检验

PC-SI/RI-CB	效应值	标准误	t	P	置信区间 LLCI	置信区间 ULCI
总效应	−0.393 0	0.046 2	−8.503 9	0.000 0	−0.483 9	−0.302 1
直接效应	−0.188 4	0.040 9	−4.606 5	0.000 0	−0.268 9	−0.107 9
	效应值	Boot 标准误	置信区间 LLCI	置信区间 ULCI		
中介总效应	−0.204 6	0.038 9	−0.285 5	−0.132 9		
SI 中介效应	−0.121 0	0.028 4	−0.183 1	−0.070 6		
RI 中介效应	−0.083 6	0.024 1	−0.141 0	−0.044 1		
C1（SI-RI）	−0.037 3	0.035 5	−0.107 5	0.032 2		
	效应值	标准误	Z	P		
Sobel 检验 SI	−0.121 0	0.023 6	−5.118 0	0.000 0		
Sobel 检验 RI	−0.083 6	0.019 3	−4.334 0	0.000 0		

5.4　结果分析与讨论

本章研究在构建变量间关系假设的基础上，对 PPP 项目公私制度逻辑冲突、社会资本与政府之间的相互依赖与关系嵌入以及社会资本合作行为四个构念之间的因果关系进行实证检验。笔者共计提出 7 个主假设与 10 个子假设。经基于大样本数据的统计实证检验，除 H5.5a 与 H5.7a 未获得验证以外，其余各主假设与子假设尽管各自所形成的关系路径的显著性存在一定程度的差异，但均能满足模型检验的临界标准，因此得到验证并通过检验。图 5.4 为检验后的研究假设模型。为充分揭示假设成立与否的内在原因，深入解读各个研究变量之间彼此的结构关系，本节将结合检验结果做进一步的讨论分析。

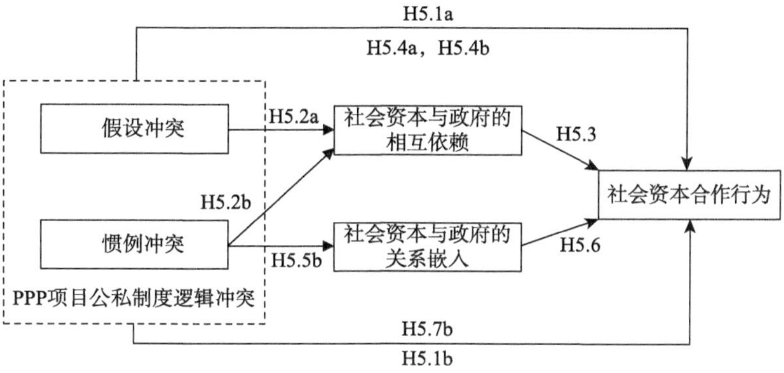

图 5.4　检验后的研究假设模型

5.4.1　公私制度逻辑冲突、社会资本与政府的相互依赖和合作行为间关系

1. 公私制度逻辑冲突对社会资本合作行为的影响

实证结果显示，假设冲突与惯例冲突对社会资本的合作行为均有着负向影响，即当PPP项目中公私制度逻辑冲突程度越高时，越不利于社会资本的合作行为，H5.1 及 H5.1a 与 H5.1b 均通过验证。这一结果与管理学中任何冲突都是不利的、应该尽量避免的传统观点一致[130]。如假设推演部分所述，假设冲突程度越高，社会资本便需要不断地进行战略选择，很容易会引发对政府的项目动机或承诺的怀疑。同时，社会资本对于冲突的态度会作用于社会资本的主观能动性，从而直接影响其行为[77]。因此，当政府和社会资本之间的假设冲突较多时，不利于社会资本的合作行为。

惯例冲突的存在，还可能使社会资本的惯例成为具有有利性与非有利性双重特征的防护性惯例[246]。因此，当政府和社会资本之间的惯例冲突较多时，同样会对社会资本的合作行为产生负面影响。两种冲突都会阻碍社会资本合作行为的展现。

2. 公私制度逻辑冲突对社会资本与政府的相互依赖的影响

检验结果表明，假设冲突与惯例冲突对社会资本与政府的相互依赖均有着负向影响，即公私制度逻辑冲突程度越高，越不利于社会资本与政府的相互依赖，H5.2 及 H5.2a 与 H5.2b 均通过验证。

从路径系数来看，假设冲突（β=−0.223，P<0.001）与惯例冲突（β=−0.314，P<0.001）对社会资本与政府的相互依赖的作用强度有所差异，即惯例冲突对社会资本与政府的相互依赖的影响强于假设冲突所造成的影响。存在这种差异的可能是因为假设冲突是一种无法直接观察的观念与意义方面的冲突[68]，而惯例冲突体现的是公私制度逻辑冲突的实质性维度[188]，是一种可以直接观察的组织结构与惯例方面的冲突[17]。这种实质性的冲突是一种“摆上台面”的冲突，因此有着更为直接，也更为强烈的负向影响。

3. 社会资本与政府的相互依赖对社会资本合作行为的影响

H5.3 通过实证检验，即社会资本与政府的相互依赖对社会资本合作行为有着积极的影响（β=0.401，P<0.001）。这与 Johnson[140]、D.W.Johnson 和 R.T.Johnson[143]与 Tjosvold 等[249]的研究结果相一致，表明社会资本与政府的相互依赖程度的提升可以有效促进公私双方合作关系的构建，促进社会资本合作行为的产生。当社会资本认为己方目标的实现需要建立在政府目标实现的基础之上时，便会对冲突作出积极的回应，主动配合政府方的活动，采取合作的态度与行为。也就是说，社会资本与政府的相互依赖的提升可以鼓励社会资本在面对冲突时付出更多的项目努力，从而达到有效化解冲突的目的。

4. 社会资本与政府的相互依赖对公私制度逻辑冲突与合作行为的中介作用

依据 SPSS Statistics 22.0 中 Process 程序的 Bootstrap 检验结果，假设冲突通过社会资本与政府的相互依赖对社会资本合作行为发挥显著的间接效应，效应值约占总效应的二分之一，因此呈现部分中介效果。由此，假设冲突不仅可以直接影响社会资本合作行为，还可以通过社会资本与政府的相互依赖实现对社会资本合作行为的间接作用。

另外，社会资本与政府的相互依赖也在惯例冲突与社会资本合作行为之间发挥着显著的中介作用。相应地，惯例冲突对社会资本合作行为的作用包括直接作用与间接作用两方面。其中，间接效应约占总效应的三分之一，因此同样呈现部分中介效果。

比较来看，社会资本与政府的相互依赖在假设冲突与社会资本合作行为之间的中介效应强于其在惯例冲突与社会资本合作行为之间的中介效应。这种差异可能是因为，假设冲突反映的是公私制度逻辑冲突的观念性维度，而对相互依赖程度的感知同样存在于观念性层次，因此对于社会资本合作行为的影响便更为直接和显著，H5.4 及 H5.4a 和 H5.4b 均通过检验。

5.4.2 公私制度逻辑冲突、社会资本与政府的关系嵌入和合作行为间关系

1. 公私制度逻辑冲突对社会资本与政府的关系嵌入的影响

实证结果表明，假设冲突对社会资本与政府的关系嵌入的路径系数不显著（β=−0.068，P>0.05），H5.5a 未能通过检验，即假设冲突对社会资本与政府的关系嵌入的负向的影响不显著。这一结果与假设冲突是一种无法直接观察的观念与意义方面的冲突有关[68]。假设是由政府与社会资本各自所持有的价值观决定与塑造的，公与私的差异与冲突是PPP项目中的一组天然矛盾，而在当下PPP项目广泛流行与大量应用的背景下，政府与社会资本都意识到这种对同一事物不同假设的冲突是不可避免的，因此这种意识层面的冲突并不对双方的关系嵌入产生实际的负面影响。此外，现有研究普遍认为中国社会推崇和谐，人们往往通过回避认知上的分歧以维持人际上的和谐[130]。在本章研究中，政府与社会资本之间的假设冲突并未对双方的关系嵌入产生影响这一研究发现也印证了上述观点。

另外，惯例冲突对社会资本与政府的关系嵌入的路径系数显著（β=−0.352，P<0.001），H5.5b通过检验，即惯例冲突对社会资本与政府的关系嵌入有着负向的影响。这一结果表明，相较假设冲突，惯例冲突作为一种可以直接观察的组织结构与惯例方面的冲突，对公私双方之间的关系造成负面影响。综上，H5.5a未通过检验，而H5.5b通过检验。

2. 社会资本与政府的关系嵌入对社会资本合作行为的影响

实证结果表明，社会资本与政府的关系嵌入对社会资本合作行为具有显著的正向影响（β=0.329，P<0.001），H5.6 通过检验。这与现有研究中针对关系嵌入与合作行为关系的探讨，如李丹和杨建君[261]、Warsen 等[262]的研究结果相一致。由此表明，在关注PPP项目实施全过程的情境下，社会资本与政府的关系嵌入是促进社会资本合作行为展现的一个重要影响因素。项目过程中与政府的高关系嵌入能够在制度逻辑冲突发生时有效降低社会资本的对抗思维，缓和公私双方的紧张氛围，促使社会资本关注政府的项目目标与价值诉求，从而促进社会资本合作行为的良性展开。

3. 社会资本与政府的关系嵌入对公私制度逻辑冲突与合作行为关系的中介作用

依据SPSS Statistics 22.0中Process程序的Bootstrap检验结果，社会资本与政府的关系嵌入在惯例冲突与社会资本合作行为之间起中介作用，H5.7b通过检验，而H5.7a未通过检验。具体来看，在简单中介模型“PC-RI-CB”中，惯例冲突对社会资本合作行为的总效应为−0.393 0，其中间接效应为−0.083 6。由此可见，惯例冲突不仅对社会资本合作行为产生直接的负面影响，还通过对社会资本与政府的关系嵌入间接影响其外在行为。

5.4.3 社会资本与政府的相互依赖和关系嵌入的平行中介关系

本章研究中包含一个平行中介模型，即“惯例冲突对社会资本合作行为的平行中介模型（PC-SI/RI-CB）”。首先，从模型“PC-SI/RI-CB”的Bootstrap检验结果来看，社会资本与政府的相互依赖和关系嵌入的平行中介效应（−0.204 6）约占该模型总效应的二分之一，远大于两个变量单独的中介效应。需要注意的是，社会资本与政府的相互依赖的中介效应（−0.121 0）稍大于社会资本与政府的关系嵌入的中介效应（−0.083 6），但这种差异并不显著，即在“PC-SI/RI-CB”平行中介模型中，社会资本与政府的相互依赖和社会资本与政府的关系嵌入的中介效应作用相当。可见，惯例冲突对社会资本合作行为的间接影响主要是通过社会资本与政府的相互依赖和关系嵌入的平行中介实现的，平行中介模型比两变量各自的简单中介效应更具解释力。

5.5 本章小结

本章首先基于相关理论，构建公私制度逻辑冲突、社会资本与政府之间的相互依赖与关系嵌入以及社会资本合作行为四个构念之间的关系假设，形成本章的研究假设模型。其次，运用实证研究方法对研究假设进行验证与讨论，具体包括：对研究因变量、自变量及中介变量的测量量表的选取、修改和进一步完善，最终形成数据收集所需要的大样本调研问卷；通过纸质板与电子版问卷的发放，获取330份社会资本的样本数据；采用SPSS Statistics 22.0与SPSS AMOS 24.0软件，开展结构方程模型与Bootstrap检验，对提出的假设进行检验。

结果显示，本章研究中除H5.5a与H5.7a未通过检验外，其余各主假设与子假设均得到验证。研究发现包括：首先，假设冲突与惯例冲突均对社会资本合作行为有着直接与间接影响，但两者之间又存在一定的差异。具体看来，社会资本与政府的关系嵌入在假设冲突与社会资本合作行为之间起部分中介作用；而社会资本与政府的相互依赖与关系嵌入在惯例冲突与社会资本合作行为之间既起到了单独的部分中介作用，又共同起到平行中介作用。其中，平行中介作用发挥了主要作用，占“PC-SI/RI-CB”模型中总效应的 52%。其次，假设冲突只会对社会资本与政府的相互依赖产生负向影响，对关系嵌入没有影响。惯例冲突对社会资本与政府的相互依赖与关系嵌入均会产生负向影响。最后，社会资本与政府的相互依赖与关系嵌入均对社会资本的合作行为产生正向影响。上述结果深化了公私制度逻辑冲突对 PPP 项目社会资本合作行为的影响研究，解构了两者之间的作用路径，揭示了社会资本与政府的相互依赖与关系嵌入在两者之间的重要中介效应。以上研究结果对本书的第三个研究问题进行了回答。

在第 6 章中，笔者将对本书前五章的研究内容及研究成果进行回顾与总结，说明研究的主要创新点、可能的局限及未来的研究方向。

第 6 章 结论与展望

纵观PPP在我国三十多年的发展历程，从早期对西方模式的模仿与学习，到后来的逐步独立自主与不断开拓创新，已经形成独具中国特色的 PPP 模式，走出了一条特点鲜明的PPP发展之路。PPP在激发民间资本活力与推动投资稳定增长的同时，也为减轻地方政府债务、推进供给侧结构性改革、促进就业与推进"一带一路"建设提供了有力支持。

然而，随着 PPP 项目规模的不断扩大，PPP 在实际应用中的问题也逐步凸显，包括缺乏成熟的法律体系与完善的政策法规、政府拥有过于强大的话语权、过度重视PPP融资功能、项目实施不规范等。其中，作为PPP项目最重要的两个利益相关者，政府与社会资本双方之间的制度逻辑冲突是PPP项目中最为典型也最为根本的问题。如何使公私合作双方理解、包容与尊重彼此的价值目标，在公共利益逻辑与资本利益逻辑之间求同存异，成为政府和社会资本双方开展良性合作、推动项目有效实施的关键。然而目前在我国，PPP 仍处于探索与不断试错的阶段，缺少系统性的制度安排和必要的"顶层设计"。同时，当前关于PPP项目公私制度逻辑冲突，以及这种冲突与社会资本合作行为的研究也较为有限。一方面，对于PPP项目公私制度逻辑冲突的本质、构成及表现尚未形成清晰认识；另一方面，对于PPP项目公私制度逻辑冲突与社会资本合作行为之间的内在关联、影响机制等方面的问题也缺少系统、深入的探讨。

鉴于此，本书采用文献研究、科学计量研究、案例研究、因子分析、统计实证研究等方法，在对现有理论与研究成果进行系统性回顾的基础上，分析与提炼PPP项目公私制度逻辑冲突的内涵与结构维度，进而对PPP项目公私制度逻辑冲突与社会资本合作行为之间的影响机理进行探索，揭示与构建"公私制度逻辑冲突–公私混合状态（社会资本与政府的相互依赖与关系嵌入）–社会资本合作行为"的内在作用机制。随后，以理论研究结果为依据，通过理论建模与实证分析，对公私制度逻辑冲突、社会资本与政府之间的相互依赖与关系嵌入以及社会资本合作行为四个构念之间的内在联系与影响关系进行系统的分析与检验。

本章对上述研究内容与研究成果进行归纳总结，说明研究主要创新点、可能的局限及未来的研究方向。

6.1　研究结论与研究建议

6.1.1　研究结论

研究结论 1：PPP 项目公私制度逻辑冲突是一个由假设冲突与惯例冲突共同构成的一阶相关双维度构念。

首先，本书研究通过对PPP项目公私制度逻辑冲突构念的内涵及测量研究，对研究问题 1 进行回答。内容分析与因子分析表明，PPP 项目公私制度逻辑冲突指的是政府和社会资本在合作过程中，围绕各自价值目标开展协商、交易时所遵循公共利益逻辑与资本利益逻辑的不兼容状态与过程。该构念包含假设冲突与惯例冲突两个内在维度：前者指的是政府和社会资本基于各自制度逻辑对PPP项目所持有的不同预期与看法之间的不兼容。假设冲突反映的是公私制度逻辑冲突的观念性维度，是一种无法直接观察的观念与意义方面的冲突；而惯例冲突则是政府和社会资本基于各自制度逻辑在PPP项目中持有的不同规则、规范或惯例之间的不兼容。惯例冲突体现的是公私制度逻辑冲突的实质性维度，是一种可以直接观察的组织结构与惯例方面的冲突。

随后基于定性研究结果，本书研究开发PPP项目公私制度逻辑冲突的测量量表，通过大样本数据因子分析对构念及其结构进行了检验。最终得到测量假设冲突的8个题项与测量惯例冲突的6个题项，这14个题项共同构成满足信效度要求的 PPP 项目公私制度逻辑冲突量表。同时，验证性因子分析表明，PPP 项目公私制度逻辑冲突是一个一阶相关双维度的构念。综上，本书通过定性与定量研究的结合，界定 PPP 项目公私制度逻辑冲突的内涵，构建相应的一阶双维度构念模型，开发并验证构念测量量表，为后续研究奠定概念与工具基础。

研究结论 2：公私制度逻辑冲突、社会资本与政府的相互依赖和关系嵌入与社会资本合作行为四个构念之间彼此联系。社会资本所处的公私混合状态由社会资本与政府的相互依赖和关系嵌入决定，社会资本所处的三种公私混合状态对应着区分式合作、结合式合作与服从式合作三种不同的合作行为。

其次，本书研究对PPP项目公私制度逻辑冲突对社会资本合作行为影响的内在机理进行探索性研究，对研究问题 2 进行回答。多案例研究显示：第一，公私制度逻辑冲突会对社会资本的公私混合状态产生影响，公私混合状态进而会影响社会资本合作行为；第二，公私混合状态的表现可以归纳与划分为社会资本与政府的相互依赖和关系嵌入两个维度，即目标混合的状态与关系混合的状态；第三，基于社会资本与政府的相互依赖和关系嵌入两个维度不同状态的组合，可以得出社会资本所处的三种不同公私混合状态，包括低相互依赖-低关系嵌入、高相互依赖-高关系嵌入与高相互依赖-低关系嵌入；第四，社会资本的公私混合状态决定其最终所采取的合作行为。处于低相互依赖-低关系嵌入的社会资本更倾向选择区分式合作，在合作过程中有意识地将自身与政府的假设、价值观与惯例进行区分；处于高相互依赖-高关系嵌入状态的社会资本在合作过程中更多的是采用结合式合作，以尽可能地将社会资本的资本利益逻辑与政府的公共利益逻辑进行融合；而高相互依赖-低关系嵌入的社会资本在合作过程中更倾向服从政府的假设、价值观与惯例，因而采取的是一种服从式合作的策略。

研究结论 3：假设冲突与惯例冲突均对社会资本合作行为有着直接影响和间接影响，社会资本与政府的关系嵌入在假设冲突与社会资本合作行为中起部分中介作用；而社会资本与政府的相互依赖与关系嵌入在惯例冲突与社会资本合作行为中既起到单独的部分中介作用，又共同起到平行中介作用。

最后，本书研究构建公私制度逻辑冲突、社会资本与政府之间的相互依赖与关系嵌入以及社会资本合作行为之间的关系假设，深入揭示四者之间的内在关联与作用路径，对研究问题 3 进行回答。实证研究结果显示，本书研究中除 H5.5a 与 H5.7a 未通过检验外，其余各主假设与子假设均得到验证。研究发现如下：第一，假设冲突与惯例冲突均对社会资本合作行为有着直接与间接的影响，但又存在一定的差异。具体看来，社会资本与政府的关系嵌入在假设冲突与社会资本合作行为中起部分中介作用；而社会资本与政府的相互依赖与关系嵌入在惯例冲突与社会资本合作行为中既单独起部分中介作用，又共同起到平行中介作用。其中，平行中介作用发挥主要作用，占“PC-SI/RI-CB”模型中总效应的 52%。第二，假设冲突只会对社会资本与政府的相互依赖产生负向影响，对关系嵌入没有影响。惯例冲突对社会资本与政府的相互依赖和关系嵌入均会产生负向影响。第三，社会资本与政府的相互依赖和关系嵌入均对社会资本的合作行为产生正向影响。

6.1.2 研究建议

本书研究对 PPP 项目公私制度逻辑冲突对社会资本合作行为影响的探究与解读，可以为我国 PPP 项目的设计与执行提供有效的战略指导。政府和社会资本可从以下三个方面入手，实现对公私制度逻辑冲突的提前预警与及时化解，构建双方良性的合作关系，以共同应对 PPP 项目的投资运营周期长、技术复杂、投资大、不确定因素多等问题。

研究建议 1：政府和社会资本应对 PPP 项目公私制度逻辑冲突建立清晰的认识，在项目执行过程中预先识别并及时化解公私制度逻辑冲突。

对 PPP 项目公私制度逻辑冲突内涵与维度的探究表明，公私制度逻辑冲突对社会资本合作行为有着负向的直接影响与间接影响，阻碍社会资本合作行为的展现。因此，政府和社会资本需要格外关注公私双方对 PPP 项目持有的预期与看法的差异以及规则、规范或惯例的不同，在项目执行过程中预先对潜在的公私制度逻辑冲突进行识别，并在冲突真正发生时及时化解。公私双方需要对彼此理解、包容与尊重。一方面，社会资本需要明白，PPP 项目必须服务于公共产品的本质属性，不能改变公共产品供给的社会功能，公共利益应当也必须成为 PPP 项目中的最高价值；另一方面，政府也需要认识到，PPP 项目单纯地、绝对化地追求公共利益价值也并不现实，难以对社会资本形成有效的吸引力。尽管 PPP 在我国早已不再是什么新鲜事物，然而目前我国尚未对其进行立法，相关部门只是给出指导意见、试行办法与实施细则，政府和社会资本只能参照各自曾经施行、可以仿照办理的做法执行项目。这就需要公私双方积极主动地熟悉与了解对方所遵循的惯例、办事流程与方法，并尽可能地与己方的惯例进行结合，从而减少双方之间的矛盾。

政府和社会资本只有在一定的法律和制度框架内合作发展、良性互动，将由制度逻辑差异引发冲突的影响减小至最小，在谋求公共利益最大化与获取合理资本回报之间实现协调统一，才能最终达到政府和社会资本价值共创的结果。

研究建议 2：重视社会资本与政府之间的社会互依，提升公私双方之间目标的相互依赖。

研究结果表明，社会资本与政府之间的相互依赖在 PPP 项目公私制度逻辑冲突与社会资本合作行为之间发挥着极其重要的作用，是公私制度逻辑冲突发挥负向影响的关键中介。因此，政府和社会资本需要重视公私双方在目标上的相互依赖。一方面，在项目的执行过程中政府需要转变固有认知，重视交易分配结果与过程规范程度，促使社会资本感知到己方目标的实现需要建立在政府目标实现的基础之上，双方的项目目标并不冲突矛盾。另一方面，社会资本同样需要通过主动积极的履约，塑造与政府之间良好的合作伙伴关系，促使政府同样感知到己方目标的实现需要建立在社会资本目标实现的基础之上，双方的目标是高度一致的。

只有通过公私双方的共同努力，方能在 PPP 项目中营造合理对等的交易氛围，保证社会资本能够取得与投入相适宜的资本回报，实现对社会资本的激励，形成公私双方之间公平互惠的合作关系，促进合作行为的持续不断产生。

研究建议 3：强化社会资本与政府之间的关系嵌入，促进公私双方之间的信任、信息共享与问题共同解决。

研究结果显示，社会资本与政府之间的关系嵌入是PPP项目公私制度逻辑冲突与社会资本合作行为之间的另一个重要中介。政府和社会资本需要重视公私双方之间的信任、信息共享与问题共同解决。一方面，政府是社会管理的主体，政府的一言一行均对社会资本产生影响。政府应积极利用各种信息传播途径和手段促使社会资本与政府进行双向的信息交流，从而为企业建立良好的外部政治环境，促进企业的生存和持续发展。另一方面，社会资本也应主动加强与政府部门的信息沟通，树立支持政府工作为己任的观念，与政府人员建立良好、健康的亲密合作关系。这样才能促使政府与社会资本更倾向对合作伙伴容易产生歧义的行为进行积极的解读，而并非消极负面的解读。政府与社会资本对合作伙伴的高度嵌入会进一步产生对关系的投入与承诺，反过来会提高合作双方的信任、问题共同解决与信息共享，进而打开通向长期与有效冲突解决的大门，以及合作双方为了维护合作关系而愿意牺牲眼前利益的姿态。

6.2 研究主要创新点

创新点 1：从假设冲突与惯例冲突两个维度开发PPP项目公私制度逻辑冲突双维度测量量表，为PPP项目公私制度逻辑冲突相关研究奠定工具基础。

针对现有研究中PPP项目公私制度逻辑冲突内涵模糊、结构不清晰及缺乏有效测量工具等问题，本书研究结合定性与定量研究方法，开展PPP项目公私制度逻辑冲突构念的模型构建与测量量表开发。一方面，实现对社会资本视角下PPP项目公私制度逻辑冲突外在表征的系统识别与提炼，有效地避免单一内容构成视角的片面与局限，进而得以识别出包含假设冲突与惯例冲突的构念体系，有助于获得对PPP项目公私制度逻辑冲突内涵与维度的清晰认识与理解。另一方面，本书研究开发的双维度结构测量量表，涵盖PPP项目公私制度逻辑冲突的14种主要表征，形成对PPP项目公私制度逻辑冲突进行有效测量的测量工具，为今后针对政府和社会资本在PPP项目中的制度逻辑冲突相关研究奠定工具基础。

创新点 2：通过多案例研究，在识别社会资本与政府的相互依赖和关系嵌入两个关键要素和归纳区分式合作、服从式合作与结合式合作三种不同类型的社会资本合作行为的基础上，提出PPP项目公私制度逻辑冲突对社会资本合作行为的影响机理。

本书通过多案例研究，在识别三个案例项目公私制度逻辑冲突影响与社会资本合作行为表现的基础之上，打开两者之间的“理论黑箱”，进而揭示PPP项目公私制度逻辑冲突对社会资本合作行为的影响机理。本书研究识别“公私制度逻辑冲突影响—社会资本合作行为”之间的关键要素，即社会资本与政府的相互依赖和关系嵌入，验证这两个因素对解析PPP项目公私制度逻辑冲突与社会资本合作行为之间影响机理的重要价值。另外，阐明公私制度逻辑冲突对社会资本与政府的相互依赖和关系嵌入，以及对社会资本合作行为的负向影响。最后，本书研究通过政府与社会资本的相互依赖和关系嵌入两个维度对社会资本的公私混合状态进行刻画，并基于社会资本所处的公私混合状态对社会资本可能采取的合作行为进行预测，提出区分式合作、服从式合作与结合式合作三种不同类型的合作行为。相较 Oliver 和 Montgomery[231]、Pache 和 Santos[40]对组织对竞争性制度需求的战略回应的预测，本书研究对公私制度逻辑对PPP项目社会资本合作行为影响的预测更为具体，与情境的结合程度也更为紧密。

创新点 3：通过大样本实证研究，对相互依赖和关系嵌入两个中介变量的中介效应进行了实证检验，揭示了PPP项目公私制度逻辑冲突对社会资本合作行为的作用路径。

本书以理论研究成果为基础，构建了PPP项目公私制度逻辑冲突、社会资本与政府的相互依赖和关系嵌入以及社会资本合作行为四者之间的关系假设与作用路径模型，并开展大样本实证检验。在验证各变量间直接作用路径的基础上，进一步结合 Bootstrap 检验，解析了社会资本与政府的相互依赖和关系嵌入在 PPP项目公私制度逻辑冲突与社会资本合作行为间的包含简单中介与平行中介的多重中介效应，阐明了PPP项目公私制度逻辑冲突对社会资本合作行为各作用路径之间的差异，揭示了社会资本与政府的相互依赖和关系嵌入的多重中介所发挥的重要作用。同时，这也形成了本书研究第4章与第5章之间研究结果的相互印证，深化了现有关于公私制度逻辑冲突影响机理的定性与定量研究，强化了对各变量之间的内在关系与作用路径系统、全面的解释。

6.3 研究局限与展望

本书研究围绕PPP项目公私制度逻辑冲突对社会资本合作行为的影响开展了一系列研究，取得了一定的理论成果，但鉴于篇幅、研究条件等多方面的约束，尚存在四点不足，需要在未来研究中加以丰富和完善。具体局限与展望如下。

首先，本书研究关注PPP项目中政府和社会资本之间的制度逻辑冲突与社会资本合作行为，相关数据及案例均是面向PPP项目的政府和社会资本。相关研究成果，如PPP项目公私制度逻辑冲突的内涵、测量量表及影响机理等，均适用于PPP项目情境下对公私双方间关系的探讨，而本书研究成果是否适用于其他类型项目、其他类型组织间关系或多边合作关系等，尚有待于做进一步验证与讨论。因此，在未来的相关研究中，可以考虑逐步扩展相关研究所适用的情境范围，如政府和社会组织合作项目、社会资本和社会组织合作项目、多组织间合作项目等，以进一步深化和丰富制度逻辑冲突研究，解释不同情境下构念的具体内涵、构成与作用机制等。

其次，本书研究从社会资本视角来解读PPP项目公私制度逻辑冲突的内涵及外在表征，以探讨公私制度逻辑冲突对社会资本合作行为的影响。相关研究成果是否能够反映政府对公私制度逻辑冲突的判断、是否能够对其行为产生类似影响等研究问题仍有待于做更进一步的探索。因此，后续研究可考虑以政府方为研究视角，揭示政府视角下的PPP项目公私制度逻辑冲突的内涵、维度及影响机制等问题，丰富相关研究成果，并用以指导社会资本的PPP项目相关工作。

再次，本书研究选取三个典型PPP项目案例，呈现出不同程度的公私制度逻辑冲突与不同表现形式的社会资本合作行为，但对研究结论的适用性还需要做进一步的验证。同时，基于社会资本与政府的相互依赖和关系嵌入两个维度的组合，得出社会资本所处的三种不同公私混合状态，然而第四种状态（即低相互依赖-高关系嵌入）在三个案例中并未得到体现。笔者在对为第 4 章研究而建立的备选 PPP 项目案例库进行检索后，也未发现表现出这一公私混合状态的案例项目。因此，未来相关研究应考虑增加案例样本数量以提升相关研究结论的可靠性与适用范围，同时应对低相互依赖-高关系嵌入的公私混合状态做更有针对性的研究。究竟这种公私混合状态是不存在于PPP项目之中，还是属于极端案例，需要研究人员通过单案例研究对其做更为深入的剖析。

最后，本书研究探讨 PPP 项目公私制度逻辑冲突对社会资本合作行为的影响，重点关注的是社会资本与政府的相互依赖和关系嵌入在其中所起到的作用。因篇幅有限，未能考虑其他组织层面因素，如组织承诺、组织认同等。后续研究有必要对其他因素进行识别、分析与探讨，以实现对相关研究的拓展、深化与丰富，更为系统、全面地对PPP项目公私制度逻辑冲突对社会资本合作行为的影响机理进行解读，深入挖掘两变量之间的作用路径与关系，对研究模型做更进一步的修正与完善。

参考文献

[1] 陈婉玲. 公私合作制的源流、价值与政府责任[J]. 上海财经大学学报，2014，16（5）：75-83.

[2] Lenferink S，Tillema T，Arts J. Towards sustainable infrastructure development through integrated contracts：experiences with inclusiveness in Dutch infrastructure projects[J]. International Journal of Project Management，2013，31（4）：615-627.

[3] 常亮，刘凤朝，杨春薇. 基于市场机制的流域管理 PPP 模式项目契约研究[J]. 管理评论，2017，（3）：197-206.

[4] 朱方伟，孙谋轩，王琳卓，等. 地方政府在存量 PPP 项目中价值冲突的研究——一个基于网络的视角[J]. 公共管理学报，2019，（2）：131-146.

[5] 李晓丹，刘洋. 制度复杂理论研究进展及对中国管理研究的启示[J]. 管理学报，2015，12（12）：1741-1753.

[6] Dunn M B，Jones C. Institutional logics and institutional pluralism：the contestation of care and science logics in medical education，1967-2005[J]. Administrative Science Quarterly，2010，55（1）：114-149.

[7] Thornton P H. The rise of the corporation in a craft industry：conflict and conformity in institutional logics[J]. Academy of Management Journal，2002，45（1）：81-101.

[8] Lounsbury M，Boxenbaum E. Institutional logics in action[C]//Lounsbury M，Boxenbaum E. Research in the Sociology of Organizations. Bradford：Emerald Group Publishing Limited，2013：3-22.

[9] Hoffman A J. Institutional evolution and change：environmentalism and the US chemical industry[J]. Academy of Management Journal，1999，42（4）：351-371.

[10] Meyer A D. Adapting to environmental jolts[J]. Administrative Science Quarterly，1982，27（4）：515-537.

[11] 齐海丽. 公共服务购买场域的制度逻辑冲突与应对策略[J]. 学习与实践，2017，（1）：54-61.

[12] Pache A C，Santos F. Inside the hybrid organization：selective coupling as a response to competing institutional logics[J]. Academy of Management Journal，2013，56（4）：972-1001.

[13] Greenwood R，Magan Diaz A，Li S X，et al. The multiplicity of institutional logics and the heterogeneity of organizational responses[J]. Organization Science，2010，21（2）：521-539.

[14] Jay J. Navigating paradox as a mechanism of change and innovation in hybrid organizations[J]. Academy of Management Journal，2013，56（1）：137-159.

[15] Stryker R. Legitimacy processes as institutional politics：implications for theory and research in the sociology of organizations[J]. Research in the Sociology of Organizations，2000，17：179-223.

[16] 杨书燕，吴小节，汪秀琼. 制度逻辑研究的文献计量分析[J]. 管理评论，2017，29（3）：90-109.

[17] Thornton P H，Ocasio W，Lounsbury M. The Institutional Logics Perspective：A New Approach to Culture，Structure and Process[M]. Oxford：Oxford University Press，2012.

[18] Chen C. CiteSpace Ⅱ：Detecting and Visualizing Emerging Trends and Transient Patterns in Scientific Literature[M]. New York：John Wiley & Sons，Inc.，2006.

[19] 叶晓甦，徐春梅. 我国公共项目公私合作（PPP）模式研究述评[J]. 软科学，2013，27（6）：6-9.

[20] 程哲，韦小泉，林静，等. 1984—2013 年中国 PPP 发展的时空格局与影响因素[J]. 经济地理，2018，38（1）：20-27.

[21] Zhang S，Chan A P C，Feng Y，et al. Critical review on PPP research—a search from the Chinese and international journals[J]. International Journal of Project Management，2016，34（4）：597-612.

[22] Ng S T，Wong J M W，Wong K K W. A public private people partnerships（P4）process framework for infrastructure development in Hong Kong[J]. Cities，2013，31：370-381.

[23] Li L H. Urban renewal partnerships-is there really room for participation from individual owners? A case study of Hong Kong[J]. Journal of Housing and the Built Environment，2012，27（4）：517-526.

[24] Lee S. Development of public private partnership（PPP）projects in the Chinese water sector[J]. Water Resources Management，2010，24（9）：1925-1945.

[25] Chang Z. Public-private partnerships in China：a case of the Beijing No.4 metro line[J]. Transport Policy，2013，30：153-160.

[26] Liu T，Wilkinson S. Large-scale public venue development and the application of public-private partnerships（PPPs）[J]. International Journal of Project Management，2014，32（1）：88-100.

[27] Chan A P C，Lam P T I，Chan D W M，et al. Critical success factors for PPPs in infrastructure developments：Chinese perspective[J]. Journal of Construction Engineering and

Management, 2010, 136 (5): 484-494.

[28] Chan A P C, Yeung J F Y, Yu C C P, et al. Empirical study of risk assessment and allocation of public-private partnership projects in China[J]. Journal of Management in Engineering, 2011, 27 (3): 136-148.

[29] Xu Y, Yang Y, Chan A P C, et al. Identification and allocation of risks associated with PPP water projects in China[J]. International Journal of Strategic Property Management, 2011, 15 (3): 275-294.

[30] Gurgun A P, Touran A. Public-private partnership experience in the international arena: case of Turkey[J]. Journal of Management in Engineering, 2014, 30 (6): 1-11.

[31] Chen C, Hubbard M. Power relations and risk allocation in the governance of public private partnerships: a case study from China[J]. Policy and Society, 2012, 31 (1): 39-49.

[32] Zimmerman M, Zeitz G. Beyond survival: achieving new venture growth by building legitimacy[J]. Academy of Management Review, 2002, 27 (3): 414-431.

[33] Marquis C, Lounsbury M. Vive la resistance: competing logics and the consolidation of US community banking[J]. Academy of Management Journal, 2007, 50 (4): 799-820.

[34] DiMaggio P J, Powell W W. The iron cage revisited-institutional isomorphism and collective rationality in organizational fields[J]. American Sociological Review, 1983, 48 (2): 147-160.

[35] North D C. Institutions, Institutional Change, and Economic Performance[M]. London: Cambridge University Press, 1990.

[36] Lok J. Institutional logics as identity projects[J]. Academy of Management Journal, 2010, 53 (6): 1305-1335.

[37] Thornton P H, Ocasio W. Institutional logics[C]//Greenwood R, Oliver C, Suddaby R, et al. The SAGE Handbook of Organizational Institutionalism. London: Sage, 2008: 99-129.

[38] Thornton P H. Markets from Culture: Institutional Logics and Organizational Decisions in Higher Education Publishing[M]. Palo Alto: Stanford University Press, 2004.

[39] Ashraf N, Ahmadsimab A, Pinkse J. From animosity to affinity: the interplay of competing logics and interdependence in cross-sector partnerships[J]. Journal of Management Studies, 2017, 54 (6): 793-822.

[40] Pache A C, Santos F. Embedded in hybrid contexts: how individuals in organizations respond to competing institutional logics[C]//Lounsbury M, Boxenbaum E. Institutional Logics in Action Part B. Bradford: Emerald Group Publishing Limited, 2013: 3-35.

[41] Meyer J W, Rowan B. Institutionalized organizations: formal structure as myth and ceremony[J]. American Journal of Sociology, 1977, 83 (2): 340-363.

[42] Parsons T. Structure and process in modern societies[J]. American Journal of Sociology, 1960, 66 (1): 96.

[43] Meyer R E，Scott W R. Centralisation and the legitimacy problems of local government[Z]，1992.

[44] Suchman M C. Managing legitimacy：strategic and institutional approaches[J]. Academy of Management Review，1995，20（3）：571-610.

[45] Leblebici H，Salancik G R，Copay A，et al. Institutional change and the transformation of interorganizational fields—an organizational history of the united-states radio broadcasting industry[J]. Administrative Science Quarterly，1991，36（3）：333-363.

[46] Reay T，Hinings C R. The recomposition of an organizational field：health care in Alberta[J]. Organization Studies，2005，26（3）：351-384.

[47] Holm D B，Eriksson K，Johanson J. Creating value through mutual commitment to business network relationships[J]. Strategic Management Journal，1999，20（5）：467-486.

[48] Fink M，Kessler A. Cooperation，trust and performance-empirical results from three countries[J]. British Journal of Management，2010，21（2）：469-483.

[49] 杨震宁，吴剑峰，乔璐. 企业研发伙伴的多样性、政治嵌入与技术创新绩效的关系研究[J]. 经济管理，2016，38（1）：51-61.

[50] Anand B N，Khanna T. Do firms learn to create value? The case of alliances[J]. Strategic Management Journal，2000，21（3）：295-315.

[51] Hoang H，Rothaermel F T. The effect of general and partner-specific alliance experience on joint R&D project performance[J]. Academy of Management Journal，2005，48（2）：332-345.

[52] van Beers C，Zand F. R&D Cooperation，partner diversity，and innovation performance：an empirical analysis[J]. Journal of Product Innovation Management，2014，31（2）：292-312.

[53] Staropoli C. Cooperation in R&D through a network，an ‘organizational gamble’？An empirical analysis of Rhône Poulenc Rorer-Gencell[J]. Technology Analysis & Strategic Management，1998，10（4）：511-527.

[54] Jiang X，Li M，Gao S，et al. Managing knowledge leakage in strategic alliances：the effects of trust and formal contracts[J]. Industrial Marketing Management，2013，42（6SI）：983-991.

[55] Park B R，Srivastava M K，Gnyawali D R. Walking the tight rope of coopetition：impact of competition and cooperation intensities and balance on firm innovation performance[J]. Industrial Marketing Management，2014，43（2SI）：210-221.

[56] Wu J. Cooperation with competitors and product innovation：moderating effects of technological capability and alliances with universities[J]. Industrial Marketing Management，2014，43（2SI）：199-209.

[57] Lavikka R H，Smeds R，Jaatinen M. Coordinating collaboration in contractually different complex construction projects[J]. Supply Chain Management-An International Journal，2015，20（2）：205-217.

[58] 潘旭明. 组织间的合作关系：基于嵌入关系的视角[J]. 经济学家，2008，（2）：96-101.

[59] 庄越，潘鹏. 团队嵌入关系治理的调节效应：合作创新实证[J]. 科研管理，2016，37（4）：27-35.

[60] 胡园园，顾新，王涛. 知识链关系治理机制及其对组织合作绩效影响[J]. 科研管理，2018，39（10）：128-137.

[61] 胡爱军，王石磊. 惯例变更与贡献一致：合作创新治理实证研究[J]. 科学学与科学技术管理，2016，37（9）：90-101.

[62] 谭涛，李道国，王凯. 蔬菜产业链组织效率影响因素的实证研究——以南京市蔬菜行业为实证[J]. 科研管理，2007，（3）：63-69.

[63] 石纯来，聂佳佳. 规模不经济下奖惩机制对闭环供应链制造商合作策略影响[J]. 中国管理科学，2019，27（3）：85-95.

[64] Alford R R，Friedland R. Powers of Theory：Capitalism，the State，and Democracy[M]. Cambridge：Cambridge University Press，1985.

[65] Friedland R，Alford R R. Bringing society back in：symbols，practices，and institutional contradictions[C]//Powell W W，DiMaggio P J. The New Institutionalism in Organizational Analysis. Chicago：University of Chicago Press，1991：232-263.

[66] 毛益民. 制度逻辑冲突：场域约束与管理实践[J]. 广东社会科学，2014，（6）：211-220.

[67] Jackall R. The world of corporate managers[J]. International Journal of Politics Culture & Society，1988，1（1）：598-614.

[68] Thornton P H，Ocasio W. Institutional logics and the historical contingency of power in organizations：executive succession in the higher education publishing industry，1958-1990[J]. American Journal of Sociology，1999，105（3）：801-843.

[69] Lawrence T B，Suddaby R. Institutions and institutional work[C]//Clegg S R，Hardy C，Lawrence T B，et al. The SAGE Handbook of Organization Studies. London：Sage Publications，2006：215-254.

[70] Jepperson R L. Institutions，institutional effects，and institutionalism[C]//Powell W W，DiMaggio P J. The New Institutionalism in Organizational Analysis. Chicago：University of Chicago Press，1991：143-163.

[71] Uriarte Y T，DeFillippi R，Riccaboni M，et al. Projects，institutional logics and institutional work practices：the case of the Lucca Comics & Games Festival[J]. International Journal of Project Management，2019，37（2）：318-330.

[72] Dille T，Soderlund J. Managing temporal misfits in institutional environments：a study of critical incidents in a complex public project[J]. International Journal of Managing Projects in Business，2013，6（3）：552-575.

[73] Almandoz J. Founding teams as carriers of competing logics：when institutional forces predict banks' risk exposure[J]. Administrative Science Quarterly，2014，59（3）：442-473.

[74] Lounsbury M. A tale of two cities：competing logics and practice variation in the professionalizing of mutual funds[J]. Academy of Management Journal，2007，50（2）：289-307.
[75] Yu K H. Institutional pluralism，organizations，and actors：a review[J]. Sociology Compass，2015，9（6）：464-476.
[76] 葛明磊，张丽华，黄秋风. 产业互联网背景下多重制度逻辑与组织双元性研究——以苏宁O2O 变革过程为例[J]. 管理评论，2018，30（2）：242-255.
[77] Seo M G，Creed W. Institutional contradictions，praxis，and institutional change：a dialectical perspective[J]. Academy of Management Review，2002，27（2）：222-247.
[78] Berger P，Luckmann T. The Social Construction of Reality[M]. New York：Doubleday Anchor，1967.
[79] 杜运周，尤树洋. 制度逻辑与制度多元性研究前沿探析与未来研究展望[J]. 外国经济与管理，2013，（12）：2-10.
[80] Mizruchi M S，Fein L C. The social construction of organizational knowledge：a study of the uses of coercive，mimetic，and normative isomorphism[J]. Administrative Science Quarterly，1999，44（4）：653-683.
[81] March J G，Olsen J P. Rediscovering Institutions：The Organizational Basis of Politics[M]. New York：The Free Press，1989.
[82] Selznick P. TVA and the Grass Roots：A Study in the Sociology of Formal Organization[M]. Berkeley：University of California Press，1949.
[83] Greenwood R，Raynard M，Kodeih F，et al. Institutional complexity and organizational responses[J]. Academy Of Management Annals，2011，5：317-371.
[84] Pache A，Santos F. When worlds collide：the internal dynamics of organizational responses to conflicting institutional demands[J]. Academy of Management Review，2010，35（3）：455-476.
[85] Besharov M，Smith W. Multiple institutional logics in organizations：explaining their varied nature and implications[J]. Academy of Management Review，2014，39（3）：364-381.
[86] Battilana J，Lee M. Advancing research on hybrid organizing-insights from the study of social enterprises[J]. Academy of Management Annals，2014，8（1）：397-441.
[87] Kraatz M S，Block E S. Organizational implications of institutional pluralism[C]//Greenwood R，Oliver C，Suddaby R，et al. The SAGE Handbook of Organizational Institutionalism. London：Sage Publications，2008：243-275.
[88] Yu K. Institutionalization in the context of institutional pluralism：politics as a generative process[J]. Organization Studies，2013，34（1）：105-131.
[89] Zietsma C，Lawrence T B. Institutional work in the transformation of an organizational field：

the interplay of boundary work and practice work[J]. Administrative Science Quarterly，2010，55（2）：189-221.

[90] MacLean T L，Behnam M. The dangers of decoupling：the relationship between compliance programs，legitimacy perceptions，and institutionalized misconduct[J]. Academy of Management Journal，2010，53（6）：1499-1520.

[91] Marincola J M. Polybius. The Histories：Books 1-2 Loeb Classical Library[M]. Cambridge：Harvard University Press，1922.

[92] Mikkelsen E N，Clegg S. Unpacking the meaning of conflict in organizational conflict research[J]. Negotiation and Conflict Management Research，2018，11（3SI）：185-203.

[93] 孙继伟，朱红林. 创业者与投资方冲突研究述评与未来展望[J]. 外国经济与管理，2018，40（5）：16-30.

[94] Boulding K. Conflict and Defense[M]. New York：Harper and Row，1963.

[95] Dechurch L A，Haas C D. Examining team planning through an episodic lens：effects of deliberate，contingency，and reactive planning on team effectiveness[J]. Small Group Research，2008，39（5）：542-568.

[96] Fink C F. Some conceptual difficulties in theory of social conflict[J]. Journal of Conflict Resolution，1968，12（4）：412.

[97] Thomas K W，Schmidt W H. A survey of managerial interests with respect to conflict[J]. Academy of Management Journal，1976，19（2）：315-318.

[98] Kangari R. Construction documentation in arbitration[J]. Journal of Construction Engineering and Management，1995，121（2）：201-208.

[99] Tjosvold D. The conflict-positive organization：it depends upon us[J]. Journal of Organizational Behavior，2008，29（1）：19.

[100] Spector P，Bruk-Lee V. Conflict，health，and well-being[C]//de Dreu C K W，Gelfand M. The Psychology of Conflict and Conflict Management in Organizations. Oxford：Taylor & Francis Group，2008：267-288.

[101] Rahim M. Managing Conflicts in Organizations[M]. Westport：Greenwood Publishing Group，2000.

[102] Jehn K A. Qualitative analysis of conflict types and dimensions in organizational groups[J]. Administrative Science Quarterly，1997，42（3）：530-557.

[103] O'Neill T A，Allen N J，Hastings S E. Examining the "pros" and "cons" of team conflict：a team-level meta-analysis of task，relationship，and process conflict[J]. Human Performance，2013，26（3）：236-260.

[104] de Wit F R C，Greer L L，Jehn K A. The paradox of intragroup conflict：a meta-analysis[J]. Journal of Applied Psychology，2012，97（2）：360-390.

[105] Bradley B H，Postlethwaite B E，Klotz A C，et al. Reaping the benefits of task conflict in teams：the critical role of team psychological safety climate[J]. Journal of Applied Psychology，2012，97（1）：151-158.

[106] Deutsch M. The Resolution of Conflict[M]. New Haven：Yale University Press，1973.

[107] Raiffa H，Richardson J，Metcalfe D. Negotiation Analysis：The Science and Art of Collaborative Decision[M]. Cambridge：Harvard University Press，2003.

[108] Rahim M F. Toward a theory of managing organizational conflict[J]. International Journal of Conflict Management，2002，13（3）：206-235.

[109] Pruitt D，Rubin J. Social Conflict：Escalation，Stalemate，and Settlement[M]. New York：McGraw-Hill，1986.

[110] Rahim M A. A measure of styles of handling interpersonal conflict[J]. Academy of Management Journal，1983，26（2）：368-376.

[111] Somech A，Desivilya H S，Lidogoster H. Team conflict management and team effectiveness：the effects of task interdependence and team identification[J]. Journal of Organizational Behavior，2009，30（3）：359-378.

[112] Gray B，Coleman P T，Putnam L L. Intractable conflict：new perspectives on the causes and conditions for change-introduction[J]. American Behavioral Scientist，2007，50（11）：1415-1429.

[113] Robbins S P. "Conflict management" and "conflict resolution" are not synonymous terms[J]. California Management Review，1978，21（2）：67-75.

[114] Wall J A，Callister R R. Conflict and its management[J]. Journal of Management，1995，21（3）：515-558.

[115] 井润田，李懋，孙亚辉. 我国企业组织外部冲突解决策略的实证研究[J]. 管理评论，2007，（5）：40-46.

[116] de Dreu C K W，Gelfand M. Conflict in the workplace：sources，functions，and dynamics across multiple levels of analysis[C]//de Dreu C K W，Gelfand M. The Psychology of Conflict and Conflict Management in Organizations. New York：Lawrence Erlbaum Associates，2008：3-54.

[117] Guetzkow H G，Gyr J. An analysis of conflict in decision-making groups[J]. Human Relations，1954，7（3）：367-382.

[118] Pondy L R. Organizational conflict：concepts and models[J]. Administrative Science Quarterly，1967，12（2）：296-320.

[119] Cosier R A，Rose G L. Cognitive conflict and goal conflict effects on task-performance[J]. Organizational Behavior and Human Performance，1977，19（2）：378-391.

[120] Thomas K W. Conflict and conflict-management-reflections and update[J]. Journal of

Organizational Behavior，1992，13（3）：265-274.

[121] de Dreu C K W. When too little or too much hurts：evidence for a curvilinear relationship between task conflict and innovation in teams[J]. Journal of Management，2006，32（1）：83-107.

[122] Behfar K J，Mannix E A，Peterson R S，et al. Conflict in small groups：the meaning and consequences of process conflict[J]. Small Group Research，2011，42（2）：127-176.

[123] de Dreu C K W，Beersma B. Conflict in organizations：beyond effectiveness and performance[J]. European Journal of Work and Organizational Psychology，2005，14（2）：105-117.

[124] Jehn K A，Mannix E A. The dynamic nature of conflict：a longitudinal study of intragroup conflict and group performance[J]. Academy of Management Journal，2001，44（2）：238-251.

[125] Jehn K A，Greer L，Levine S，et al. The effects of conflict types，dimensions，and emergent states on group outcomes[J]. Group Decision and Negotiation，2008，17（6）：465-495.

[126] de Dreu C K W，Weingart L R. Task versus relationship conflict，team performance，and team member satisfaction：a meta-analysis[J]. Journal of Applied Psychology，2003，88（4）：741-749.

[127] 王凤彬，李东红，刘月宁，等.“竞争”还是“合作”：组织中局部功能替代性部门间冲突的动态演进——基于研华大陆区线上业务的纵向案例研究[J]. 管理世界，2015，（12）：146-171.

[128] Walton R E，Dutton J M，Cafferty T P. Organizational context and interdepartmental conflict[J]. Administrative Science Quarterly，1969，14（4）：522-542.

[129] Alter C. An exploratory-study of conflict and coordination in interorganizational service delivery systems[J]. Academy of Management Journal，1990，33（3）：478-502.

[130] 陈晓红，赵可. 团队冲突、冲突管理与绩效关系的实证研究[J]. 南开管理评论，2010，13（5）：31-35.

[131] Blake R R，Mouton J S. The Managerial Grid[M]. Houston：Gulf，1964.

[132] Tjosvold D，Hui C，Yu Z Y. Conflict management and task reflexivity for team in-role and extra-role performance in China[J]. International Journal of Conflict Management，2003，14（2）：141-163.

[133] Hall R H. Organizations：Structures，Processes，and Outcomes[M]. Englewood Cliffs：Prentice Hall，1991.

[134] Conlon D E，Jehn K A. Behind the music：conflict，performance，longevity，and turnover in punk and new wave bands[C]//Rahim M A. Current Topics in Management：Organizational Behavior，Performance，and Effectiveness. New Brunswick：Transaction Publishers，

2009：13-48.

[135] Jehn K A. Types of conflict：the history and future of conflict definitions and typologies[C]//Ayoko O B，Ashkanasy N M，Jehn K A. Handbook of Conflict Management Research. Cheltenham：Edward Elgar，2014：3-18.

[136] Jehn K A，Rispens S，Thatcher S M B. The effects of conflict asymmetry on work group and individual outcomes[J]. Academy of Management Journal，2010，53（3）：596-616.

[137] Chen G Q，Liu C H，Tjosvold D. Conflict management for effective top management teams and innovation in China[J]. Journal of Management Studies，2005，42（2）：277-300.

[138] Tjosvold D. Cooperative and competitive goal approach to conflict：accomplishments and challenges[J]. Applied Psychology：An International Review，1998，47（3）：285-342.

[139] Johnson D W，Johnson R T. Cooperation and Competition：Theory and Research[M]. Edina：Interaction Book Company，1989.

[140] Johnson D W. Social interdependence：interrelationships among theory，research，and practice[J]. American Psychologist，2003，58（11）：934-945.

[141] Deutsch M. A theory of cooperation and competition[J]. Human Relations，1949，2：129-152.

[142] Lewin K. A Dynamic Theory of Personality[M]. New York：McGraw-Hill，1935.

[143] Johnson D W，Johnson R T. New developments in social interdependence theory[J]. Genetic Social and General Psychology Monographs，2005，131（4）：285-358.

[144] Tjosvold D，Cho Y，Park H，et al. Interdependence and managing conflict with sub-contractors in the construction industry in East Asia[J]. Asia Pacific Journal of Management，2001，18（3）：295-313.

[145] Ho Y D F. Interpersonal relations and relationship dominance：an analysis based on methodological relationalism[J]. Asian Journal of Social Psychology，1998，1：1-16.

[146] Deutsch M. Distributive Justice：A Social Psychological Perspective[M]. New Haven：Yale University Press，1985.

[147] Polanyi K. The Great Transformation[M]. New York：Farra，1944.

[148] 赵辉. 公益性CSR项目实施中的伙伴关系、结构嵌入与绩效研究[D]. 华中科技大学博士学位论文，2014.

[149] Granovetter M S. The strength of weak ties[J]. American Journal of Sociology，1973，78（6）：1360-1380.

[150] Granovetter M S. Economic-action and social-structure-the problem of embeddedness[J]. American Journal of Sociology，1985，91（3）：481-510.

[151] 李久鑫，郑绍濂. 管理的社会网络嵌入性视角[J]. 外国经济与管理，2002，（6）：2-6.

[152] Uzzi B. The sources and consequences of embeddedness for the economic performance of

organizations：the network effect[J]. American Sociological Review，1996，61（4）：674-698.

[153] Zukin S，Dimaggio P. Structures of Capital：The Social Organization of Economy[M]. Cambridge：Cambridge University Press，1990.

[154] 赵辉，田志龙. 伙伴关系、结构嵌入与绩效：对公益性 CSR 项目实施的多案例研究[J]. 管理世界，2014，（6）：142-156.

[155] Hess M. ‘Spatial’ relationships？Towards a reconceptualization of embeddedness[J]. Progress in Human Geography，2004，28（2）：165-186.

[156] Murray S L，Holmes J G，Griffin D W. The benefits of positive illusions：idealization and the construction of satisfaction in close relationships[J]. Journal of Personality and Social Psychology，1996，70（1）：79-98.

[157] Gulati R，Sytch M. Dependence asymmetry and joint dependence in interorganizational relationships：effects of embeddedness on a manufacturer's performance in procurement relationships[J]. Administrative Science Quarterly，2007，52（1）：32-69.

[158] Rusbult C E，Verette J，Whitney G A，et al. Accommodation processes in close relationships-theory and preliminary empirical-evidence[J]. Journal of Personality and Social Psychology，1991，60（1）：53-78.

[159] 邵云飞，霍丽莎. 突破性创新的生态系统动态演化及实现机制——关系嵌入与组织合作适配视角[J]. 管理案例研究与评论，2018，11（4）：319-332.

[160] Hansen M T. The search-transfer problem：the role of weak ties in sharing knowledge across organization subunits[J]. Administrative Science Quarterly，1999，44（1）：82-111.

[161] Uzzi B. Social structure and competition in interfirm networks：the paradox of embeddedness[J]. Administrative Science Quarterly，1997，42（1）：35-67.

[162] Bakker R M，Knoben J. Built to last or meant to end：intertemporal choice in strategic alliance portfolios[J]. Organization Science，2015，26（1）：256-276.

[163] 杨皎平，金彦龙，戴万亮. 网络嵌入、学习空间与集群创新绩效：基于知识管理的视角[J]. 科学学与科学技术管理，2012，33（6）：51-59.

[164] Bian Y J. Bringing strong ties back in：indirect ties，network bridges，and job searches in China[J]. American Sociological Review，1997，62（3）：366-385.

[165] Ahuja G. Collaboration networks，structural holes，and innovation：a longitudinal study[J]. Administrative Science Quarterly，2000，45（3）：425-455.

[166] Kraatz M S. Learning by association？Interorganizational networks and adaptation to environmental change[J]. Academy of Management Journal，1998，41（6）：621-643.

[167] Powell W W，Koput K W，Smith-Doerr L. Interorganizational collaboration and the locus of innovation：networks of learning in biotechnology[J]. Administrative Science Quarterly，

1996，41（1）：116-145.

[168] 杨玲丽，万陆. 关系制约产业转移吗？——“关系嵌入—信任—转移意愿”的影响研究[J]. 管理世界，2017，（7）：35-49.

[169] 游家兴，邹雨菲. 社会资本、多元化战略与公司业绩——基于企业家嵌入性网络的分析视角[J]. 南开管理评论，2014，17（5）：91-101.

[170] Hagedoorn J. Understanding the cross-level embeddedness of interfirm partnership formation[J]. Academy of Management Review，2006，31（3）：670-680.

[171] 兰建平，苗文斌. 嵌入性理论研究综述[J]. 技术经济，2009，28（1）：104-108.

[172] Dyer J H，Singh H. The relational view：cooperative strategy and sources of interorganizational competitive advantage[J]. Academy of Management Review，1998，23（4）：660-679.

[173] Chung S，Singh H，Lee K. Complementarity，status similarity and social capital as drivers of alliance formation[J]. Strategic Management Journal，2000，21（1）：1-22.

[174] 王俊豪，付金存. 公私合作制的本质特征与中国城市公用事业的政策选择[J]. 中国工业经济，2014，（7）：96-108.

[175] Saussier S. Public-private partner ships[J]. Journal of Economic Behavior & Organization，2013，89：143，144.

[176] United Nations Development Programme（UNDP）. What are Public-Private Partnerships [Z]，2004.

[177] Li B，Akintoye A. An overview of public-private partnership[C]//Akintoye A，Beck M，Hardcastle C. Public-Private Partnerships：Managing Risks and Opportunities. Oxford：Blackwell Science Ltd.，2003：3-30.

[178] Hodge G A，Greve C. Public-private partnerships：an international performance review[J]. Public Administration Review，2007，67（3）：545-558.

[179] Brinkerhoff D W，Brinkerhoff J M. Public-private partnerships：perspectives on purposes，publicness，and good governance[J]. Public Administration and Development，2011，31（1SI）：2-14.

[180] 周正祥，张秀芳，张平. 新常态下 PPP 模式应用存在的问题及对策[J]. 中国软科学，2015，（9）：82-95.

[181] Villani E，Greco L，Phillips N. Understanding value creation in public-private partnerships：a comparative case study[J]. Journal of Management Studies，2017，54（6SI）：876-905.

[182] Hueskes M，Verhoest K，Block T. Governing public-private partnerships for sustainability：an analysis of procurement and governance practices of PPP infrastructure projects[J]. International Journal of Project Management，2017，35（6）：1184-1195.

[183] Ewick P，Silbey S. The structure of legality：the cultural contradictions of social institutions[C]//Kagan R A，Krygier M，Winston K. Legality and Community：On the

Intellectual Legacy of Philip Selznick. Lanham：Rowman & Littlefield，2002：149-166.
[184] Scott W R. Institutional carriers：reviewing modes of transporting ideas over time and space and considering their consequences[J]. Industrial and Corporate Change，2003，12（4）：879-894.
[185] Matinheikki J，Aaltonen K，Walker D. Politics，public servants，and profits：institutional complexity and temporary hybridization in a public infrastructure alliance project[J]. International Journal of Project Management，2019，37（2）：298-317.
[186] 谭海波，赵雪娇. “回应式创新”：多重制度逻辑下的政府组织变迁——以广东省 J 市行政服务中心的创建过程为例[J]. 公共管理学报，2016，13（4）：16-29.
[187] Vurro C，Dacin M T，Perrini F. Institutional antecedents of partnering for social change：how institutional logics shape cross-sector social partnerships[J]. Journal of Business Ethics，2010，941：39-53.
[188] Jones C，Boxenbaum E，Anthony C. The immateriality of material practices in institutional logics[C]//Lounsbury M，Boxenbaum E. Institutional Logics in Action Part A. Bingley：Emerald Group Publishing Limited，2013：1099-1136.
[189] Townley B. The role of competing rationalities in institutional change[J]. Academy of Management Journal，2002，45（1）：163-179.
[190] Feldman M S. Organizational routines as a source of continuous change[J]. Organization Science，2000，11（6）：611-629.
[191] 高展军，李垣. 组织惯例及其演进研究[J]. 科研管理，2007，（3）：142-147.
[192] Clemens E S，Cook J M. Politics and institutionalism：explaining durability and change[J]. Annual Review of Sociology，1999，25：441-466.
[193] Dorn S，Schweiger B，Albers S. Levels，phases and themes of coopetition：a systematic literature review and research agenda[J]. European Management Journal，2016，34（5）：484-500.
[194] 史传林. 政府与社会组织合作治理的绩效评价探讨[J]. 中国行政管理，2015，（5）：33-37.
[195] 张小华. 合作行为研究综述[J]. 经济论坛，2014，（5）：137-139.
[196] Tyler T R，Bladder S L. Cooperation in Groups：Procedural Justice，Social Identity，and Behavioural Engagement[M]. Philadelphia：Psychology Press，2000.
[197] 伏威. 政府与公益性社会组织合作供给城市养老服务研究[D]. 吉林大学博士学位论文，2014.
[198] Nowak M A. Five rules for the evolution of cooperation[J]. Science，2006，314（5805）：1560.
[199] 柴国荣，李振超，王潇耿，等. 供应链网络下集群企业合作行为的演化分析[J]. 科研管

理，2011，32（5）：129-134.

[200] Chen C C，Chen X，Meindl J R. How can cooperation be fostered? The cultural effects of individualism-collectivism[J]. Academy of Management Review，1998，23（2）：285-304.

[201] Heide J B，Miner A S. The shadow of the future：effects of anticipated interaction and frequency of contact on buyer-seller cooperation[J]. Academy of Management Journal，1992，35（2）：265-291.

[202] Smith K G，Carroll S J，Ashford S J. Intra-and interorganizational cooperation：toward a research agenda[J]. Academy of Management Journal，1995，38（1）：7-23.

[203] Pearce R J. Looking inside the joint venture to help understand the link between inter-parent cooperation and performance[J]. Journal of Management Studies，2001，38（4）：557-582.

[204] 汪锦军. 公共服务中的政府与非营利组织合作：三种模式分析[J]. 中国行政管理，2009，（10）：77-80.

[205] Yang J，Shen G Q，Ho M，et al. Stakeholder management in construction：an empirical study to address research gaps in previous studies[J]. International Journal of Project Management，2011，29（7）：900-910.

[206] Tang L，Shen Q，Cheng E W L. A review of studies on public-private partnership projects in the construction industry[J]. International Journal of Project Management，2010，28（7）：683-694.

[207] Liu J，Yu X，Cheah C Y J. Evaluation of restrictive competition in PPP projects using real option approach[J]. International Journal of Project Management，2014，32（3）：473-481.

[208] Creswell J W. Research Design：Qualitative，Quantitative，and Mixed Methods Approaches[M]. Thousand Oaks：Sage Publications，2014.

[209] Lazarsfeld P F. Evidence and inference in social research[J]. Daedalus，1958，87（4）：99-130.

[210] 费显政，游艳芬，杨辉，等. 营销互动中的消费者内疚——对关键事件的探索性研究[J]. 管理世界，2011，（9）：116-126.

[211] Chell E，Pittaway L. A study of entrepreneurship in the restaurant and café industry：exploratory work using the critical incident technique as a methodology[J]. International Journal of Hospitality Management，1998，17（1）：23-32.

[212] Gremler D D. The critical incident technique in service research[J]. Journal of Service Research，2004，7（1）：65-89.

[213] 曲庆，马力. 中国企业文化建设中载体应用情况研究——基于内容分析法[J]. 管理评论，2013，25（7）：45-53.

[214] Kolbe R H，Burnett M S. Content-analysis research-an examination of applications with directives for improving research reliability and objectivity[J]. Journal of Consumer Research，

1991，18（2）：243-250.

[215] Krippendorff K. Content Analysis：An Introduction to Its Methodology[M]. Thousand Oaks：Sage Publications，2004.

[216] 谢礼珊，李健仪，张春林. 员工感知的顾客不公平——基于关键事件法的探索性研究[J]. 管理评论，2011，23（5）：78-88.

[217] Andersson B B，Nilsson S G. Studies in the reliability and validity of the critical incident technique[J]. Journal of Applied Psychology，1964，48（6）：398-403.

[218] Kassarjian H H. Content-analysis in consumer research[J]. Journal of Consumer Research，1977，4（1）：8-18.

[219] 周建林. 创业团队认知能力与创业决策关系研究[D]. 大连理工大学博士学位论文，2017.

[220] Yin R K. Case Study Research：Design and Methods[M]. 4th ed. Thousand Oaks：Sage Publications，2009.

[221] Churchill G A. A paradigm for developing better measures of marketing constructs[J]. Journal of Marketing Research，1979，16（1）：64-73.

[222] Chin W W. The partial least squares approach to structural equation modeling[C]// Marcoulides G A. Modern Methods for Business Research. Mahwah：Lawrence Erlbaum Associates，1998：295-358.

[223] Mclver J P，Carmines E G. Unidimensional Scaling[M]. Beverly Hills：Sage Publications，1981.

[224] Steiger J H. Some additional thoughts on components，factors，and factor-indeterminacy[J]. Multivariate Behavioral Research，1990，25（1）：41-45.

[225] Byrne B M. Structural Equation Modeling with AMOS-Basic Concepts，Applications，and Programming[M]. 3rd ed. New York：Routledge，2016.

[226] Rajalahti T，Kvalheim O M. Multivariate data analysis in pharmaceutics：a tutorial review[J]. International Journal of Pharmaceutics，2011，417：280-290.

[227] Buehler R，Messervey D，Griffin D. Collaborative planning and prediction：does group discussion affect optimistic biases in time estimation？[J]. Organizational Behavior and Human Decision Processes，2005，97（1）：47-63.

[228] Wang H，Xiong W，Wu G，et al. Public-private partnership in public administration discipline：a literature review[J]. Public Management Review，2018，20（2）：293-316.

[229] 住房和城乡建设部，国家发展和改革委员会，财政部. 关于开展特色小镇培育工作的通知[Z]. 2016.

[230] 国家发展改革委，国土资源部，环境保护部，等. 关于规范推进特色小镇和特色小城镇建设的若干意见[Z]. 2017.

[231] Oliver A L，Montgomery K. Creating a hybrid organizational form from parental blueprints：the emergence and evolution of knowledge firms[J]. Human Relations，2000，53（1）：33-56.

[232] Waring J. Mapping the public sector diaspora：towards a model of inter-sectoral cultural hybridity using evidence from the english healthcare reforms[J]. Public Administration，2015，93（2SI）：345-362.

[233] Lentz S S. Hybrid organization structures：a path to cost savings and customer responsiveness[J]. Human Resource Management，1996，35（4）：453-469.

[234] Reuer J J，Devarakonda S V. Mechanisms of hybrid governance：administrative committees in non-equity alliances[J]. Academy of Management Journal，2016，59（2）：510-533.

[235] Gioia D A，Price K N，Hamilton A L，et al. Forging an identity：an insider-outsider study of processes involved in the formation of organizational identity[J]. Administrative Science Quarterly，2010，55（1）：1-46.

[236] Kodeih F，Greenwood R. Responding to institutional complexity：the role of identity[J]. Organization Studies，2014，35（1）：7-39.

[237] Weick K E. Sensemaking in Organizations[M]. Thousand Oaks：Sage Publications，1995.

[238] Albert S，Whetten D A. Organizational identity[J]. Research in Organizational Behavior，1985，7：263-295.

[239] Wry T，Lounsbury M，Glynn M A. Legitimating nascent collective identities：coordinating cultural entrepreneurship[J]. Organization Science，2011，22（2）：449-463.

[240] Johnson D W，Johnson R T，Tjosvold D. Effective cooperation，the foundation of sustainable peace[C]//Deutsch M，Coleman P. Psychological Components of Sustainable Peace. San Francisco：Jossey-Bass，2012：15-53.

[241] Dorado S. Institutional entrepreneurship，partaking，and convening[J]. Organization Studies，2005，26（3）：385-414.

[242] Sewell W H. A theory of structure：duality，agency，and transformation[J]. American Journal of Sociology，1992，98（1）：1-29.

[243] Oliver C. Strategic responses to institutional processes[J]. Academy of Management Review，1991，16（1）：145.

[244] 吴光飙. 企业发展分析：一种以惯例为基础的演化论观点[D]. 复旦大学博士学位论文，2003.

[245] Rumelt R P. Inertia and transformation[C]//Montgomery C A. Resource-Based and Evolutionary Theories of the Firm：Towards a Synthesis. Boston：Kluwer Academic Publishers，1995：101-132.

[246] Strategy A C. Change and Defensive Routines[J]. Administrative Science Quarterly，1985，32（1）：153-155.

[247] Granovetter M S. Problems of explanation in economic sociology[C]//Nohria N, Eccles R. Networks and Organizations: Structure, Form, and Action. Boston: Harvard Business School Press, 1992: 25-56.

[248] 刘群慧，李丽. 关系嵌入性、机会主义行为与合作创新意愿——对广东省中小企业样本的实证研究[J]. 科学学与科学技术管理，2013，34（7）：83-94.

[249] Tjosvold D, Andrews I R, Struthers J T. Power and interdependence in work groups-views of managers and employees[J]. Group & Organization Studies, 1991, 16（3）: 285-299.

[250] Tjosvold D, Andrews I R, Jones H. Cooperative and competitive relationships between leaders and their subordinates[J]. Human Relations, 1983, 36: 1111-1124.

[251] Podsakoff P M, MacKenzie S B, Lee J Y, et al. Common method biases in behavioral research: a critical review of the literature and recommended remedies[J]. Journal of Applied Psychology, 2003, 88（5）: 879-903.

[252] 荣泰生. AMOS 与研究方法[M]. 2 版. 重庆：重庆大学出版社，2010.

[253] Hayes A F. An Introduction to Mediation, Moderation, and Conditional Process Analysis: A Regression-Based Approach[M]. New York: Guilford Press, 2013.

[254] Hari J F, Anderson R E, Tatham R L. Multivariate Data Analysis[M]. New York: Macmillan, 1998.

[255] Bagozzi R P. Evaluating structural equation models with unobservable variables and measurement error: a comment[J]. Journal of Marketing Research, 1981, 18（3）: 375-381.

[256] 侯杰泰，温忠麟，成子娟. 结构方程模型及其应用[M]. 北京：教育科学出版社，2012.

[257] Baron R M, Kenny D A, Reis H T E. The moderator-mediator variable distinction in social psychological research: conceptual, strategic, and statistical considerations[J]. Journal of Personality and Social Psychology, 1986, 51（6）: 1173-1182.

[258] Zhao X, Lynch J G, Chen Q. Reconsidering baron and kenny: myths and truths about mediation analysis[J]. Journal of Consumer Research, 2010, 37（2）: 197-206.

[259] Preacher K, Hayes A. SPSS and SAS procedures for estimating indirect effects in simple mediation models[J]. Behavior Research Methods, Instruments, & Computers, 2004, 36（4）: 717-731.

[260] 陈瑞，郑毓煌，刘文静. 中介效应分析：原理、程序、Bootstrap 方法及其应用[J]. 营销科学学报，2013，9（4）：120-135.

[261] 李丹，杨建君. 关系嵌入的二元性及其对机会主义基础假设的调节机理研究[J]. 南开管理评论，2017，20（4）：129-139.

[262] Warsen R, Nederhand J, Klijn E H, et al. What makes public-private partnerships work? Survey research into ill outcomes and the quality of cooperation in PPPs[J]. Public Management Review, 2018, 20（8）: 1165-1185.

附录A　PPP项目公私制度逻辑冲突的访谈提纲

访谈目的：本研究旨在探索PPP项目情境下政府与社会资本之间因制度逻辑差异而引发的冲突。

访谈人员信息：

所属部门：____________　现任职位：____________　项目经验：____________

企业基本信息：

企业名称：____________　企业性质：____________　成立时间：____________

员工人数：____________　所属行业：____________　主营业务：____________

访谈问题：

（1）请简单介绍一下您个人的相关背景，包括教育背景、工作背景、项目背景等。

____

（2）请简单介绍一下您所在的企业以及企业开展PPP项目的总体情况。

____

（3）请您对您参与过印象最为深刻的一个PPP项目进行回忆，在项目中您所在的企业与政府是否因双方各自所具有的制度逻辑（如假设、价值观与规范）的不同发生过冲突？

____

（4）冲突发生的时间、地点、人物、情境与原因是怎样的？

（5）冲突是否获得有效解决？冲突最终是如何解决的？

（6）您如何理解与评价企业与政府之间这种因双方各自所具有的制度逻辑的不同而引发的冲突？

附录B　PPP项目公私制度逻辑冲突调查问卷

尊敬的女士/先生：

您好！感谢您对我们的问卷调查的支持与协助。本问卷与您的PPP项目工作经历紧密相关，旨在探索PPP项目情境下社会资本与政府间的制度逻辑冲突对社会资本合作行为的影响。您的作答将对我们的研究起到重要帮助，请您在百忙之中抽出10~20分钟时间，基于问卷中的题项选出最符合实际情况的选项。

本问卷的填写采用无记名方式，答案无对错之分，所有资料仅用于学习研究，决不进行个别处理或公开发表，资料绝对保密，请您安心作答。感谢您的支持！

一、基本信息

您的性别：

☐ 男　　☐ 女

您的受教育程度：

☐ 大专及以下　　☐ 本科

☐ 硕士　　☐ 博士

您的年龄：

☐ 30岁（不含）以下　　☐ 30岁（含）以上，不满35岁

☐ 35岁（含）以上，不满40岁　　☐ 40岁（含）以上，不满50岁

☐ 50岁（含）以上

您的职位：

- □ 企业高管
- □ 项目公司高管
- □ 企业职能部门经理/副经理
- □ 项目经理
- □ 企业职能部门员工
- □ 项目团队成员

您所参与过PPP项目的数量：

- □ 1~2个
- □ 3~5个
- □ 6~10个
- □ 11个及以上

您所在企业的性质：

- □ 中央企业
- □ 地方国有企业
- □ 外资企业
- □ 合资企业
- □ 私营企业/民营企业

您所在企业所处的行业：______________

二、调研题项

请您回忆过去三年中，您参与过印象最为深刻的一个PPP项目，并基于您的体验与感受，在最符合实际情况的选项上打“√”。

项目所在地：

- □ 东北
- □ 华东
- □ 华北
- □ 华中
- □ 华南
- □ 西南
- □ 西北

项目行业领域：

- □ 能源
- □ 交通运输
- □ 水利建设
- □ 生态环保
- □ 市政工程
- □ 城镇综合开发
- □ 农业
- □ 林业
- □ 科技
- □ 保障性安居工程
- □ 旅游
- □ 医疗卫生
- □ 养老
- □ 教育
- □ 文化
- □ 体育
- □ 社会保障
- □ 其他

项目付费方式：

□ 政府付费　　□ 使用者付费　　□ 可行性缺口补贴

项目规模：

□ 1 亿元以下　　□ 1 亿（含）~10 亿元　　□ 10 亿（含）~30 亿元

□ 30 亿（含）~50 亿元　　□ 50 亿（含）~100 亿元　　□ 100 亿元（含）以上

题项	得分				
AC1：政府认为我们（企业）参与 PPP 项目的目的是获取资本收益	1	2	3	4	5
AC2：政府担心我们（企业）通过该项目获取超额利润	1	2	3	4	5
AC3：在该项目中，政府认为我们（企业）的价值诉求与政府的价值诉求是相背离的	1	2	3	4	5
AC4：政府认为我们（企业）在项目中应承担更多的责任，即使某些责任理应由政府承担	1	2	3	4	5
AC5：政府认为我们（企业）应在项目的特定事项上承担连带责任，即使某些责任理应由 SPV 公司承担	1	2	3	4	5
AC6：政府认为政府与我们（企业）应遵照项目合同约定承担相应责任（R）	1	2	3	4	5
AC7：政府将我们（企业）看作项目的“乙方”，而非项目的合作者	1	2	3	4	5
AC8：政府将自己视为该项目的管理者	1	2	3	4	5
AC9：在该项目中，政府将我们（企业）视为地位平等的伙伴（R）	1	2	3	4	5
AC10：政府希望在项目的大部分事项上具有一票否决权	1	2	3	4	5
AC11：政府认为项目的权力配置不应由项目的股权结构决定	1	2	3	4	5
AC12：政府认为政府与我们（企业）的权利应是对等的（R）	1	2	3	4	5
AC13：相较项目的全生命周期成本，政府更关心项目的建设成本	1	2	3	4	5
AC14：政府希望以尽可能少的建设成本“撬动”尽可能多的 PPP 项目	1	2	3	4	5
AC15：我们（企业）与政府在项目的总体成本配置上意见一致（R）	1	2	3	4	5
AC16：政府认为我们（企业）在项目中应承担更多的风险，即使某些风险理应由政府承担	1	2	3	4	5
AC17：对于应由双方共同承担的项目风险（如不可抗力等），政府与我们（企业）的责任分配并不合理	1	2	3	4	5
AC18：政府认为政府与我们（企业）应遵照项目合同约定承担相应风险（R）	1	2	3	4	5
PC1：在项目的准备阶段，我们（企业）的意见与建议对政府而言不重要	1	2	3	4	5
PC2：政府会限制我们（企业）在项目前期可研、立项等阶段的参与	1	2	3	4	5
PC3：政府相关部门会积极与我们（企业）沟通，共同策划项目实施方案（R）	1	2	3	4	5
PC4：相较结果监督，政府更喜欢对项目进行过程监督	1	2	3	4	5
PC5：政府与我们（企业）在如何对该项目进行监督方面存在分歧	1	2	3	4	5
PC6：在项目的执行过程中，只有政府对我们（企业）的单方面监督，我们很难对政府进行有效监督	1	2	3	4	5
PC7：即使相关手续并未获得有关部门批复，政府仍会要求我们（企业）开工或推进项目	1	2	3	4	5

续表

题项	得分				
PC8：政府对项目进度的安排过紧，导致很多准备工作无法有效开展	1	2	3	4	5
PC9：在项目的执行过程中，政府严格遵守项目流程（R）	1	2	3	4	5
PC10：政府希望项目契约条款的内容具有高柔性	1	2	3	4	5
PC11：政府希望在项目中实现灵活变更	1	2	3	4	5
PC12：政府会积极承担变更所带来的责任与成本（R）	1	2	3	4	5
PC13：政府认为项目的配套安排（如土地、水、电、气、道路等）应由我们（企业）处理	1	2	3	4	5
PC14：在项目的执行过程中，政府积极协调有关部门完善项目税收优惠、价格调整、信贷扶持等机制（R）	1	2	3	4	5
PC15：在项目的执行过程中，政府的项目实施机构能够对政府内部有关部门进行有效协调（R）	1	2	3	4	5
PC16：面对突发事件，政府会独自进行决策，而不是与我们（企业）商讨后共同决策	1	2	3	4	5
PC17：面对突发事件，政府会要求我们中断项目	1	2	3	4	5
PC18：面对突发事件，政府不重视我们（企业）的意见与建议	1	2	3	4	5

注：1=非常不同意；2=不同意；3=不确定；4=同意；5=非常同意

再次感谢您的配合与帮助，祝您工作顺利！

附录C　PPP项目公私制度逻辑冲突调查问卷

尊敬的女士/先生：

您好！感谢您对我们的问卷调查的支持与协助。本问卷与您的PPP项目工作经历紧密相关，旨在探索PPP项目情境下社会资本与政府间的制度逻辑冲突对社会资本合作行为的影响。您的作答将对我们的研究起到重要帮助，请您在百忙之中抽出10~20分钟时间，基于问卷中的题项选出最符合实际情况的选项。

本问卷的填写采用无记名方式，答案无对错之分，所有资料仅用于学习研究，决不进行个别处理或公开发表，资料绝对保密，请您安心作答。感谢您的支持！

一、基本信息

您的性别：

□ 男　　□ 女

您的受教育程度：

□ 大专及以下　　□ 本科

□ 硕士　　□ 博士

您的年龄：

□ 30岁（不含）以下　　□ 30岁（含）以上，不满35岁

□ 35岁（含）以上，不满40岁　　□ 40岁（含）以上，不满50岁

□ 50岁（含）以上

您的职位：

□ 企业高管	□ 项目公司高管
□ 企业职能部门经理/副经理	□ 项目经理
□ 企业职能部门员工	□ 项目团队成员

您所参与过 PPP 项目的数量：

□ 1~2 个	□ 3~5 个
□ 6~10 个	□ 11 个及以上

您所在企业的性质：

□ 中央企业	□ 地方国有企业
□ 外资企业	□ 合资企业
□ 私营企业/民营企业	

您所在企业所处的行业：______________

二、调 研 题 项

请您回忆过去三年中，您参与过印象最为深刻的一个 PPP 项目，并基于您的体验与感受，在最符合实际情况的选项上打“√”。

项目所在地：

□ 东北	□ 华东	□ 华北	□ 华中
□ 华南	□ 西南	□ 西北	

项目行业领域：

□ 能源	□ 交通运输	□ 水利建设	□ 生态环保
□ 市政工程	□ 城镇综合开发	□ 农业	□ 林业
□ 科技	□ 保障性安居工程	□ 旅游	□ 医疗卫生
□ 养老	□ 教育	□ 文化	□ 体育
□ 社会保障	□ 其他		

项目付费方式：

□ 政府付费　　□ 使用者付费　　□ 可行性缺口补贴

项目规模：

□ 1亿元以下　　□ 1亿（含）~10亿元　　□ 10亿（含）~30亿元

□ 30亿（含）~50亿元　　□ 50亿（含）~100亿元　　□ 100亿（含）元以上

题项	得分				
AC3：在该项目中，政府认为我们（企业）的价值诉求与政府的价值诉求是相背离的	1	2	3	4	5
AC4：政府认为我们（企业）在项目中应承担更多的责任，即使某些责任理应由政府承担	1	2	3	4	5
AC5：政府认为我们（企业）应在项目的特定事项上承担连带责任，即使某些责任理应由SPV公司承担	1	2	3	4	5
AC7：政府将我们（企业）看作项目的“乙方”，而非项目的合作者	1	2	3	4	5
AC8：政府将自己视为该项目的管理者	1	2	3	4	5
AC9：在该项目中，政府将我们（企业）视为地位平等的伙伴（R）	1	2	3	4	5
AC10：政府希望在项目的大部分事项上具有一票否决权	1	2	3	4	5
AC16：政府认为我们（企业）在项目中应承担更多的风险，即使某些风险理应由政府承担	1	2	3	4	5
PC1：在项目的准备阶段，我们（企业）的意见与建议对政府而言不重要	1	2	3	4	5
PC6：在项目的执行过程中，只有政府对我们（企业）的单方面监督，我们很难对政府进行有效监督	1	2	3	4	5
PC9：在项目的执行过程中，政府严格遵守项目流程（R）	1	2	3	4	5
PC14：在项目的执行过程中，政府积极协调有关部门完善项目税收优惠、价格调整、信贷扶持等机制（R）	1	2	3	4	5
PC16：面对突发事件，政府会独自进行决策，而不是与我们（企业）商讨后共同决策	1	2	3	4	5
PC18：面对突发事件，政府不重视我们（企业）的意见与建议	1	2	3	4	5

注：1=非常不同意；2=不同意；3=不确定；4=同意；5=非常同意

再次感谢您的配合与帮助，祝您工作顺利！

附录 D　备选 PPP 项目案例库

项目
大连市 202 路延伸工程及快轨三号线工程
大连湾海底隧道及光明路延伸工程
大连市新机场沿岸商务区生态科技创新岛项目
大连市新机场沿岸商务区起步区陆域市政基础设施工程项目（公园及滨海护岸景观带）
大连市金普新区海绵城市项目
大连市新机场——五一路连接线工程
中铁五局长沙经济技术开发区盼盼路及其片区改造
中铁交通投资集团所属中南公司长沙空港城 PPP 项目
中铁交通投资集团长沙交通 PPP 项目
中铁交通投资集团娄底管网完善 PPP 项目
中建五局长沙市地下综合管廊 PPP 项目
中铁建工集团南京紫金科技创业启动区 PPP 项目
中国铁建投资集团扬州湾头玉器特色小镇
中国铁建江宁区江宁街道新市镇建设 PPP 项目
杭州湾地区环线并行 G92N 宁波段高速公路 PPP 项目
杭州至海宁城际铁路 PPP 项目
杭州市下城区三村连片综合改造工程 PPP 项目
杭州亚运三馆 PPP 项目

附录 E　案例研究开放式访谈提纲

访谈目的：本研究旨在探索 PPP 项目情境下政府与社会资本之间因制度逻辑差异而引发的冲突。

访谈人员信息：

所属部门：____________　现任职位：____________　项目经验：____________

企业基本信息：

企业名称：____________　企业性质：____________　成立时间：____________

员工人数：____________　所属行业：____________　主营业务：____________

访谈问题：

请您以近期已参与或正在参与的一个 PPP 项目为实例，回答以下问题。答案无对错之分，所有资料仅用于学习研究，资料绝对保密，请您安心作答。感谢您的支持！

（1）请介绍一下该 PPP 项目的情况（如项目所在地、行业领域、付费方式、项目规模等）。

____

（2）在项目的实施过程中，您所在的企业与政府是否因双方各自所具有的制度逻辑的不同发生过冲突（请列举两个及以上的事例）？冲突产生了哪些影响？

____

（3）在项目的实施过程中，您所在的企业是如何与政府进行合作的，或配合政府工作的？政府方是如何评价您所在的企业的？

（4）您认为在 PPP 项目中，制度逻辑冲突是如何对社会资本方合作行为进行影响的？

（5）您认为哪些因素可以缓解制度逻辑冲突对社会资本方合作行为的影响？

附录F　PPP项目公私制度逻辑冲突对社会资本合作行为影响调查问卷

尊敬的女士/先生：

您好！感谢您对我们的问卷调查的支持与协助。本问卷与您的PPP项目工作经历紧密相关，旨在探索PPP项目情境下社会资本与政府间的制度逻辑冲突对社会资本合作行为的影响。您的作答将对我们的研究起到重要帮助，请您在百忙之中抽出10~20分钟时间，基于问卷中的题项选出最符合实际情况的选项。

本问卷的填写采用无记名方式，答案无对错之分，所有资料仅用于学习研究，决不进行个别处理或公开发表，资料绝对保密，请您安心作答。感谢您的支持！

一、基 本 信 息

您的性别：

□ 男　　□ 女

您的受教育程度：

□ 大专及以下　　□ 本科

□ 硕士　　□ 博士

您的年龄：

□ 30岁（不含）以下　　□ 30岁（含）以上，不满35岁

□ 35岁（含）以上，不满40岁　　□ 40岁（含）以上，不满50岁

□ 50岁（含）以上

您的职位：

□ 企业高管	□ 项目公司高管
□ 企业职能部门经理/副经理	□ 项目经理
□ 企业职能部门员工	□ 项目团队成员

您所参与过 PPP 项目的数量：

□ 1~2 个	□ 3~5 个
□ 6~10 个	□ 11 个及以上

您所在企业的性质：

□ 中央企业	□ 地方国有企业
□ 外资企业	□ 合资企业
□ 私营企业/民营企业	

您所在企业所处的行业：____________

二、调 研 题 项

请您回忆过去三年中，您参与过印象最为深刻的一个 PPP 项目，并基于您的体验与感受，在最符合实际情况的选项上打“√”。

项目所在地：

□ 东北	□ 华东	□ 华北	□ 华中
□ 华南	□ 西南	□ 西北	

项目行业领域：

□ 能源	□ 交通运输	□ 水利建设	□ 生态环保
□ 市政工程	□ 城镇综合开发	□ 农业	□ 林业
□ 科技	□ 保障性安居工程	□ 旅游	□ 医疗卫生
□ 养老	□ 教育	□ 文化	□ 体育
□ 社会保障	□ 其他		

项目付费方式：

□ 政府付费　□ 使用者付费　□ 可行性缺口补贴

项目规模：

□ 1 亿元以下　□ 1 亿（含）~10 亿元　□ 10 亿（含）~30 亿元

□ 30 亿（含）~50 亿元　□ 50 亿（含）~100 亿元　□ 100 亿（含）元以上

题项：（一）公私制度逻辑冲突	得分				
AC3：在该项目中，政府认为我们（企业）的价值诉求与政府的价值诉求是相背离的	1	2	3	4	5
AC4：政府认为我们（企业）在项目中应承担更多的责任，即使某些责任理应由政府承担	1	2	3	4	5
AC5：政府认为我们（企业）应在项目的特定事项上承担连带责任，即使某些责任理应由 SPV 公司承担	1	2	3	4	5
AC7：政府将我们（企业）看作项目的“乙方”，而非项目的合作者	1	2	3	4	5
AC8：政府将自己视为该项目的管理者	1	2	3	4	5
AC9：在该项目中，政府将我们（企业）视为地位平等的伙伴（R）	1	2	3	4	5
AC10：政府希望在项目的大部分事项上具有一票否决权	1	2	3	4	5
AC16：政府认为我们（企业）在项目中应承担更多的风险，即使某些风险理应由政府承担	1	2	3	4	5
PC1：在项目的准备阶段，我们（企业）的意见与建议对政府而言不重要	1	2	3	4	5
PC6：在项目的执行过程中，只有政府对我们（企业）的单方面监督，我们很难对政府进行有效监督	1	2	3	4	5
PC9：在项目的执行过程中，政府严格遵守项目流程（R）	1	2	3	4	5
PC14：在项目的执行过程中，政府积极协调有关部门完善项目税收优惠、价格调整、信贷扶持等机制（R）	1	2	3	4	5
PC16：面对突发事件，政府会独自进行决策，而不是与我们（企业）商讨后共同决策	1	2	3	4	5
PC18：面对突发事件，政府不重视我们（企业）的意见与建议	1	2	3	4	5
题项：（二）社会资本与政府的相互依赖	得分				
SI1：政府对项目实施过程中的细节不感兴趣（R）	1	2	3	4	5
SI2：政府了解我们（企业）想要实现的项目目标	1	2	3	4	5
SI3：政府与我们（企业）相互配合的效果很好	1	2	3	4	5
SI4：政府与我们（企业）在项目实施过程中的工作相互独立，双方各做各的（R）	1	2	3	4	5
SI5：政府与我们（企业）愿意相互配合	1	2	3	4	5
SI6：政府关心我们（企业）的内部动态与发展	1	2	3	4	5
SI7：政府对我们（企业）想要实现的项目目标不感兴趣（R）	1	2	3	4	5
SI8：政府只关心自己想要实现的项目目标（R）	1	2	3	4	5

续表

题项：（三）社会资本与政府的关系嵌入	得分				
RI1：我们（企业）感激政府在这一项目中为我们所提供的帮助	1	2	3	4	5
RI2：我们的项目团队成员与政府的有关工作人员有着良好融洽的关系	1	2	3	4	5
RI3：我们（企业）与政府都对我们之间的关系感到满意	1	2	3	4	5
RI4：我们（企业）希望与政府在将来继续合作	1	2	3	4	5
RI5：政府与我们（企业）有着共同的项目目标	1	2	3	4	5
RI6：在项目的执行过程中，政府所提供的项目信息是真实可靠的	1	2	3	4	5
RI7：在项目的执行过程中，政府表现出较高水平的管理能力	1	2	3	4	5
题项：（四）社会资本的合作行为	得分				
CB1：当面对困难时，我们（企业）抱着与政府“齐心合力，团结一心”的态度	1	2	3	4	5
CB2：当问题发生时，我们（企业）会谋求一个对政企双方都有利的解决方案	1	2	3	4	5
CB3：我们（企业）将项目中发生的冲突视为需要与政府共同解决的问题	1	2	3	4	5
CB4：在项目的执行过程中，我们（企业）会以政企双方共同获益为目标而努力	1	2	3	4	5
CB5：当问题发生时，我们（企业）会与政府进行充分沟通，以做出最为有效的决策	1	2	3	4	5

注：1=非常不同意；2=不同意；3=不确定；4=同意；5=非常同意

再次感谢您的配合与帮助，祝您工作顺利！